CONTROLE INTERNO
ESTUDOS E REFLEXÕES

MARCUS VINICIUS DE AZEVEDO BRAGA
Coordenador

Valdir Agapito Teixeira
Prefácio

CONTROLE INTERNO
ESTUDOS E REFLEXÕES

Belo Horizonte

2013

© 2013 Editora Fórum Ltda.

É proibida a reprodução total ou parcial desta obra, por qualquer meio eletrônico, inclusive por processos xerográficos, sem autorização expressa do Editor.

Conselho Editorial

Adilson Abreu Dallari
Alécia Paolucci Nogueira Bicalho
Alexandre Coutinho Pagliarini
André Ramos Tavares
Carlos Ayres Britto
Carlos Mário da Silva Velloso
Cármen Lúcia Antunes Rocha
Cesar Augusto Guimarães Pereira
Clovis Beznos
Cristiana Fortini
Dinorá Adelaide Musetti Grotti
Diogo de Figueiredo Moreira Neto
Egon Bockmann Moreira
Emerson Gabardo
Fabrício Motta
Fernando Rossi

Flávio Henrique Unes Pereira
Floriano de Azevedo Marques Neto
Gustavo Justino de Oliveira
Inês Virgínia Prado Soares
Jorge Ulisses Jacoby Fernandes
Juarez Freitas
Luciano Ferraz
Lúcio Delfino
Marcia Carla Pereira Ribeiro
Márcio Cammarosano
Maria Sylvia Zanella Di Pietro
Ney José de Freitas
Oswaldo Othon de Pontes Saraiva Filho
Paulo Modesto
Romeu Felipe Bacellar Filho
Sérgio Guerra

Luís Cláudio Rodrigues Ferreira
Presidente e Editor

Supervisão editorial: Marcelo Belico
Revisão: Patrícia Falcão
Normalização: Clarissa Jane de Assis Silva – CRB 2457 – 6ª Região
Ficha catalográfica: Izabel Antonina A. Miranda – CRB 2904 – 6ª Região
Capa, projeto gráfico: Walter Santos
Diagramação: Reginaldo César de Sousa Pedrosa

Av. Afonso Pena, 2770 – 16º andar – Funcionários – CEP 30130-007
Belo Horizonte – Minas Gerais – Tel.: (31) 2121.4900 / 2121.4949
www.editoraforum.com.br – editoraforum@editoraforum.com.br

C764   Controle interno: estudos e reflexões / Coordenador: Marcus Vinicius de Azevedo Braga; prefácio: Valdir Agapito Teixeira. – Belo Horizonte: Fórum, 2013.

236 p.
ISBN 978-85-7700-789-9

1. Direito Administrativo. 2. Administração Pública. 3. Controle interno. I. Braga, Marcus Vinicius de Azevedo. II. Teixeira, Valdir Agapito.

CDD: 342.04
CDU: 342.5

Informação bibliográfica deste livro, conforme a NBR 6023:2002 da Associação Brasileira de Normas Técnicas (ABNT):

BRAGA, Marcus Vinicius de Azevedo (Coord.). *Controle interno*: estudos e reflexões. Belo Horizonte: Fórum, 2013. 236 p. ISBN 978-85-7700-789-9.

SUMÁRIO

PREFÁCIO
Valdir Agapito Teixeira 11

A EVOLUÇÃO DOS CONTROLES INTERNOS COMO UMA
FERRAMENTA DE GESTÃO NA ADMINISTRAÇÃO PÚBLICA
Lorena Pinho Morbach Paredes 13
1   Introdução 13
2   A evolução do papel dos controles internos 14
3   Controles internos no setor público 17
4   Definição de controles internos segundo a Intosai 17
5   Considerações finais 20
       Referências 21

AUDITORIA GOVERNAMENTAL – CLASSIFICAÇÃO,
CONCEITOS E PECULIARIDADES
Rodrigo Fontenelle de Araújo Miranda 23
1   Introdução 23
2   Revisão da literatura 25
2.1   Evolução da auditoria 25
2.2   O que é auditoria? 26
2.3   Modalidades de auditoria 27
3   Auditoria governamental. Por que é tão diferente? 32
3.1   Principais executores da auditoria governamental 32
3.2   Classificação das auditorias governamentais pelo TCU 32
3.3   Classificação das auditorias governamentais pela CGU 33
3.4   Abrangência de atuação das auditorias governamentais 35
4   Propondo novas definições e classificações 36
5   Conclusão 38
       Referências 38

AUDITORIA INTERNA X AUDITORIA EXTERNA – A QUESTÃO
DA INDEPENDÊNCIA
Francisco Eduardo de Holanda Bessa 41
1   Introdução 41
2   O atributo da competência técnica 43
3   O atributo da obediência a um referencial metodológico 45
4   O atributo do comportamento do auditor 49
5   Conclusão 51
       Referências 53

CONTROLE SOCIAL E CONTROLE INTERNO
Francisco Carlos da Cruz Silva 55
1   Introdução 55
2   Controle e participação social 57
3   Histórico – Colonização e patrimonialismo 59
4   A formação da burocracia brasileira e o modelo pós-burocrático ... 59
5   Redemocratização e criação dos conselhos 60
6   Introdução do modelo gerencial e *accountability* 61
7   Desenvolvimento do controle social e elevação da transparência ... 63
8   Transparência e controle social 64
9   Conselhos gestores de políticas públicas 66
10   Considerações finais 71
      Referências 72

DIRETRIZES PARA AUDITORIA NA CONTRATAÇÃO DE TI NA ADMINISTRAÇÃO PÚBLICA FEDERAL
Carlos Alberto dos Santos Silva 75
      Introdução 75
1   Os agentes de controle e a contratação de TI na APF 78
2   Governança de TI 79
3   Principais modelos de boas práticas 80
4   Marco regulatório da contratação de serviços de TI 83
5   Elementos referenciais para auditoria na contratação de serviços de TI na APF 85
5.1   Planejamento de TI 87
5.1.1 Organização e estrutura de TI 87
5.1.1.1 Liderança 87
5.1.1.2 Gestão do pessoal de TI 88
5.1.1.3 Planejamento estratégico de TI 88
5.2   Planejamento da contratação 88
5.2.1 Planejamento preliminar da contratação 89
5.2.1.1 Designação da equipe de projetistas 89
5.2.1.2 Fundamentação do objetivo da contratação 90
5.2.1.3 Definição dos requisitos da contratação 90
5.2.1.4 Análise de mercado 90
5.2.1.5 Análise de impacto e risco da contratação 91
5.2.1.6 Artefatos dos estudos técnicos preliminares 91
5.2.2 Planejamento definitivo da contratação 91
5.2.2.1 Artefatos do processo de planejamento da contratação 91
5.2.2.2 Definição do objeto da contratação 92
5.2.2.3 Definição do modelo de remuneração 92
5.2.2.4 Definição dos critérios de seleção de fornecedor 92
5.2.2.5 Modelo de gestão contratual 93
5.2.2.6 Levantamento e análise dos preços de mercado 93
5.3   Seleção e contratação de fornecedor 94
5.4   Gestão contratual 94

5.4.1	Execução contratual	95
5.4.1.1	Iniciação do contrato	95
5.4.1.2	Monitoramento técnico do contrato	95
5.4.2	Monitoramento administrativo	96
5.4.2.1	Alterações contratuais	96
5.4.2.2	Pagamentos contratuais	96
5.4.3	Encerramento e transição contratual	97
5.4.3.1	Encerramento do contrato	97
6	Conclusão	99
	Referências	100

DOS RESULTADOS AOS CONTROLES – A IMPORTÂNCIA DAS ESTRUTURAS DE CONTROLE INTERNO PARA A EXCELÊNCIA DA GESTÃO
Wagner Brignol Menke 105

1	Introdução	105
2	Objetivos	106
3	Metodologia	106
3.1	Atos de gestão e ciclo de política pública	106
3.1.1	Identificação dos riscos	110
3.2	Estruturas de controle	112
3.2.1	Atividades de controle	112
3.2.1.1	Análise técnica	113
3.2.1.2	Verificação	113
3.2.1.3	Registro	114
3.2.1.4	Custódia	114
3.2.1.5	Autorização/aprovação	114
3.2.2	Princípios que regem os controles primários	115
3.2.2.1	Documentação	115
3.2.2.2	Segregação de funções	116
3.2.2.3	Competência	117
3.2.2.4	Rodízio de funções	118
3.2.2.5	Limites de alçada	119
3.2.2.6	Supervisão	119
3.2.2.7	Transparência	120
3.2.2.8	Medição de desempenho	120
4	Conclusão	121
	Referências	123

INTEGRAÇÃO E INTELIGÊNCIA – INSTRUMENTOS DO CONTROLE INTERNO NO ARCABOUÇO INSTITUCIONAL ANTICORRUPÇÃO
Romualdo Anselmo dos Santos 125

1	Introdução	125
2	Corrupção – Definições e características	127

2.1	Definições e contextualização	128
2.2	Evolução do problema	129
3	Arcabouço institucional anticorrupção	132
3.1	O sistema de organizações contra a corrupção	132
3.2	O controle interno no arcabouço institucional anticorrupção	136
4	Categorizando as ações – Instrumentos de prevenção e combate	139
4.1	Categoria educativa-informativa	139
4.2	Categoria inteligência-fiscalizatória	143
5	Conclusão	145
	Referências	146

O MOMENTO DE ATUAÇÃO DO CONTROLE INTERNO NO ÂMBITO DO PODER EXECUTIVO FEDERAL – REFLEXÕES ACERCA DAS PROPOSTAS DO ANTEPROJETO DE LEI ORGÂNICA DA ADMINISTRAÇÃO PÚBLICA FEDERAL E ENTES DE COLABORAÇÃO

Ruitá Leite de Lima Neto 151

1	Introdução	151
2	Momentos de atuação dos órgãos de controle	153
3	Existe um momento ideal de atuação para os órgãos de controle interno?	155
4	O Anteprojeto de Lei Orgânica da Administração Pública Federal e Entes de Colaboração e sua repercussão no momento de atuação do controle interno	156
5	Estudo de caso – Percepção dos servidores da CGU/Regional-PE acerca das contribuições do Anteprojeto de Lei Orgânica da Administração Pública Federal e Entes de Colaboração para o fortalecimento do sistema de controle interno do Poder Executivo federal, no que se refere ao momento do controle	161
6	Conclusões	164
	Referências	166

PROJETOS GOVERNAMENTAIS DESCENTRALIZADOS – O QUE A GERÊNCIA DE RISCOS PODE CONTRIBUIR PARA A QUALIDADE DOS SERVIÇOS PRESTADOS NESSE MODELO?

Marcus Vinicius de Azevedo Braga 169

1	Introdução	169
2	Descentralização, federalismo e políticas públicas	170
2.1	Descentralização no contexto brasileiro	170
2.2	Desenhos e tensões no federalismo pátrio	171
2.3	Projetos descentralizados – Uma realidade	173
3	Riscos objetivos e percebidos nas políticas descentralizadas	174
3.1	Riscos e projetos	174
3.2	Os riscos percebidos e seus efeitos na gestão	176

3.3	Riscos objetivos – Uma medição pelo sorteio de municípios	178
4	Medidas preventivas – O alvo, a direção e a intensidade da flecha	180
4.1	Identificação de risco – Enxergando o alvo	180
4.2	Medidas preventivas – Direcionando a flecha	183
4.3	Controle na medida do risco – A força da flecha	184
5	Conclusão	187
	Referências	188
	ANEXO A – Consolidação de constatações do programa de sorteios de municípios	190
	ANEXO B – Mapa de riscos por categoria	191

REFLEXÃO SOBRE O CONTROLE INTERNO DA ADMINISTRAÇÃO FEDERAL DIRETA SOB A PERSPECTIVA DE PIERRE BOURDIEU
Leice Maria Garcia 193

1	Introdução	193
2	Proposta de compreensão da concepção de controle interno na Administração Federal Direta fundamentada na perspectiva de Pierre Bourdieu	195
3	A gênese do campo "controle interno da Administração Federal Direta"	198
	Considerações finais e a problemática do campo em estudo	207
	Referências	208

RESULTADO SUSTENTÁVEL – UMA PROPOSTA DE AVALIAÇÃO DA QUALIDADE DO GASTO NO SETOR PÚBLICO
Giovanni Pacelli Carvalho Lustosa da Costa 211

1	Introdução	211
2.	Referencial teórico	213
2.1	Teoria da agência no setor público	213
2.2	O orçamento-programa e a eficácia, eficiência e efetividade dos gastos públicos	215
2.3	O subsistema de informações de custos	217
2.4	O resultado econômico, social e ambiental no setor público	218
3	Metodologia da pesquisa	219
3.1	Ação selecionada – Manutenção de Centros de Recondicionamento de Computadores	220
3.2	Obtenção dos dados	221
3.3	Determinação do custo de oportunidade	221
3.3.1	Custo de oportunidade dos benefícios econômicos	221
3.3.2	Custo de oportunidade dos benefícios sociais	223
3.3.3	Custo de oportunidade dos benefícios ambientais	224
3.4	Métodos e procedimentos	226
4	Apresentação e análise dos resultados	226
4.1	Demonstração do resultado econômico	226

4.2	Demonstração do resultado social	229
4.3	Demonstração do resultado ambiental	230
4.4	Demonstração do resultado sustentável	231
5	Conclusões	232
	Referências	232

SOBRE OS AUTORES 235

PREFÁCIO

A teoria dos práticos na área do controle. Essa é a proposta do livro *Controle interno: estudos e reflexões*, que procurou de forma singela reunir servidores da carreira de finanças e controle, alguns lotados na CGU, outros que já passaram por esta casa e agora atuam junto aos órgãos e entidades em funções afetas ao controle, todos reunidos na forma de textos que apresentam um pouco da essência de seus estudos.

A área do controle, em especial o "controle interno", é nova em nosso país, nos apontando um longo caminho a ser trilhado. Nova institucionalmente e nas pesquisas. Nesse ano de 2013, no qual a CGU completa 10 anos, percebemos o quanto se avançou em todas as esferas e poderes, mas ao mesmo tempo tomamos conhecimento de quanto existe a ser enfrentado, nos diversos campos afetos ao controle: a auditoria, a gestão de riscos, o controle primário, a transparência, o controle social, a governança e a avaliação de programas. Muitos temas que no seu desenvolvimento contribuem com a excelência da gestão pública.

E um pouco de cada um desses temas é o que procura trazer a obra em comento. Temas do controle discutidos por profissionais que nele atuam e se aventuraram, em algum momento, a sentar nas fileiras da academia para estudar essa questão, levantar dúvidas e promover discussões. Um pouco do aprendizado desses onze profissionais figura nessas linhas, com prognósticos futuros e percepções que nos ajudam a fazer do controle interno nas organizações públicas melhor a cada dia.

Dessa forma, o livro se destina a profissionais da área do controle, interno e externo; gestores; estudiosos e pesquisadores da academia; por preencher uma lacuna de produção acadêmica, com o diferencial de serem textos produzidos por "gente que faz". Certamente, outros estudos virão, desses e de mais profissionais, que pela prática percebem a necessidade de estudos e reflexões, especialmente em uma atividade complexa como o controle, que nos convida a analisar e opinar as organizações e a sua atuação, com a humildade e a técnica necessária.

Apresento então, aos leitores, a obra *Controle interno: estudos e reflexões*, desejando que explorem cada página com atenção redobrada, a similitude de uma auditoria, como inspiração para estudos e trabalhos, necessários ao aprimoramento da função controle, aquela que se preocupa com o mundo real, como as coisas são executadas, o que é, em última instância, um dos aspectos mais relevantes da gestão pública.

Valdir Agapito Teixeira
Secretário Federal de Controle Interno-SFC/CGU.

A EVOLUÇÃO DOS CONTROLES INTERNOS COMO UMA FERRAMENTA DE GESTÃO NA ADMINISTRAÇÃO PÚBLICA

LORENA PINHO MORBACH PAREDES

1 Introdução

O presente artigo possui o objetivo de descrever a evolução do papel dos controles internos na gestão das entidades, com base em estudos desenvolvidos por organizações internacionais, em especial, nas diretrizes emanadas pela *International Organization of Supreme Audit Institutions* (Intosai).

A abordagem desenvolvida é exclusivamente qualitativa e a técnica utilizada foi a pesquisa documental (GIL, 2008). Trata-se do aproveitamento parcial do referencial teórico utilizado na dissertação de mestrado intitulada *Controles Internos no Setor Público: um estudo de caso na Secretaria Federal de Controle Interno com base em diretrizes emitidas pelo Coso e pela Intosai*, apresentada como requisito à obtenção do título de Mestre em Ciências Contábeis do Programa Multi-Institucional e Inter-Regional de Pós-Graduação em Ciências Contábeis da Universidade de Brasília, da Universidade Federal da Paraíba e da Universidade Federal do Rio Grande do Norte.

Verifica-se no decorrer do tempo que o papel dos controles internos evoluiu, transcendendo o âmbito contábil, estático, para ser compreendido como um processo em movimento dialético, que não se prende a uma visão de passado, comparativa, mas assume uma tendência prospectiva de mitigação de riscos.

Depreende-se que controles internos efetivos possuem a capacidade de alertar quanto às imperfeições, indicar os acertos e propor inovações a serem realizadas, de modo a auxiliar no alcance dos objetivos da entidade.

No decorrer do trabalho será abordado o processo de aperfeiçoamento do arcabouço teórico relacionados ao tema controles internos no setor privado. Em seguida, verificar-se-á a incorporação dos novos conceitos por organizações do setor público. Por fim, serão enfatizadas as diretrizes constantes do documento *Guidelines for Internal Control Standards for the Public Sector*, publicado pela Intosai.

2 A evolução do papel dos controles internos

A despeito da importância que os controles internos desempenham no setor público, o estudo sobre eles possui sua origem na literatura norte-americana relacionada à auditoria das demonstrações contábeis no setor privado.

No início do século XX, a necessidade de elaborar demonstrações contábeis mais fidedignas, face ao aumento do tamanho e da complexidade dos negócios, fez com que a profissão contábil sentisse a necessidade de desenvolver sistemas de controle que garantissem não só a comunicação de informações financeiras precisas, mas também que auxiliassem na tomada de decisão (HAYALE; KHADRA, 2006).

O *American Institute of Certified Public Accountants* (AICPA), organização norte-americana dos contadores certificados, em 1947, publicou o documento *Internal Control*, no qual constava que um bom sistema de controles internos seria capaz de proporcionar proteção contra fraquezas humanas e reduzir a possibilidade de ocorrências de erros e irregularidades na elaboração de relatórios financeiros (BOYNTON; JOHNSON; KEEL, 2002).

Em 1977, o Congresso norte-americano promulgou a Lei de Práticas Anticorrupção no Exterior, que determinava às empresas sob a jurisdição da *Security Exchange Comission* (SEC) manterem um sistema de controles internos satisfatório, sob pena de os administradores e conselheiros estarem sujeitos à multa e/ou prisão (ATTIE, 1998).

Dez anos após a promulgação da Lei de Práticas Anticorrupção no Exterior, que tornou coercitiva a manutenção de controles internos adequados, em 1987, foi criada a *Treadway Comission* (Coso) com o objetivo de desenvolver estudos no combate a fraudes em demonstrações contábeis.

No primeiro documento divulgado pelo Coso, foi enfatizada a relevância dos controles internos na redução de demonstrações contábeis fraudulentas. Nesse documento, o Coso reconheceu a necessidade de desenvolver diretrizes adicionais sobre controles internos que pudessem aperfeiçoar o trabalho inicial.

Como consequência da conclusão do estudo elaborado em 1987, o Coso divulgou, em 1992, um relatório intitulado *Internal Control-Integrated Framework*. Fizeram parte do comitê criado para elaborar esse documento (*Committe of Sponsoring Organizations of the Treadway Comission*) os representantes do AICPA, do *American Accounting Association* (AAA), do *Institute of Internal Auditors* (IIA) e do *Financial Executive Institute*.

A principal finalidade do estudo, em 1992, era estabelecer uma única definição de controles internos que atendesse às necessidades de diferentes interessados e fornecer um padrão capaz de auxiliar as entidades na avaliação de seus controles internos, de modo que pudessem aperfeiçoá-los (COSO, 1994).

No documento *Internal Control-Integrated Framework*, a concepção sobre controles internos transcendeu o âmbito contábil. Controles internos foram definidos como um

> processo, efetuado pela gerência, pelos diretores e outras pessoas da entidade, projetado para fornecer uma razoável segurança no alcance dos objetivos, nas seguintes categorias: efetividade e eficiência das operações; fidedignidade dos relatórios financeiros; e cumprimento das leis e regulamentos aplicáveis. (COSO, 1994, p. 3, tradução da autora)

A incorporação do termo eficácia, que significa o alcance dos objetivos pretendidos, foi considerada a mudança mais radical do entendimento de controles internos, até aquele momento. Reconheceu-se, pela primeira vez, a existência de objetivos que não estivessem relacionados somente à eficiência e à probidade, e lançou-se o entendimento da existência dos riscos do negócio (SPIRA; PAGE, 2003).

Em 1992, o Coso definiu que a estrutura dos controles internos era constituída de cinco componentes inter-relacionados, aplicados a todo o tipo de entidade e inerentes ao tipo de administração realizada. Os componentes são: Ambiente de Controle; Avaliação de Riscos; Atividades de Controle; Informação e Comunicação; e Monitoramento.

A abrangência e a importância do documento publicado pelo Coso foram de tal magnitude que as principais organizações internacionais que editam orientações sobre controles internos, tanto para o setor privado quanto para o setor público, revisaram suas próprias publicações, no sentido de incorporarem o arcabouço conceitual e elementos introduzidos pelo Coso.

O AICPA, em 1988, no documento *Statementon Auditing Standards nº 55* (*SAS nº 55*), descreveu que o sistema de controles internos deveria possuir três componentes (Ambiente de Controle, Sistemas de Contabilidade e Procedimentos de Controle). Em 1995, emendou o *SAS nº 55*, por meio da emissão do *SAS nº 78 – Consideration of Internal Control in a Financial Statement Audit*, no qual foram incorporados a definição de controles internos e os cinco componentes de sua estrutura constantes do documento *Internal Control-Integrated Framework*.

Em setembro de 1998, o *Basle Committee on Banking Supervision* (Comitê da Basileia) publicou o documento denominado *Framework for Internal Control Systems in Banking Organizations*, com o objetivo de fornecer um arcabouço conceitual útil para a supervisão efetiva do sistema de controles internos afetos às atividades bancárias. Os treze princípios constantes do documento enfatizam os cinco componentes do modelo apresentado pelo Coso em 1992.

De acordo com Antunes (1998), a *International Federation of Accountants* (IFAC), que emite pronunciamentos denominados *International Standards on Auditing – ISA* (traduzidas como NIA – Normas Internacionais de Auditoria), na edição intitulada *Matter 400 – Risk Assessments and Internal Control*, também incorporou todos os componentes introduzidos pelo Coso.

O IIA, de acordo com Diamond (2002), tem adotado uma definição ampla de controles internos, que vai além da visão restrita de mero cumprimento de normas e regulamentos, à medida que enfatiza os controles administrativos, o processo de informação e comunicação, assim como o monitoramento contínuo exercido pela auditoria interna, em consonância, portanto, com os conceitos do Coso.

O *United States General Accounting Office* (GAO), entidade que auxilia o parlamento norte-americano no desempenho do controle externo, em 1999, revisou o documento *Standards for Internal Controls in the Federal Government*, tendo como um dos principais motivos, claramente expresso no prefácio do documento, incorporar a relevante contribuição desenvolvida no setor privado.

Na revisão ocorrida em 2003, das Normas de Auditoria Governamental, o GAO determinou que os conceitos do AICPA, baseados no estudo do Coso, deveriam ser considerados quando da compreensão dos controles internos. Já na revisão ocorrida em 2007, o GAO orienta, expressamente, no item 7.6, que devem ser adotados os conceitos e diretrizes introduzidos pelo Coso, no documento *Internal Control-Integrated Framework*.

3 Controles internos no setor público

No que tange, especificamente, aos controles internos no setor público, o Comitê de Padrões de Controles Internos da Intosai, em 2004, publicou o documento denominado *Guidelines for Internal Control Standards for the Public Sector*.

O Guia publicado pela Intosai está baseado no *Internal Control-Integrated Framework*, agregando contribuições introduzidas por outro importante estudo emitido pelo Coso, em 2004, o *Enterprise Risk Management – Integrated Framework*. A peculiaridade do documento da Intosai consiste na contextualização dos conceitos e diretrizes introduzidos pelo Coso às especificidades do setor público.

Com *status* de consultor especial do *Economic and Social Council* (Ecosoc) das Nações Unidas, a Intosai possui como objetivo fornecer arcabouço conceitual, desenvolver e transferir conhecimento, aperfeiçoar a auditoria governamental em todo o mundo, além de elevar o nível profissional e a influência de seus membros em seus respectivos países (INTOSAI, 2004).

As entidades associadas à Intosai são as denominadas Entidades de Fiscalização Superior (EFS). Atualmente, existem 191 entidades associadas à Intosai que desempenham, em seus respectivos países, a atividade de auditoria governamental, no âmbito do controle externo. No Brasil, a entidade associada à Intosai é o Tribunal de Contas da União (TCU), órgão que auxilia o Poder Legislativo no exercício do controle externo no âmbito federal.

Embora a Intosai vise, em um primeiro momento, a atender às suas entidades associadas, o Guia de Padrões de Controles Internos no Setor Público, segundo declara a própria organização, aplica-se a qualquer instituição governamental, ao fornecer diretrizes para a implementação, execução e avaliação dos controles internos no setor público.

4 Definição de controles internos segundo a Intosai

O documento Guia de Padrões de Controles Internos no Setor Público incorporou o aspecto ético aos objetivos dos controles internos e buscou enfatizá-lo em todo o estudo. Também, aprofundou-se sobre a questão da avaliação de riscos, além de introduzir um item específico sobre a relevância dos controles internos relacionados à Tecnologia da Informação (TI).

De acordo com a Intosai (2004), controle interno é um processo integral executado pelos gestores e pelo pessoal, concebido para enfrentar os riscos das operações e para dar uma segurança razoável de que,

na consecução da missão da entidade, sejam alcançados os seguintes objetivos gerais:
- execução ordenada, ética, econômica, eficiente e efetiva das operações;
- cumprimento das obrigações de prestar contas (*accountability*);
- cumprimento das leis e regulamentos aplicáveis (*compliance*);
- salvaguarda dos recursos, a fim de evitar perdas, mau uso ou dano.

Primeiro ponto a destacar é que o controle interno está definido como um processo, ou seja, não é um evento ou circunstância, mas uma série de ações que estão relacionadas às atividades da organização. As ações de controle interno devem ser incorporadas às operações, sendo mais efetivas e gerando menor custo, quando constituídas levando em conta a estrutura da entidade.

Na definição, é ressaltado que o controle interno deve ser efetivado, não só pelos gestores, mas por todo o pessoal da entidade, que deve estar ciente do seu papel, suas responsabilidades e o limite de autoridade de cada agente.

Além disso, observa-se a associação dos controles internos com o gerenciamento de riscos, ou seja, conduzir os riscos dentro da tolerância ao risco que a entidade assume, de modo que seja obtido um nível razoável de segurança no alcance dos objetivos da entidade.

Destacam-se, nesse aspecto, as limitações dos controles internos. Eles não são capazes de eliminar os riscos, mas de proporcionar uma razoável segurança de que a missão e os objetivos gerais podem ser alcançados, na construção de respostas a esses riscos.

Os controles internos são executados por pessoas, portanto sofrem influência da natureza humana, tais como: julgamentos imprecisos ou incorretos, sejam por falta de conhecimento técnico adequado, por engano ou pela intempestividade na tomada de decisão; falta de comprometimento dos gestores e do pessoal; implementação de procedimentos de controle excessivamente burocráticos e sem eficácia comprovada, cujo custo é superior aos benefícios alcançados pela atividade de controle; e a própria atuação delituosa, por meio da prática de conluio entre duas ou mais pessoas, que é capaz de burlar o sistema de controle interno.

Ademais, deve-se reconhecer a existência de riscos inerentes às atividades da organização e os fatores que estão fora do seu controle, mas que podem afetar a realização dos objetivos da entidade, tais como: questões políticas que influenciam no comando das instituições e nas prioridades de investimento do governo; conjuntura econômica, que em fase de baixo crescimento da economia gera escassez de recursos destinados a determinadas atividades; baixo investimento em tecnologia e inovações; baixo nível de regulamentação etc.

Portanto, os controles internos não são capazes de assegurar, de forma absoluta, que os objetivos serão alcançados ou mesmo quanto à continuidade da entidade. O fator humano, os riscos que estão fora do controle da administração e a estrutura inadequada dos controles influenciam negativamente na eficiência e eficácia dos controles internos.

De acordo com as diretrizes do Coso, absorvidas pela Intosai, o sistema de controles internos compreende cinco componentes inter-relacionados:
- ambiente de controle;
- avaliação de riscos;
- atividades de controles;
- informação e comunicação;
- monitoramento.

O ambiente de controle é a base do sistema e refere-se à disciplina e à estrutura que influenciam a qualidade do controle interno em seu conjunto. Estabelecidos objetivos claros e um ambiente de controle efetivo, a avaliação de riscos fornece uma resposta apropriada que pode mitigar as ocorrências indesejáveis, a depender das atividades de controle implementadas.

Informação e comunicação são vitais para que uma entidade conduza e controle suas operações. Hesketh e Hesketh (1983) afirmam que é transmitindo ordens, recebendo informações e relatórios e distribuindo informações que os gestores desenvolvem suas atividades.

Dado que o controle é uma atividade dinâmica que deve se adaptar continuamente às mudanças e riscos que a entidade tem de enfrentar, o monitoramento é necessário para assegurar que o controle interno está em harmonia com os objetivos, com o ambiente, com os recursos e com os riscos.

Segundo o guia da Intosai, esses componentes fornecem o enfoque recomendável para o controle interno nas entidades governamentais e a base sobre a qual se pode avaliá-los.

Por fim, vale destacar que esse guia não substitui nenhuma norma de auditoria, tampouco se trata de um documento impositivo ou destinado exclusivamente às Entidades Superiores de Fiscalização, segundo a Intosai. Ele fornece diretrizes para a implementação, execução e avaliação de sistemas de controles internos no setor público, podendo ser aplicado a qualquer organização governamental.

5 Considerações finais

Verifica-se que o século XX foi um período profícuo aos estudos relacionados ao tema controles internos, por uma necessidade internacional de, primariamente, tornar as demonstrações contábeis mais fidedignas.

Com o aprofundamento dos estudos, constatou-se a potencialidade e amplitude que os controles internos possuíam dentro de uma organização. Percebeu-se que a relevância dos controles internos poderia extrapolar a atividade-meio, contábil-administrativa, e alcançar a atividade-fim, motivo da própria existência da entidade.

Os controles internos, segundo a concepção atual, não desempenham unicamente o papel — indiscutivelmente relevante — de retrovisores, pois olhar para o passado (analisar relatórios financeiros, comparar planejamento com execução de metas), também é imprescindível na direção da entidade. Todavia, os controles internos foram vislumbrados como um sistema, um conjunto de componentes integrados e inter-relacionados, capazes de auxiliar os gestores na mitigação de riscos e colocar a empresa no caminho certo em direção à consecução dos seus objetivos.

O estudo realizado pelo Coso, em 1992, foi referendado pelas principais organizações norte-americanas representantes de diversos setores de atuação e também por organismos internacionais. Com destaque, neste trabalho, para o estudo desenvolvido pela Intosai, no que tange à aplicação do arcabouço teórico ao setor público.

Um ponto específico constante somente do documento da Intosai refere-se à inclusão dos termos "ordenada" e "ética" no objetivo relacionado às operações das instituições públicas. Espera-se não só que as operações sejam executadas com eficiência e efetividade, mas que haja um comportamento ético daqueles que administram os recursos públicos.

Nesse sentido, destaca-se a limitação dos controles internos relacionados à atuação dos agentes públicos. Os controles internos são, por exemplo, vulneráveis ao conluio entre indivíduos que deliberadamente atuam no intuito de perpetrar e ocultar determinado ato. No entanto, isso não invalida a relevância dos controles internos, de outro modo, instiga o comprometimento dos gestores (que são os exemplos dentro da organização) à valorização de um ambiente de controle, em que o respeito ao patrimônio público e às leis é reconhecido como valor institucional.

Outra limitação refere-se à relação custo/benefício. Os objetivos a serem alcançados por um órgão/entidade devem estar claramente definidos, caso contrário corre-se o risco, pela própria cultura da burocratização, de se estabelecer controles internos excessivos que afetarão negativamente a gestão, e, consequentemente, prejudicarão a qualidade dos serviços prestados à sociedade.

No setor público, cuja gestão deve seguir o princípio da supremacia do interesse público agregado aos princípios da eficiência e da eficácia, os controles internos precisam ser desmistificados, não sendo vistos como objeto de desconfiança ou de antipatia pelo gestor público, pois consistem em uma ferramenta imprescindível para que a gestão seja conduzida de forma correta, técnica e ética e, consequentemente, que seja respeitado o interesse público.

Referências

AMERICAN INSTITUTE OF CERTIFIED PUBLIC ACCOUNTANTS. *SAS nº 78*: Consideration of Internal Control in a Financial Statement Audit: an Amendment to SAS nº 55. New York, 1995. v. 1.

ANTUNES, Jerônimo. *Contribuição ao estudo da avaliação de risco e controles internos na auditoria de demonstrações contábeis no Brasil*. 1998. Dissertação (Mestrado em Contabilidade e Controladoria)–Faculdade de Economia, Administração e Contabilidade, Universidade de São Paulo, São Paulo, 1998.

ATTIE, William. *Auditoria*: conceitos e aplicações. 3. ed. São Paulo: Atlas, 1998.

BASLE COMMITTE ON BANKING. *Framewok for Internal Control Systems in Banking Organizations*. Basle, Sept. 1998. Disponível em: <http://www.bis.org/publ/bcbs40.pdf?noframes=1>. Acesso em: 24 mar. 2008.

BOYNTON, William; JOHNSON, Raymond; KEEL, Walter. *Auditoria*. Tradução de José Evaristo dos Santos. São Paulo: Atlas, 2002.

BRAGA, Marcus Vinicius de Azevedo. A auditoria governamental na avaliação do controle primário. *Jus Navigandi*, Teresina, ano 16, n. 3022, 2011. Disponível em: <http://jus.com.br/revista/texto/20173>. Acesso em: 20 mar. 2013.

COMMITTE OF SPONSORING ORGANIZATIONS OF THE TREADWAY COMMISSION – COSO. *Internal Control*:integrated framework. 2ⁿᵈ ed. New York, 1994.

COMMITTE OF SPONSORING ORGANIZATIONS OF THE TREADWAY COMMISSION – COSO. *Gerenciamento de riscos corporativos:* estrutura integrada: sumário executivo e estrutura. Jersey City: AICPA, 2007. 2 v. Versão em português. Disponível em: <http://www.coso.org>. Acesso em: 07 mar. 2013.

DIAMOND, Jack. The Role of Internal Audit in Government Financial Management: an International Perspective. *International Monetary Fund – IMF*, p. 1-36, May 2002.

GIL, Antônio Carlos. *Métodos e técnicas de pesquisa social*. 6. ed. São Paulo: Atlas, 2008.

HESKETH, José L.; HESKETH, Mirian A. Teorias do comportamento humano em organizações. *Revista Portuguesa de Pedagogia*, Coimbra, v. 17, p. 205-240, 1983.

INTERNATIONAL ORGANIZATION OF SUPREME AUDIT INSTITUTIONS – INTOSAI. *Guidelines for Internal Control Standards for the Public Sector*. Bruxelas, 2004. Disponível em: <http://www.issai.org/media/(574,1033)>. Acesso em: 07 mar. 2013.

SPIRA, Laura; PAGE, Michael. Risk Management the Reinventation of Internal Control and the Changing Role of Internal Audit. *Accounting, Auditing & Accountability Journal*, v. 16, n. 4, Apr. 2003.

UNITED STATES GENERAL ACCOUNTING OFFICE. *Standards for Internal Controls in the Federal Government*. Washington, 1999. Disponível em: <http://www.gao.gov/special.pubs/ai00021p.pdf>. Acesso em: 07 Mar. 2013.

Informação bibliográfica deste texto, conforme a NBR 6023:2002 da Associação Brasileira de Normas Técnicas (ABNT):

PAREDES, Lorena Pinho Morbach. A evolução dos controles internos como uma ferramenta de gestão na Administração Pública. *In*: BRAGA, Marcus Vinicius de Azevedo (Coord.). *Controle interno*: estudos e reflexões. Belo Horizonte: Fórum, 2013. p. 13-22. ISBN 978-85-7700-789-9.

AUDITORIA GOVERNAMENTAL
CLASSIFICAÇÃO, CONCEITOS E PECULIARIDADES

RODRIGO FONTENELLE DE ARAÚJO MIRANDA

1 Introdução

Nos dias de hoje, a qualidade e a fidedignidade das informações são características que têm sido cada vez mais exigidas por seus usuários. Isso se deve à facilidade e celeridade com que essas informações podem ser produzidas e divulgadas pelos meios de comunicação existentes. Nesse sentido, e para aquelas informações que são consideradas úteis e relevantes, surge a necessidade de maior confiabilidade no conteúdo divulgado por empresas, órgãos públicos etc.

Por essa razão, dentre outras, o tema *auditoria* tem ganhado espaço nas últimas décadas, principalmente no setor público, já que no campo privado sua importância e avanço já foram percebidos bem antes disso. Como exemplo relativamente recente dessa importância temos a criação da Controladoria-Geral da União (CGU), órgão central do Sistema de Controle Interno do Poder Executivo Federal (SCI-PEF) que, por meio de auditorias governamentais, avalia a gestão dos administradores federais e a aplicação dos recursos públicos, trazendo por suas ações a auditoria para as páginas de jornal.

A partir da cobrança cada vez maior por transparência dos gastos governamentais, surge também a necessidade de se ter um melhor controle das atividades do Estado. Essa preocupação e exigência, por parte do cidadão, são plenamente justificáveis, se pensarmos que ele, segundo a Teoria da Agência,[1] é o agente outorgante do poder e o Estado o agente outorgado. Assim, nada mais natural que aquele que delega o poder tenha mecanismos de controle das ações realizadas pelo agente delegado, o que contribuirá para mitigar qualquer assimetria informacional.

Conforme elucida Braga (2011), esse jogo de busca pela informação e de garantia de atuação do agente em prol do principal necessita de uma estrutura de transparência concreta, sedimentada, para amenizar as lacunas informacionais existentes.

É nesse contexto que a auditoria governamental ganha importância. O fortalecimento das ações de controle realizadas pelos órgãos que têm essas atribuições permite que a alocação dos recursos públicos seja periodicamente testada. Os objetivos de cada trabalho desenvolvido poderão diferir, mas, direta ou indiretamente, uma auditoria governamental irá trazer mais confiabilidade e segurança sobre o objeto auditado aos destinatários das informações (cidadãos), bem como seus resultados possibilitarão maior transparência.

Apesar da indiscutível relevância, pouco tem sido escrito sobre as particularidades da auditoria governamental e, principalmente, as diversas diferenças existentes entre esta e a auditoria privada. Em parte, pode-se atribuir esse pouco espaço na literatura à falta de uma normatização específica sobre o assunto e, consequentemente, à existência de diferentes classificações e conceituações relacionadas à matéria, influenciados por um sem número de normas internacionais.

Pelo exposto, e para tentar suprir essa lacuna, o presente capítulo tem como objetivo propor uma padronização nas classificações e conceituações existentes no âmbito da auditoria governamental, bem como deixar clara a diferenciação existente entre esta e a auditoria privada.

O capítulo está dividido da seguinte forma: além dessa introdução, na seção 2 é apresentada uma revisão da literatura, buscando trazer à baila os diversos conceitos e classificações existentes sobre o tema auditoria, além de um breve histórico do surgimento dessa técnica. A seção 3 expõe as particularidades, normatizações e atividades relacionadas à auditoria governamental, e a seção 4 busca propor sugestões para uma classificação única no âmbito da auditoria do setor público, bem como definir uma conceituação para auditoria em sentido amplo e também para sua modalidade governamental.

---

[1] Segundo Slomski (2009), não é possível monitorar todas as ações dos servidores públicos, pois o agente (gestor eleito) possui muito mais informações sobre a entidade que dirige do que o principal (cidadão). Gera-se, assim, assimetria informacional externa, dado que o cidadão não pode aferir, com absoluta certeza, se o agente está maximizando o retorno de seu capital na produção de bens e serviços como ele desejaria.

2 Revisão da literatura
2.1 Evolução da auditoria

A contabilidade foi a primeira disciplina desenvolvida para auxiliar e informar o administrador, e a auditoria, como uma técnica contábil, é uma especialização da contabilidade, destinada a ser usada como ferramenta de confirmação dessa própria ciência.

O surgimento da auditoria está ancorado na necessidade de confirmação por parte dos investidores e proprietários quanto à realidade econômico-financeira espelhada no patrimônio das empresas investidas. Tudo como fruto da evolução do próprio sistema capitalista.

Attie (2010) afirma ser desconhecida a data de início da atividade de auditoria, mas cita alguns momentos marcantes para o desenvolvimento do assunto, sendo o primeiro a criação do cargo de auditor do Tesouro, na Inglaterra, em 1314. Em 1880, foi criada a Associação dos Contadores Públicos Certificados, também na Inglaterra, e em 1886, sua congênere nos Estados Unidos.

A partir daí, o ponto principal da evolução da auditoria foi a criação da *Security and Exchange Comission* (SEC), em 1934, nos Estados Unidos, quando a profissão de auditor assume sua importância, tendo em vista que as empresas listadas em bolsa de valores foram obrigadas a se utilizarem dos serviços de auditoria para dar mais credibilidade a suas demonstrações financeiras.

No Brasil, a evolução da auditoria esteve primariamente relacionada com a instalação de filiais e subsidiárias de firmas estrangeiras, e a consequente obrigatoriedade de se auditarem suas demonstrações contábeis. Como resultado, tivemos a chegada ao país de empresas internacionais de auditoria independente.

Com a evolução do mercado de capitais, a criação da Comissão de Valores Mobiliários (CVM) e da Lei das Sociedades por Ações, em 1976, a atividade de auditoria tomou grande impulso, mas ainda atrelada às empresas integrantes do mercado de capitais e do sistema financeiro.

Em relação à auditoria governamental, embora o Tribunal de Contas da União (TCU) tenha sido criado em 1891, e a Lei nº 4.320/64 e o Decreto-Lei nº 200/67 se refiram ao controle interno, foi apenas com a promulgação da Constituição Federal de 1988 que, não apenas aquele Tribunal, mas também os sistemas de controle interno de cada Poder passaram a ter papel fundamental no controle contábil, financeiro, orçamentário, operacional e patrimonial, sendo essa atividade executada, em grande parte, por meio de auditorias. Nesse contexto, destaca-se a criação da Controladoria-Geral da União (CGU), em 2003, órgão central do Sistema de Controle Interno do Poder Executivo Federal.

2.2 O que é auditoria?

Escolher um conceito universal para auditoria, e em especial para a auditoria governamental, não é uma tarefa simples. A maioria dos autores escreve sobre uma das diversas especializações e tipos da matéria, e, no momento da definição, acaba se concentrando na auditoria interna ou na externa, deixando a auditoria governamental ser definida pelas próprias normas dos órgãos de controle.

Crepaldi (2012) afirma que se pode definir auditoria, de forma bastante simples, como sendo o levantamento, estudo e avaliação sistemática das transações, procedimentos, operações, rotinas e das demonstrações financeiras de uma entidade.

Aprofundando a definição, pode-se dizer que se trata de testar a eficiência e a eficácia do controle patrimonial, sem se limitar aos aspectos contábeis do conceito. Por ser uma atividade crítica, em sua essência, traduz-se na emissão de uma opinião sobre as atividades verificadas (BRITO; FONTENELLE, 2013).

Quanto ao termo auditor, a doutrina se divide em citar sua origem latina — *audire*, audição, ouvinte — e a expressão inglesa *to audit* — examinar, certificar. De forma mais direta, auditar é ouvir o gestor — aquele que detém a responsabilidade pela administração do patrimônio alheio — para saber como está agindo na condução de suas atividades, e se essa conduta está alinhada com o que o proprietário dos recursos espera dele.

Em linhas gerais, Franco e Marra definem o objeto da auditoria (em sentido amplo) como sendo:

> [...] conjunto de todos os elementos de controle do patrimônio administrado, os quais compreendem registros contábeis, papéis, documentos, fichas, arquivos e anotações que comprovem a veracidade dos registros e a legitimidade dos atos da administração, bem como sua sinceridade na defesa dos interesses patrimoniais. (FRANCO; MARRA, 2011)

Já segundo a Organização Internacional de Entidades Fiscalizadoras Superiores – Intosai (2007), auditoria é o exame das operações, atividades e sistemas de determinada entidade, com vista a verificar se são executados ou funcionam em conformidade com determinados objetivos, orçamentos, regras e normas.

A Federação Internacional de Contadores – IFAC (2006) define a auditoria como sendo uma verificação ou exame feito por um auditor dos documentos de prestação de contas com o objetivo de habilitá-lo a expressar uma opinião sobre os referidos documentos, de modo a dar a eles maior credibilidade.

O Manual de Auditoria do Tribunal de Contas da União (BRASIL, 2010a) entende que a auditoria é o processo sistemático, documentado e independente de se avaliar objetivamente uma situação ou condição para determinar a extensão na qual critérios são atendidos, obter evidências quanto a esse atendimento e relatar os resultados dessa avaliação a um destinatário predeterminado.

Por fim, segundo as Normas de Auditoria Governamental – NAG (BRASIL, 2010b), emanadas pelo conjunto de Tribunais de Contas do Brasil, auditoria seria o exame independente, objetivo e sistemático de dada matéria, baseado em normas técnicas e profissionais, no qual se confronta uma condição com determinado critério com o fim de emitir uma opinião ou comentários.

Até aqui não se procurou fazer nenhuma divisão, especificação ou segregação do termo auditoria. Todas essas definições servem (ou deveriam servir) para conceituar qualquer modalidade ou tipo de auditoria. Entretanto, tal separação é necessária, uma vez que, embora a técnica seja a mesma, os objetivos a serem alcançados quando se executa uma auditoria são diferentes, variando de acordo com o executor e, principalmente, com o objeto auditado. Nesse sentido, podemos iniciar a divisão da auditoria em três grandes grupos, quais sejam, auditoria governamental, auditoria independente ou privada e auditoria interna.

2.3 Modalidades de auditoria

a) Auditoria governamental

A auditoria governamental — ou pública —, do setor público, conforme disposto na Instrução Normativa SFC/MF nº 01/2001, da Secretaria Federal de Controle Interno da Controladoria-Geral da União, é o "conjunto de técnicas que visa avaliar a gestão pública, pelos processos e resultados gerenciais, e a aplicação de recursos públicos por entidades de direito público e privado, mediante a confrontação entre uma situação encontrada com um determinado critério técnico, operacional ou legal" (BRASIL, 2001), e tem por objetivo primordial garantir resultados operacionais na gerência da coisa pública.

As NAG (BRASIL, 2010b) definem essa modalidade de auditoria como sendo o exame efetuado em entidades da Administração direta e indireta, em funções, subfunções, programas, ações (projetos, atividades e operações especiais), áreas, processos, ciclos operacionais, serviços, sistemas e sobre a guarda e a aplicação de recursos públicos por outros responsáveis, em relação aos aspectos contábeis, orçamentários, financeiros, econômicos, patrimoniais e operacionais, assim como acerca da confiabilidade do sistema de controle interno.

Ainda segundo essa norma, essa modalidade é realizada por profissionais de auditoria governamental, por intermédio de levantamentos de informações, análises imparciais, avaliações independentes e apresentação de informações seguras, devidamente consubstanciadas em evidências, segundo os critérios de legalidade, legitimidade, economicidade, eficiência, eficácia, efetividade, equidade, ética, transparência e proteção do meio ambiente, além de observar a probidade administrativa e a responsabilidade social dos gestores da coisa pública.

A auditoria governamental engloba todas as esferas de governo — federal, distrital, estadual e municipal — e níveis de poder — Executivo, Legislativo e Judiciário —, e alcança as pessoas jurídicas de direito privado que se utilizem de recursos públicos, nos termos do artigo 70 da Constituição Federal de 1988. Essa modalidade será o foco da seção 3, razão pela qual a abordagem sobre o tema não será prolongada nesta seção.

b) Auditoria privada

A auditoria privada, também conhecida como empresarial, independente ou externa, é o conjunto de procedimentos técnicos que tem por objetivo a emissão de parecer sobre as demonstrações contábeis das empresas privadas em relação a sua adequação aos princípios de contabilidade e à legislação específica.

Crepaldi (2012) definiu essa modalidade de auditoria como sendo o levantamento, estudo e avaliação sistemática das transações, procedimentos, operações, rotinas e das demonstrações financeiras de uma entidade. Segundo o autor, a auditoria das demonstrações contábeis constituiria o conjunto de procedimentos técnicos que tem por objetivo a emissão de parecer sobre sua adequação, consoante os princípios fundamentais de contabilidade e pertinente à legislação específica.

Na mesma linha, Franco e Marra (2011) entendem que a auditoria independente compreende o exame de documentos, livros e registros, inspeções e obtenção de informações e confirmações, internas e externas, relacionadas com o controle do patrimônio, e objetiva mensurar a exatidão desses registros e das demonstrações contábeis deles decorrentes.

Concluindo as conceituações dessa modalidade de auditoria, cabe trazer a definição da legislação vigente acerca do tema, a NBC TA 200, norma emanada pelo Conselho Federal de Contabilidade (CFC), e que define como objetivo da auditoria independente:

> [...] aumentar o grau de confiança nas demonstrações contábeis por parte dos usuários. Isso é alcançado mediante a expressão de uma opinião pelo auditor sobre se as demonstrações contábeis foram elaboradas, em todos os aspectos relevantes, em conformidade com uma estrutura de relatório financeiro aplicável. (CFC, 2009, p. 2)

Como podemos observar, a emissão de uma opinião independente é o principal objetivo da auditoria, passando pelo exame do objeto auditado, particularmente as demonstrações contábeis.

A auditoria independente surgiu (ou pelo menos ganhou força) a partir da necessidade de captação de recursos por parte das empresas que estavam deixando de serem familiares, fruto da evolução do capitalismo e do arranjo organizacional das sociedades anônimas. (FONTENELLE; BRITO, 2013). Nesse sentido, a finalidade da emissão dessa opinião é dar a maior credibilidade possível às demonstrações contábeis elaboradas pelo setor de contabilidade e divulgadas aos interessados no conhecimento da "saúde financeira" da companhia, dentro da ideia da governança corporativa.

Assim, uma auditoria independente envolve a aplicação de técnicas e procedimentos especializados, em busca de evidências que digam respeito aos valores divulgados nas demonstrações contábeis, incluindo a avaliação das práticas contábeis utilizadas e da razoabilidade das estimativas apresentadas pela administração (mensuração de itens que não podem ser definidos com precisão).

Pode-se resumir a finalidade da auditoria externa com a afirmação de que esta busca dar credibilidade às demonstrações contábeis, visto que, para os interessados nas informações financeiras, não basta uma opinião interna, sendo indispensável a opinião independente da auditoria externa como avaliadora. Deve-se ressaltar, por fim, que não é atribuição do auditor independente garantir a viabilidade futura da entidade ou fornecer algum tipo de atestado de eficácia da administração na gestão dos negócios.

c) Auditoria interna

Primeiramente, deve-se ressaltar que a auditoria interna está presente tanto na esfera pública quanto privada. Dessa forma, embora as definições apresentadas a seguir se relacionem mais intimamente a uma ou outra esfera, veremos que o objetivo dessa modalidade de auditoria não irá diferir, em sua essência, independente de ela estar dentro de uma empresa ou órgão público.

Conforme exposto anteriormente, a auditoria surgiu pela necessidade de formação de opinião independente quanto à forma pela qual determinado patrimônio estava sendo gerenciado. Entretanto, essa opinião pode vir de dentro da própria empresa/órgão, desde que imparcial, ou de fora da mesma, por profissionais que não fazem parte da organização.

A Administração muitas vezes estabelece uma unidade de auditoria interna como parte do seu sistema de controle interno e a utiliza para auxiliar a monitorar a eficácia desse sistema. Nesse sentido, deve-se deixar claro que auditoria interna é diferente de controle interno. Os auditores internos fornecem informação sobre o funcionamento do controle interno. Eles transmitem informações sobre os pontos fortes e pontos fracos, além de recomendações para o aperfeiçoamento do controle interno. Todavia, sua independência e objetividade devem ser asseguradas (INTOSAI, 2007).

Assim, pode-se definir auditoria interna como uma atividade de avaliação independente dentro da empresa/órgão, que agregue valor e melhore o funcionamento da organização, a partir da verificação das operações e emissão de uma opinião sobre elas, sendo considerada como um serviço prestado à Administração.

De acordo com Crepaldi (2012), essa modalidade de auditoria é executada por profissional ligado à empresa, ou por uma seção própria para esse fim, sempre em linha de dependência da direção empresarial. Essa ligação com a alta administração da empresa/órgão é que dá a necessária autonomia aos trabalhos da auditoria interna, pois não é dependente de qualquer setor da entidade.

Tal autonomia é exigida, inclusive, pela NBC PI 01 — aprovada pela Resolução nº 986/2003 —, norma profissional do auditor interno, emitida pelo CFC, que estabelece que o auditor interno, não obstante sua posição funcional, deve preservar sua autonomia profissional.

O fato é que a auditoria interna tem como finalidade auxiliar a administração da entidade no cumprimento de seus objetivos. A auditoria interna não tem por objetivo principal a identificação de fraudes e erros, tampouco a punição de gestores que cometam impropriedades ou irregularidades. Ou seja, se a auditoria interna não puder emitir uma opinião independente, autônoma, não cumprirá seu papel na estrutura organizacional.

Cabe trazer à baila, uma vez que o objetivo desta seção é a conceituação dos termos a serem tratados no capítulo e a revisão da literatura, a definição de auditoria interna dada pela NBC TI 01. Essa norma estabelece que

> a Auditoria Interna compreende os exames, análises, avaliações, levantamentos e comprovações, metodologicamente estruturados para a avaliação da integridade, adequação, eficácia, eficiência e economicidade dos processos, dos sistemas de informações e de controles internos integrados ao ambiente, e de gerenciamento de riscos, com vistas a assistir à administração da entidade no cumprimento de seus objetivos. (CFC, 2003, p. 2)

Como se vê, o CFC deixa claro que a auditoria interna deve avaliar processos, sistemas e controle, a fim de auxiliar a administração no cumprimento dos objetivos da entidade.

Segundo as Normas de Auditoria da Intosai (2007), auditoria interna é o meio funcional que permite aos dirigentes de uma entidade receber de fontes internas a segurança de que os processos pelos quais são responsáveis funcionam com as probabilidades de ocorrência de fraudes, erros ou práticas ineficientes e antieconômicas reduzidas ao mínimo. A auditoria interna possui muitas das características da auditoria externa, porém pode, perfeitamente, atender a instruções dos dirigentes da entidade a que deve informar.

Já o Instituto de Auditores Internos – IIA (2013) e o IFAC (2006) definem essa modalidade de auditoria como sendo uma atividade independente, de segurança objetiva e de caráter consultivo, concebida para agregar valor e aprimorar as operações de uma organização. Ela auxilia uma organização a atingir seus objetivos, mediante um enfoque sistemático e disciplinado para avaliar e melhorar a eficácia do processo de gestão de risco, de controle e de governança.

De forma resumida, podemos, para efeito desse capítulo, classificar a auditoria conforme a ilustração a seguir:

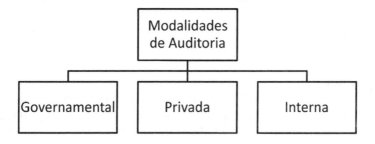

3 Auditoria governamental. Por que é tão diferente?

Até esta seção procurou-se agregar ao capítulo uma revisão da literatura e das normas aplicadas à auditoria, principalmente quanto às diversas conceituações e modalidades de auditoria existentes.

A partir de agora o foco será analisar as especificidades da auditoria governamental. O objetivo aqui é diferenciá-la dos outros tipos de auditoria e, então, propor uma melhor definição e classificação para a matéria.

3.1 Principais executores da auditoria governamental

Na esfera federal, quando se fala em auditoria governamental, necessariamente dois órgãos se destacam: a Controladoria-Geral da União (CGU), órgão central do sistema de controle interno do Poder Executivo federal, e o Tribunal de Contas da União (TCU), cujas atribuições estão ligadas ao controle externo. Embora reconhecendo que a auditoria governamental é executada por outros atores, o foco deste capítulo será nos trabalhos desses dois órgãos.

Se há algum consenso em relação à divisão apresentada na seção anterior, que neste capítulo chamamos de modalidades de auditoria, quando o assunto é classificar e conceituar os diversos tipos de auditoria existentes a questão se torna um pouco mais complexa.

A discrepância de definições é tão grande que mesmo normativos que tratam do mesmo assunto (auditoria governamental), apresentam divisões e conceituações distintas quando editados por órgãos diferentes, conforme veremos a seguir.

3.2 Classificação das auditorias governamentais pelo TCU

De acordo com o TCU, a auditoria governamental é um elemento primordial para assegurar e promover o cumprimento do dever de *accountability* que os administradores públicos têm para com a sociedade e o Parlamento, dado que a Constituição lhe atribuiu a missão explícita de examinar, como instituição independente de controle, as ações governamentais, cobrar explicações, impor penalidades e limites aos agentes estatais quando exercerem atividades impróprias ou em desacordo com as leis e os princípios de administração pública.

De acordo com as Normas de Auditoria do TCU (BRASIL, 2010a), um conceito de auditoria geralmente aceito, devido à sua amplitude, é o que a define como o exame independente e objetivo de uma situação ou condição, em confronto com um critério ou padrão preestabelecido, para que se possa opinar ou comentar a respeito para um destinatário predeterminado.

Segundo essas normas, quanto à natureza, as auditorias classificam-se em:

a) *auditorias de regularidade*, que objetivam examinar a legalidade e a legitimidade dos atos de gestão dos responsáveis sujeitos à jurisdição do Tribunal, quanto aos aspectos contábil, financeiro, orçamentário e patrimonial. Nesse tipo de auditoria não há preocupação em avaliar dimensões como eficiência e eficácia de programas de governo e da gestão pública. Compõem as auditorias de regularidade as auditorias de conformidade e as auditorias contábeis.

- *auditoria de conformidade*: instrumento de fiscalização utilizado pelo Tribunal para examinar a legalidade e a legitimidade dos atos de gestão dos responsáveis sujeitos a sua jurisdição, quanto ao aspecto contábil, financeiro, orçamentário e patrimonial;
- *auditoria contábil*: é o exame das demonstrações contábeis com o objetivo de expressar uma opinião sobre a adequação desses demonstrativos em relação às NAG, aos Princípios de Contabilidade (PC), às Normas Brasileiras de Contabilidade (NBC) e à legislação pertinente. Nessa auditoria o objetivo é a verificação da representação fidedigna do patrimônio nas demonstrações contábeis, envolvendo questões orçamentárias, financeiras, econômicas e patrimoniais, além dos aspectos de legalidade;

b) *auditorias operacionais ou de desempenho*, que objetivam examinar a economicidade, eficiência, eficácia e efetividade de organizações, programas e atividades governamentais, com a finalidade de avaliar o seu desempenho e promover o aperfeiçoamento da gestão pública.

3.3 Classificação das auditorias governamentais pela CGU

Segundo a IN SFC/MF nº 01/2001, a finalidade básica da auditoria governamental é comprovar a legalidade e legitimidade dos atos e fatos administrativos e avaliar os resultados alcançados, quanto aos aspectos de eficiência, eficácia e economicidade da gestão orçamentária, financeira, patrimonial, operacional, contábil e finalística das unidades e das entidades da Administração Pública, em todas as suas esferas de governo e níveis de poder, bem como a aplicação de recursos públicos por entidades de direito privado, quando legalmente autorizadas nesse sentido.

A CGU possui uma classificação distinta do TCU, quando o assunto são os tipos de auditoria. Segundo a norma aqui mencionada, as auditorias governamentais realizadas pela Controladoria podem ser divididas em cinco tipos:

a) *auditoria de avaliação da gestão*: esse tipo de auditoria tem como principal objetivo emitir uma opinião com vistas a certificar a regularidade das contas do gestor público, por meio da análise de contratos e convênios, dentre outros termos de ajuste. Além disso, verifica-se também a probidade na aplicação dos dinheiros públicos e na guarda ou administração de valores, compreendendo, entre outros aspectos: o exame das peças que instruem os processos de tomada ou prestação de contas e da documentação comprobatória dos atos e fatos administrativos; a verificação da eficiência dos sistemas de controles administrativo e contábil e do cumprimento da legislação pertinente; e a avaliação dos resultados operacionais e da execução dos programas de governo quanto à economicidade, eficiência e eficácia dos mesmos;

b) *auditoria de acompanhamento da gestão*: é aquela realizada ao longo dos processos de gestão, com o objetivo de se atuar em tempo real sobre os atos efetivos e os efeitos potenciais positivos e negativos de uma unidade ou entidade federal, evidenciando melhorias e economias existentes no processo ou prevenindo gargalos ao desempenho da sua missão institucional. É o chamado controle concomitante;

c) *auditoria contábil*: compreende o exame dos registros e documentos e na coleta de informações e confirmações, mediante procedimentos específicos, pertinentes ao controle do patrimônio de uma unidade, entidade ou projeto. Objetivam obter elementos comprobatórios suficientes que permitam opinar se os registros contábeis foram efetuados de acordo com os princípios fundamentais de contabilidade e se as demonstrações deles originárias refletem, adequadamente, em seus aspectos mais relevantes, a situação econômico-financeira do patrimônio, os resultados do período administrativo examinado e as demais situações nelas demonstradas. Tem por objeto, também, verificar a efetividade e a aplicação de recursos externos, oriundos de agentes financeiros e organismos internacionais, por unidades ou entidades públicas executoras de projetos celebrados com aqueles organismos com vistas a emitir opinião sobre a adequação e fidedignidade das demonstrações financeiras;

d) *auditoria operacional*: este tipo de auditoria busca avaliar as ações gerenciais e os procedimentos relacionados ao processo operacional, ou parte dele, das unidades ou entidades da Administração Pública Federal, programas de governo, projetos etc., com a finalidade de opinar sobre a gestão quanto aos aspectos da eficiência, eficácia e economicidade, procurando auxiliar a Administração na gerência e nos resultados, por meio de recomendações que visem aprimorar os procedimentos, melhorar os controles e aumentar a responsabilidade gerencial. Este tipo de procedimento consiste em uma atividade de assessoramento ao gestor público, buscando o aprimoramento da gestão, sendo desenvolvida de forma tempestiva no contexto do setor público;

e) *auditoria especial*: objetiva o exame de fatos ou situações consideradas relevantes, de natureza incomum ou extraordinária, sendo realizadas para atender determinação expressa de autoridade competente.

3.4 Abrangência de atuação das auditorias governamentais

O artigo 70 da Constituição Federal de 1988 estabelece que a fiscalização contábil, financeira, orçamentária, operacional e patrimonial da União e das entidades da Administração direta e indireta, quanto à legalidade, legitimidade, economicidade, aplicação das subvenções e renúncia de receitas, será exercida pelo Congresso Nacional, mediante controle externo, e pelo sistema de controle interno de cada Poder.

O Tribunal de Contas da União auxilia o Congresso Nacional em sua fiscalização mediante controle externo e, até o momento, na esfera federal, apenas o Poder Executivo implementou seu Sistema de Controle Interno, que, como já dissemos, tem a CGU como órgão central desse Sistema. Nesse sentido, TCU e CGU, por meio dos diversos tipos de auditoria que foram apresentadas, são os principais responsáveis pelo cumprimento do que determina o artigo supracitado.

Depreende-se da Constituição Federal que o escopo das auditorias realizadas na área governamental é muito mais abrangente do que o de uma auditoria independente. Conforme visto anteriormente, esta tem como objeto de atuação apenas as demonstrações financeiras da empresa auditada, enquanto a auditoria governamental deve se preocupar com programas e ações de governo, atividades, gestão da unidade, dentre outros objetos de atuação, ou seja, com aspectos operacionais, de legalidade e, às vezes, de apuração de uma situação específica.

Na mesma linha, as finalidades também são bastante distintas. Enquanto na auditoria independente o foco é a conformidade dos lançamentos contábeis, na governamental deve-se ir muito mais além. Não apenas por exigência legal, mas cada dia mais, por uma exigência social, espera-se dos auditores governamentais uma análise muito mais profunda do objeto auditado, em que se verifique a eficácia, eficiência economicidade e efetividades dos gastos públicos, sem deixar de lado, por dever de ofício, os aspectos de legalidade e legitimidade.

É por essa abrangência e finalidade mais diversificada da auditoria governamental que entendemos ser necessária uma melhor classificação e uniformização de conceitos, o que será proposto na seção seguinte.

4 Propondo novas definições e classificações

O objetivo desta seção não é ir de encontro às classificações e definições existentes na auditoria até o momento. Não há essa pretensão! Buscar-se-á, apenas, propor uma uniformidade nas definições e na classificação dos tipos de auditoria realizados no setor público, o que, a meu ver, poderá facilitar a compreensão não apenas dos que estudam o tema, mas também dos profissionais que nele atuam.

Primeiramente, propõe-se uma nova definição para a técnica de auditoria, sem entrar no mérito da modalidade (interna, independente, governamental). A definição a seguir apresenta suas principais características, como independência, finalidades e objeto de atuação: "*auditoria é um conjunto de técnicas sistematizadas que objetivam examinar, de forma independente, determinada operação, atividade, sistema ou processo, podendo essa avaliação estar relacionada à conformidade em relação a um padrão pré-estabelecido e/ou à análise quanto às dimensões de eficiência, economicidade, eficácia e efetividade do objeto verificado*".

A partir da definição acima, surge a necessidade de uma nova conceituação para a auditoria do setor público, que é o principal foco deste capítulo. A conceituação abaixo procurou abordar os principais pontos que devem ser observados pelo auditor governamental, assim como o escopo que deve ser auditado. Nesse sentido, entende-se que: "*auditoria governamental* é o conjunto de técnicas sistematizadas que objetivam avaliar os aspectos contábeis, financeiros, patrimoniais, orçamentários, operacionais e de controles internos da gestão pública, por meio de auditorias de conformidade, contábil e operacional, para garantir resultados na gestão da coisa pública".

Feitas essas duas definições, o objetivo passa a ser propor uma nova classificação para os diversos tipos de auditoria governamental. Conforme exposto na seção anterior, os dois principais órgãos responsáveis por essa modalidade de auditoria na esfera federal apresentam classificações distintas para atividades que se assemelham. Além disso, a partir dos próprios conceitos apresentados pela CGU e TCU podem-se evidenciar possibilidades de melhorias na compreensão dessa atividade.

Pra começar, entende-se que na classificação de tipos de auditoria dever-se-ia separar auditoria de recursos externos de auditoria contábil, embora a classificação da CGU entenda que a segunda abrange a primeira. Essa sugestão é justificada pelo fato de a auditoria contábil se preocupar com o controle do patrimônio. Seu foco deve ser as demonstrações contábeis da empresa ou órgão auditado. Misturar recursos externos nesse conceito mais atrapalha do que ajuda, pois em uma auditoria de recursos externos, embora se analise as demonstrações financeiras, há também a preocupação quanto à efetividade dos recursos gastos, o que, conforme explicado anteriormente, não se encaixa na finalidade da auditoria contábil.

Uma outra proposição é que se tenha uma única auditoria de gestão. A divisão feita pela CGU em sua norma é justificada se pensarmos no momento da realização da auditoria, mas não em sua natureza. Auditoria de avaliação da gestão e auditoria de acompanhamento da gestão podem ser unificadas em apenas uma. A diferenciação será quanto ao momento. Ainda nesse ponto, deve-se ressaltar que, em determinadas auditorias de gestão será emitido um certificado de auditoria que expressará a opinião do controle interno, quando isso for necessário para o julgamento das contas daquela unidade auditada.

Outro ponto a ser proposto é que a auditoria operacional seja um dos tipos de auditoria de gestão. A razão desse entendimento se dá pelo fato de que, quando o auditor realiza uma auditoria operacional ele necessariamente estará opinando também sobre a gestão daquela unidade, mesmo que sob a ótica de um ponto específico. Ainda nessa subdivisão de auditoria de gestão, sugere-se que a auditoria de conformidade também seja inserida nesse contexto. Dessa forma, para se opinar de maneira completa sobre uma gestão, o auditor deverá executar uma auditoria operacional e outra de conformidade.

Pelo exposto, uma proposição de classificação uniforme, a partir das existentes no TCU e CGU seria a seguinte:

A classificação visa adequar as peculiaridades e clientes em relação aos tipos de auditoria, olhando a gestão em um aspecto mais amplo.

5 Conclusão

Embora seja inegável a relevância do tema **auditoria governamental**, suas peculiaridades, definições e classificações têm sido pouco exploradas pela literatura que trata do assunto. Para tentar suprir essa lacuna, o presente capítulo buscou apresentar os **diversos tipos e modalidades de auditoria existentes**, bem como demonstrar as especificidades da auditoria governamental e propor **novas conceituações** e classificações, conforme explicitado na seção **anterior**.

Por todo o exposto, espera-se que este seja apenas o ponto de partida para uma discussão mais ampla sobre um tema cada dia mais presente no cenário mundial. Os resultados obtidos em auditorias governamentais, cada vez mais divulgados, possibilitam uma melhoria no controle social exercido pelo cidadão, desde que este possua um entendimento satisfatório dessa técnica, e entende-se que uma uniformidade nos conceitos e nos tipos de auditoria governamental existentes irá facilitar a assimilação desse processo por parte dos usuários das informações produzidas pelos auditores.

Referências

ATTIE, William. *Auditoria*: conceitos e aplicações. 5. ed. São Paulo: Atlas, 2010.

BRAGA, Marcus Vinicius de Azevedo. A auditoria governamental como instrumento de promoção da transparência. *Jornal de Políticas Educacionais*, n. 9, p. 51-60, jan./jun. 2011.

BRASIL. Constituição (1988). *Constituição da República Federativa do Brasil*, 1988. Brasília. Disponível em: <http://www.planalto.gov.br>.

BRASIL. Controladoria-Geral da União. *Instrução Normativa* nº 01, de 06 de abril de 2001. Brasília, 2001.

BRASIL. Instituto Rui Barbosa. *Normas de Auditoria Governamental – NAGs*: aplicáveis ao controle externo brasileiro. 2010b.

BRASIL. Tribunal de Contas da União. *Portaria – TCU* nº 280, de 08 de dezembro de 2010. Normas de auditoria do Tribunal de Contas da União, Brasília, 2010a.

CASTRO, Domingos Poubel. *Auditoria e controle interno na Administração Pública*. 2. ed. São Paulo: Atlas, 2009.

CONSELHO FEDERAL DE CONTABILIDADE. *Normas gerais de auditoria e de contabilidade*. NBC TA 200. Disponível em:<http://www.cfc.org.br>.

CREPALDI, Sílvio Aparecido. *Auditoria contábil*: teoria e prática. 8. ed. São Paulo: Atlas, 2012.

FONTENELLE, Rodrigo; BRITO, Claudenir. *Auditoria privada e governamental*: teoria de forma objetiva e questões comentadas. Rio de Janeiro: Elsevier, 2013.

FRANCO, Hilário; MARRA, Ernesto. *Auditoria contábil*. 4. ed. São Paulo: Atlas, 2011.

INTERNATIONAL FEDERATION OF ACCOUNTANTS. *International Auditing and Assurance Standards Board*. New York, 2006. Disponível em: < http://www.ifac.org>.

ORGANIZACIÓN INTERNACIONAL DE LAS ENTIDADES FISCALIZADORAS SUPERIORES. *INTOSAI GOV 9100*: guía para las normas de control interno del sector público. Disponível em: <http://www.intosai.org/es/issai-executive-summaries/detail/article/intosai-gov-9100-guidelines-for-internal-control-standards-for-the-public-sector.html>.

SLOMSKI, Valmor. *Controladoria e governança na gestão pública*. São Paulo: Atlas, 2009.

THE INSTITUTE OF INTERNAL AUDITORS. *Standardsand & Guidance*. Disponível em: <https://na.theiia.org/standards-guidance/mandatory-guidance/Pages/Definition-of-Internal-Auditing.aspx>. Acesso em: mar. 2013.

Informação bibliográfica deste texto, conforme a NBR 6023:2002 da Associação Brasileira de Normas Técnicas (ABNT):

MIRANDA, Rodrigo Fontenelle de Araújo. Auditoria governamental: classificação, conceitos e peculiaridades. *In*: BRAGA, Marcus Vinicius de Azevedo (Coord.). *Controle interno*: estudos e reflexões. Belo Horizonte: Fórum, 2013. p. 23-39. ISBN 978-85-7700-789-9.

AUDITORIA INTERNA X AUDITORIA EXTERNA
A QUESTÃO DA INDEPENDÊNCIA

FRANCISCO EDUARDO DE HOLANDA BESSA

1 Introdução

O atributo da independência é um requisito essencial na função de auditoria. A independência caracteriza a capacidade de o auditor promover uma avaliação objetiva e isenta de atos e fatos, resultando na emissão de uma opinião ou de uma avaliação sustentada por evidências suficientes e adequadas.

A independência do auditor, portanto, não resulta prioritariamente da sua posição em relação à estrutura organizacional que é auditada, mas decorre do uso adequado de métodos, técnicas e de elementos comportamentais que garantam sua imparcialidade.

É conceitualmente restritivo limitar a independência ao requisito "externo x interno", atributos que na verdade apenas especificam o posicionamento dos auditores em relação à organização. Assim, auditores externos a uma organização na verdade não fazem parte da estrutura dessa mesma organização, enquanto os auditores internos são reconhecidos como parte do organograma e da estrutura da organização.

No ambiente privado, a auditoria externa é também traduzida como auditoria independente, o que induz aos usuários dessa terminologia a uma falsa interpretação de que se há uma auditoria que é independente (a externa), há uma auditoria que não é tão independente assim (a interna?). Essa dicotomia revela uma abordagem que pode ser excessivamente esquemática e dicotômica, de sorte que de um lado estariam os independentes e de outro lado os "não independentes", ou seja, aqueles nos quais não se pode confiar.

De acordo com Boynton *et al.* (2002), "auditoria é um processo sistemático de obtenção e avaliação objetiva de evidências, sobre afirmações a respeito de ações e eventos". Já Arens *et al.* (2010) definem auditoria como o esforço de acumulação de evidências para determinar o grau de correspondências entre informações e um determinado critério estabelecido. Esses autores adicionam à sua definição que a auditoria deve ser procedida por pessoas competentes e independentes.

Os dois conceitos apresentados tratam do objeto essencial da auditoria: a informação, tangível em documentos, em objetos físicos, em ações executadas por organizações, públicas ou privadas. A depender da tipologia da auditoria, essa informação que é objeto da ação do auditor poderá ser a financeira (auditoria contábil), aquela relacionada a desempenho, metas e resultados (auditoria operacional), ou ainda a informação sobre o cumprimento de normas, padrões e leis (auditoria de conformidade). Em todos os casos, conforme Arens, a independência é requisito obrigatório.

Ainda para Arens *et al.* (2010), a independência é a primeira das regras e padrões de conduta do auditor e deve ser mantida, na dimensão de independência de fato, quando o auditor mantém a imparcialidade na condução dos exames e da relatoria de suas conclusões. Deve ainda o auditor manter a independência na aparência, garantindo que a percepção que terceiros tenham sobre sua conduta seja irretocável. Assim, será em vão que o auditor tenha conduzido seu trabalho com uma independência de fato, mas a interpretação de sua conduta por terceiros ponha em risco a credibilidade de suas opiniões.

A Norma NBC PA 290, editada pelo Conselho Federal de Contabilidade, por meio da Resolução nº 1.311/2010, estabeleceu que a independência do auditor deve compreender:

> Independência de pensamento
> Postura que permite a apresentação de conclusão que não sofra efeitos de influências que comprometam o julgamento profissional, permitindo que a pessoa atue com integridade, objetividade e ceticismo profissional.
> Aparência de independência
> Evitar fatos e circunstâncias que sejam tão significativos a ponto de que um terceiro com experiência, conhecimento e bom senso provavelmente concluiria, ponderando todos os fatos e circunstâncias específicas, que a integridade, a objetividade ou o ceticismo profissional da firma, ou de membro da equipe de auditoria ficaram comprometidos. (CONSELHO FEDERAL DE CONTABILIDADE, 2010, item 6)

De acordo com a norma para a prática profissional nº 1.100 do *The Institute of Internal Auditors* (IIA):

> Independência é a imunidade quanto às condições que ameaçam a capacidade da atividade de auditoria interna ou do executivo chefe de auditoria de conduzir as responsabilidades de auditoria interna de maneira imparcial. Para atingir o grau de independência necessário para conduzir eficazmente as responsabilidades da atividade de auditoria interna, o executivo chefe de auditoria tem acesso direto e irrestrito à alta administração e ao conselho. Isto pode ser alcançado através de um relacionamento de duplo reporte. As ameaças à independência devem ser gerenciadas nos níveis do auditor individual, do trabalho de auditoria, funcional e organizacional. (2008, p. 3)

Já de acordo com a definição contida na Instrução Normativa nº 1/2001 da Secretaria Federal de Controle Interno da Controladoria-Geral da União, a independência é uma atitude essencialmente em relação ao agente controlado, de modo que seja assegurada a imparcialidade no trabalho do auditor.

Em todas as normas referidas, o atributo da independência é apresentado como condição para a garantia da isenção e objetividade da opinião expressa pelo auditor em seus trabalhos.

Entre diversos atributos determinantes para a independência do auditor, destacam-se: competência técnica, metodologia de trabalho e o comportamento do auditor. Tais atributos, em sua essência, não são exclusividade dos auditores considerados "externos" às organizações, como já comentado neste texto, mas requisitos necessários à eficácia e efetividade da auditoria.

2 O atributo da competência técnica

A questão da competência técnica é tratada de forma inequívoca no campo da auditoria privada e governamental. Entre os princípios contidos no Código de Ética editado pelo IIA a competência é definida como a necessidade de que os auditores internos apliquem o conhecimento, habilidades e experiência necessárias na execução dos serviços de auditoria interna. A competência consiste, portanto, na possibilidade de o auditor:

- dominar conteúdos (normativos, legais, pertinentes à atividade e aos riscos da organização auditada);
- lançar mão de habilidades de aplicar corretamente técnicas de auditoria quando da execução de procedimentos que visam à

obtenção de evidências e o adequado registro da documentação obtida e dos exames realizados, como papéis de trabalho;
- valer-se de experiência acumulada em trabalhos anteriores, possibilitando a condução do trabalho de auditoria numa perspectiva de aprendizagem contínua, em que cada trabalho aprimora a abordagem e a qualidade do trabalho anterior.

Assim, haverá constrangimento à independência do ponto de vista da competência técnica, quando os auditores não estiverem satisfatoriamente assenhorados sobre os critérios a serem utilizados em seus trabalhos, quando não detiverem a adequada habilidade na condução de técnicas de entrevista, de análise documental ou cruzamentos de dados e informações, ou quando carecerem (como equipe) da necessária experiência acumulada. Em relação a essa última condição, não é ocioso destacar que uma equipe de auditores formada exclusivamente por novos profissionais estará sujeita a um risco maior quanto à sua independência, mercê do eventual constrangimento à competência técnica em função da falta de experiência.

A Norma nº 1.210 do IIA alerta que os auditores internos devem possuir o conhecimento, as habilidades e outras competências necessárias ao desempenho de suas responsabilidades individuais e ainda que a atividade de auditoria interna deve possuir ou obter coletivamente o conhecimento, as habilidades e outras competências necessárias ao desempenho de suas responsabilidades. Não se trata, portanto, de uma imposição de que as unidades de auditoria sejam compostas por gênios ou virtuosos na área de auditoria, mas de um processo de construção gradual e permanente busca da competência técnica adequada a cada trabalho.

A Instrução Normativa SFC nº 1/2001 (Seção II, Capítulo VII) indica que o auditor, em função de sua atuação multidisciplinar, deve possuir um conjunto de conhecimentos técnicos, experiência e capacidade para as tarefas que executa, tais como conhecimentos contábeis, econômicos, financeiros e de outras disciplinas para o adequado cumprimento do objetivo do trabalho. A norma do órgão de controle governamental adiciona importante condição à discussão sobre a competência técnica, ao destacar a necessidade de que as competências sejam aplicadas aos objetivos do trabalho. Não se trata, portanto, de uma noção abstrata ou generalista sobre competência, mas de saberes, habilidades e experiência úteis para a garantia de consistência e integridade da opinião que será emitida pelos auditores.

A alocação da equipe de auditoria (seja ela externa ou interna) deve ser realizada em função da finalidade pretendida para os trabalhos. Assim, por exemplo, em um trabalho de avaliação da integridade dos sistemas de tecnologia da informação utilizados pelo auditado, é adequado que componha a equipe auditor que detenha conhecimentos adequados sobre as particularidades, normas procedimentais e padrões de estruturação de sistemas de TI. Já em uma auditoria de verificação de conformidade da área de compras numa entidade governamental, é imperativo que os auditores dominem o arcabouço legal, normativo e procedimental das aquisições governamentais e conheçam os sistemas governamentais centrais que dão suporte ao registro das licitações.

3 O atributo da obediência a um referencial metodológico

A competência técnica carece de ser emoldurada nos trabalhos por uma adequada disciplina metodológica dos trabalhos de auditoria. Este arcabouço metodológico é fundamental para que o auditor tenha clareza sobre os pressupostos, as ferramentas, o *timing* e os produtos que serão resultantes de seu trabalho.

No âmbito da Secretaria Federal de Controle Interno da CGU, como órgão central do Sistema de Controle Interno, os eixos de atuação nos quais os auditores poderão atuar se dividem em: Avaliação da Execução de Programas de Governo; Avaliação da Gestão dos Administradores; Ações Investigativas; e Orientação Preventiva aos Gestores Públicos. Em cada um desses eixos há uma distinta concepção metodológica e as técnicas e procedimentos de auditoria são aplicados a partir de uma clara estrutura dos insumos e dos produtos e resultados pretendidos.

Assim, por exemplo, no âmbito da avaliação de programas de governo, a metodologia utilizada prevê a necessidade de aprofundada discussão com os auditados sobre os programas governamentais sujeitos a riscos mais graves. É ainda realizada a definição de gargalos e pontos críticos dos programas avaliados, precedida de aprofundado levantamento preliminar, à guisa de trabalhos exploratórios de auditoria. As avaliações, neste eixo, podem envolver exames descentralizados em todo o território nacional e requerer um rigor na definição dos procedimentos aplicáveis e a parametrização dos resultados, permitindo a consolidação e eventual inferência dos resultados, quando utilizadas amostras aleatórias estatísticas. O produto das avaliações é gradualmente preparado e entregue aos auditados por meio de relatórios de acompanhamento, consolidados em um relatório final de avaliação, após a coleta de todas as observações e ponderações da organização auditada.

Já no eixo de Avaliação da Gestão dos administradores, o padrão metodológico da SFC/CGU prevê o monitoramento remoto dos atos e fatos, com a utilização de trilhas de auditoria a partir de cruzamentos de dados dos sistemas corporativos utilizados pelo governo e missão de alertas e de exames "cirúrgicos" para verificação de riscos potenciais iminentes. Os produtos gerados, nessa abordagem, requerem um grau de precisão e oportunidade a fim de que haja efetividade da ação de auditoria.

A existência de um conjunto de fluxos, processos e tarefas regidos e organizados por um padrão metodológico distinto resulta em uma espécie de blindagem e mitiga o risco de parcialidade na abordagem do auditor, reforçando sua independência em cada trabalho de auditoria.

As normas do IIA reforçam a importância de uma clareza metodológica da abordagem da auditoria interna, ao destacarem a necessidade de um consistente planejamento dos trabalhos:

> 2010.A1 – O planejamento dos trabalhos da atividade de auditoria interna deve ser baseado em uma *avaliação de risco documentada*, realizada pelo menos anualmente. As informações fornecidas pela alta administração e pelo conselho devem ser consideradas neste processo. (IIA, 2008, p. 9, grifo nosso)
>
> 2010.C1 – O executivo chefe de auditoria deveria se basear, ao considerar a aceitação de propostas de trabalhos de consultoria, no *potencial destes trabalhos para aperfeiçoar o gerenciamento de riscos, de adicionar valor e de melhorar as operações da organização*. Os trabalhos aceitos devem ser incluídos no planejamento. (THE INSTITUTE OF INTERNAL AUDITORS, 2008, p. 9, grifo nosso)

A abordagem do IIA destaca que o planejamento requer avaliação de riscos pelos auditores, ao tempo em que os trabalhos realizados devem resultar no aperfeiçoamento da gestão de riscos (da organização) e das próprias operações do auditado. É a partir do arcabouço metodológico da auditoria que será possível considerar com clareza os insumos a serem utilizados pelos auditores, a partir de sua avaliação sobre os riscos a que estão submetidos os auditados, e os produtos (*outputs*) que serão oferecidos no âmbito da iniciativa de auditoria. O produto do trabalho de auditoria tem importante expressão no relatório de auditoria, mas não se limita a esse reporte.

Neste particular, a auditoria interna, pela sua própria natureza consultiva e de assessoria à organização na qual se insere, tem a possibilidade de definir, em seu arcabouço metodológico, *outputs* que transcendem a entrega de um relatório de auditoria. A dinâmica da relação dos auditores internos com as organizações auditadas pode possibilitar o desenho de uma sistemática de monitoramento, com troca continuada de informações sobre os achados de auditoria, providências adotadas, correções efetuadas e riscos mitigados.

No âmbito da SFC/CGU, por exemplo, o arcabouço metodológico prevê o acompanhamento das recomendações formuladas nas diversas ações de auditoria por meio do Plano de Providências Permanente, repositório de todas as ações compromissadas pelo órgão ou entidade auditada, que são periodicamente revisadas e atualizadas, ainda que originárias de uma ação de auditoria pontual e específica.

Enquanto a auditoria externa, contratada pontualmente para uma iniciativa de auditoria, tem no relatório praticamente sua única expressão de produto entregue ao contratante, a auditoria interna pode desenvolver uma abordagem de natureza contínua, sequenciada e metodologicamente orientada.

As auditorias internas da Administração Pública Federal Indireta (empresas, autarquias e fundações) são orientadas a anualmente estabelecerem seu planejamento de trabalhos, compondo o chamado Plano Anual de Atividades de Auditoria Interna. A orientação normativa e supervisão técnica prestada pela CGU encontra respaldo nos termos do art. 15 do Decreto nº 3.591/2000. O conteúdo dos Planos anuais de Auditoria Interna das entidades da Administração Indireta Federal é estabelecido pela Instrução Normativa nº 1/2007:

§1º Na descrição das ações de auditoria interna, para cada objeto a ser auditado, serão consignadas as seguintes informações:
I - número seqüencial da ação de auditoria;
II - avaliação sumária quanto ao risco inerente ao objeto a ser auditado, e sua relevância em relação à entidade;
III - origem da demanda;
IV - objetivo da auditoria, contendo os resultados esperados, devendo-se especificar de que forma as vulnerabilidades do objeto a ser auditado poderão ser mitigadas;
V - escopo do trabalho, explicitando, tanto quanto possível, sua representatividade em termos relativos, e demonstrando a amplitude dos exames a serem realizados, em relação ao universo de referência concernente ao objeto a ser auditado;
VI - cronograma contendo a data estimada de início e término dos trabalhos;
VII - local de realização dos trabalhos de auditoria; e
VIII - recursos humanos a serem empregados, com a especificação da quantidade de homens-hora de auditores a serem alocados em cada ação de auditoria e os conhecimentos específicos que serão requeridos na realização dos trabalhos. (CONTROLADORIA GERAL DA UNIÃO, 2007, art. 2º)

O planejamento das auditorias internas deve considerar a avaliação de risco um insumo necessário e essencial para dar adequado tratamento aos temas ou objetos do escopo de auditoria. Uma abordagem de auditoria que considere um viés metodológico de atenção aos riscos do negócio da organização auditada possibilita que os auditores depositem energia esforço de auditoria nas questões mais relevantes, reforçando e fortalecendo a independência.

Ora, é certo que também as auditorias externas conduzem seu esforço de planejamento em uma abordagem com foco em riscos, sendo, no entanto, mais corriqueiro que os auditores externos considerem os riscos de auditoria, ou seja, o risco de que a opinião que será emitida seja frágil ou inconsistente. Já o auditor interno, além de ocupar-se com a aferição do risco de sua atividade, tem forçosamente que construir um arcabouço metodológico que oriente e pondere os eventuais riscos a que está submetida a organização auditada.

Ainda que pareça paradoxal, a independência do auditor interno resulta de seu compromisso com o aprimoramento de sua organização, enquanto o auditor externo é usualmente contratado para emitir uma opinião e ao término de seu contrato não providencia um monitoramento sobre os achados identificados e sobre a recorrência dos principais riscos a que está sujeita a organização.

Assim, mesmo quando contratados para emitir opinião num enfoque de auditoria de desempenho, os auditores externos têm um compromisso inequívoco (e louvável) com o método intrínseco à execução, mas não serão absolutamente passíveis de serem questionados se essa mesma organização não colocar em prática eventuais recomendações formuladas no curso do processo de auditoria. Já os auditores internos, além de obrigados a cumprirem com rigor o rito da execução da auditoria, estarão submetidos a um referencial metodológico que lhes exige um olhar e um pensar estratégico sobre as suas organizações, a fim de construir um arcabouço de trabalhos de auditoria que cubra áreas importantes e críticas para a organização, em favor necessariamente da melhoria da gestão e das operações.

Como parte ainda do *framework* metodológico que se constitui em atributo de independência para os auditores (internos ou externos), cabe fazer registro sobre a temática da relatoria, peça importante que sintetiza a opinião e fornece as principais informações aos seus usuários sobre os achados e conclusões de um trabalho de auditoria.

A relatoria deve ser caracterizada pela objetividade (atributo de relatar as questões centrais, evitando temas adjacentes menos importantes) e pela concisão (atributo que resulta em poder de síntese, evitando o risco de dubiedades ou falta de entendimento sobre o que se deseja relatar). A falta desses atributos na peça escrita que consigna os achados e as conclusões do trabalho pode colocar em cheque a independência do auditor. Assim, ainda que o trabalho tenha sido conduzido com rigor técnico, com amostras examinadas definidas sem qualquer interferência externa, testes realizados sobre bases de dados e informações consistentes e entrevistas realizadas com o distanciamento técnico e o ceticismo peculiar da função de auditoria, uma relatoria excessivamente passional pode colocar em risco toda a integridade do trabalho realizado. Assim, um texto que soe ou pareça ofensivo, ou desconsidere as manifestações e justificativas apresentadas, pode ter como consequência uma postura excessivamente "defensiva" por parte do auditado e uma suspeição quanto à independência dos auditores.

A falta de confiança dos auditados em relação aos auditores pode resultar em um trabalho que terá o viés da desconfiança evidenciado pelo texto que vier a ser produzido. Essa e outras questões de ordem comportamental e seu impacto sobre o grau de independência dos auditores serão discutidas a seguir.

4 O atributo do comportamento do auditor

A independência do auditor requer, além da competência técnica e do arcabouço metodológico, um conjunto de comportamentos específicos relativos à prática da auditoria.

A já mencionada Instrução Normativa SFC nº 1/2001 estabelece em seu Capítulo VII, Seção II, algumas características de natureza comportamental, relacionadas ao proceder do auditor governamental. O IIA, por sua vez, registra no Código de Ética proposto para a função de auditoria interna, características necessárias ao exercício profissional do auditor. O QUADRO 1, abaixo, sintetiza algumas das abordagens dessas duas normas, em relação a aspectos comportamentais similares.

QUADRO 1

(Continua)

Atributo	Norma da CGU/SFC	Norma do IIA
Ética e Integridade	O auditor deve ter sempre presente que, como servidor público, se obriga a *proteger os interesses da sociedade* e respeitar as normas de conduta que regem os servidores públicos, não podendo valer-se da função em benefício próprio ou de terceiros.	Os auditores internos devem executar seus trabalhos com honestidade, diligência e responsabilidade. Devem observar a lei e divulgar informações exigidas pela lei e pela profissão. Não devem conscientemente tomar parte de qualquer atividade ilegal ou se envolver em atos impróprios para a profissão de auditoria interna ou para a organização. Devem respeitar e *contribuir para os objetivos legítimos e éticos da organização.*

QUADRO 1
(Conclusão)

Atributo	Norma da CGU/SFC	Norma do IIA
Objetividade e zelo	O auditor deve agir com prudência, habilidade e atenção de modo a reduzir ao mínimo a margem de erro e acatar as normas de ética profissional, o bom senso em seus atos e recomendações, o cumprimento das normas gerais de controle interno e o adequado emprego dos procedimentos de aplicação geral ou específica. Deve procurar apoiar-se em documentos e evidências que permitam convicção da realidade ou a veracidade dos fatos ou situações examinadas.	Os auditores internos não devem participar de qualquer atividade ou relacionamento que possa prejudicar ou que presumidamente prejudicaria sua avaliação imparcial, como aquelas atividades ou relacionamentos que podem estar em conflito com os interesses da organização. Não devem aceitar nada que possa prejudicar ou que presumidamente prejudicaria seu julgamento profissional.
Confidencialidade	O auditor fica obrigado a guardar confidencialidade das informações obtidas, não devendo revelá-las a terceiros, sem autorização específica, salvo se houver obrigação legal ou profissional de assim proceder.	Os auditores internos devem ser prudentes no uso e proteção das informações obtidas no curso de suas funções. Não devem utilizar informações para qualquer vantagem pessoal ou de qualquer outra maneira fosse contrária à lei ou em detrimento dos objetivos legítimos éticos da organização.

Fonte: SFC, 2001, cap. VII; (THE INSTITUTE OF INTERNAL AUDITORS, 2009).

Há obviamente uma ligeira distinção de abordagem, uma vez que os auditores governamentais têm como norte os interesses da sociedade que é a destinatária dos serviços públicos, enquanto os auditores internos devem contribuir para o atingimento dos objetivos lícitos das organizações em que atuam. Ainda assim, há nos dois casos uma clara diretriz dos textos normativos quanto à postura do auditor. A independência do auditor, se não é determinada pela sua postura, é gravemente influenciada pela forma como interage e dialoga com seus pares e com os auditados. Uma postura de arrogância e intimidação produz um ambiente nocivo à confiança mútua, requisito imprescindível para a obtenção de um resultado efetivo da ação de auditoria.

O comportamento do auditor pode ser determinante para estabelecer a confiança de seus interlocutores em seu trabalho profissional. A questão da ética, no caso de auditores governamentais, tem ainda maior relevância, mercê dos impactos e efeitos dos trabalhos realizados sobre a governança e *accountability* do gestor público, ou seja, sobre seu dever de ser transparente, prestar contas de recursos utilizados e atingir os resultados pretendidos.

A já citada norma da SFC adiciona ainda em sua lista de atributos comportamentais a característica da cortesia, definida como um conjunto de habilidades no trato, verbal e escrito, com pessoas e instituições, resultando em respeito aos superiores, subordinados, pares e outros agentes com os quais o auditor se relacione profissionalmente. Cabe aqui destacar o aparente paradoxo que é objeto da discussão deste texto, quanto aos efeitos deste atributo em particular sobre a independência do auditor. Ao passo em que uma noção mais rasa de independência poderia avocar um comportamento de arrogância e afastamento em relação ao agente auditado, a norma da Secretaria Federal de Controle Interno estabelece, pelo contrário, a necessidade de que os auditores primem pela urbanidade no relacionamento, especialmente em relação aos auditados.

Uma postura inadequada do auditor pode produzir distorção na reação do auditado, induzindo a uma "retranca" e desconfiança quanto às intenções dos auditores. Estaria, portanto, comprometida a aparência de independência dos auditores, por mais que seu trabalho seja conduzido com o máximo rigor técnico.

A auditoria não deve se constituir em uma "queda de braço" entre auditor e auditado, a fim de evidenciar qual o lado mais forte, inteligente ou hábil na argumentação. O processo de trabalho da auditoria demanda a necessária e frequente interlocução e colaboração dos auditores com os auditados e vice-versa. Uma vez que a finalidade essencial dos trabalhos é a emissão de opinião e recomendações pelos auditores aos auditados, com vistas às correções e melhorias para garantia de adequação da organização auditada aos critérios de auditoria utilizados, a correta postura da equipe de auditoria requer razoabilidade, escuta ativa e um esforço de empatia que considere as opções e caminhos que o auditado teria diante das circunstâncias nas quais tomou suas decisões.

A independência requer, por paradoxal que possa parecer, flexibilidade de raciocínio e análise sistêmica, ou seja, capacidade de visualizar o todo que é a organização auditada como mais do que a mera soma das partes, e no contexto estrutural ou conjuntural no qual decisões foram tomadas e atos foram praticados.

5 Conclusão

Há certamente outros atributos além daqueles discutidos neste texto, que poderiam ser listados como componentes ou atributos do princípio da independência no âmbito da função de auditoria.

A ideia central da presente discussão vai para além da adjetivação da independência, mas tem como foco a tentativa de caracterizar a impertinência da vinculação exclusiva do "ser independente" com a figura do "auditor externo". A auditoria interna, seja na esfera privada ou governamental, embute em seus requisitos e na própria essência de sua definição, a noção de independência. Vale relembrar as definições da SFC, do IIA e do Conselho Federal de Contabilidade (CFC) sobre a auditoria interna:

> A auditoria interna constitui-se em um conjunto *de procedimentos, tecnicamente normatizados*, que funciona por meio de acompanhamento indireto de processos, avaliação de resultados e proposição de ações corretivas para os desvios gerenciais da entidade à qual está vinculada. Os trabalhos de auditoria interna são executados por unidade de auditoria interna, ou por auditor interno, especialmente designado para a função, e tem como característica principal assessoramento à alta administração da entidade, buscando agregar valor à gestão. (SFC, 2001, Capítulo X, Seção I)
>
> A auditoria interna é uma atividade *independente* e objetiva de avaliação (*assurance*) e de consultoria, desenhada para adicionar valor e melhorar as operações de uma organização. Ela auxilia uma organização a realizar seus objetivos a partir da aplicação de uma *abordagem sistemática e disciplinada* para avaliar e melhorar a eficácia dos processos de gerenciamento de riscos, controle e governança. (IIA, [2013?], grifos nossos)
>
> A Auditoria Interna compreende os exames, análises, avaliações, levantamentos e comprovações, *metodologicamente estruturados para a avaliação* da integridade, adequação, eficácia, eficiência e economicidade dos processos, dos sistemas de informações e de controles internos integrados ao ambiente, e de gerenciamento de riscos, com vistas a assistir à administração da entidade no cumprimento de seus objetivos. (CFC, NBC TI 01, item 12.1.1.3)

As definições do órgão governamental de controle (SFC), IIA e do CFC são inequivocamente convergentes quanto ao reconhecimento da auditoria interna como uma atividade que requer abordagem sistemática, normatizada, disciplinada e estruturada, e que tem como finalidade essencial a melhoria, a agregação de valor, o apoio ao cumprimento dos objetivos da organização. A independência não resulta, portanto, do fato de que os auditores não estão comprometidos com a Administração das organizações que auditam, mas exatamente pelo fato de estarem inequivocamente vinculados e comprometidos com a importância de que sua opinião resulte no aprimoramento das organizações.

Ainda que pese sobre os auditores internos o injusto estigma de que seriam menos independentes do que os auditores externos, o arcabouço normativo e o referencial conceitual existentes sobre a auditoria interna dão suficiente conta de desmistificar essa ideia e reforçam a necessidade de que as organizações (públicas ou privadas) forneçam aos seus auditores internos as necessárias e adequadas condições para a realização de trabalhos caracterizados pela independência genuína (e não apenas declarada), com competência técnica, disciplina metodológica e um referencial ético e comportamental sólido.

Referências

ARENS, Alvin A; ELDER, Randal J.; BEASLEY, Mark S. *Auditing and assurance services*: an integrated approach. 13. ed. Boston: Pearson, 2010.

BOYNTON, William C.; JOHNSON, Raymond N.; KELL, Walter G. *Auditoria*. Tradução José Evaristo dos Santos. São Paulo: Atlas, 2002.

BRASIL. *Decreto nº 3.591*, de 6 de setembro 2000. Dispõe sobre o Sistema de Controle Interno do Poder Executivo Federal e dá outras providências. Presidência da República. Casa Civil. Subchefia para Assuntos Jurídicos. Disponível em: <http://www.planalto.gov.br/ccivil_03/ decreto/D3591.htm>.

CONSELHO FEDERAL DE CONTABILIDADE. *Norma Brasileira de Contabilidade*: NBC TI 01 – Da Auditoria Interna. Aprovada pela Resolução do CFC, nº 986/03. 2003.

CONSELHO FEDERAL DE CONTABILIDADE. *Norma Brasileira de Contabilidade*: NBC PA 290 –Independência – Trabalhos de Auditoria e Revisão. Aprovada pela Resolução do CFC, nº 1.311/2010. 2010.

CONTROLADORIA-GERAL DA UNIÃO – CGU. *Instrução Normativa nº 1*, de 03 de janeiro de 2007. Disponível em: <http://www.cgu.gov.br>.

SECRETARIA FEDERAL DE CONTROLE INTERNO – SFC. *Manual do Sistema de Controle Interno do Poder Executivo Federal*, Anexo à Instrução Normativa nº 1, de 06 de abril de 2001. Disponível em: <http://www.cgu.gov.br>.

THE INSTITUTE OF INTERNAL AUDITORS – IIA. *Código de Ética*. Emitido em Janeiro de 2009. Disponível em: <http://www.iiabrasil.org.br/new/images/down/03_IPPF_Codigo_de_etica_01_09.pdf>. Acesso em: 18 abr. 2013.

THE INSTITUTE OF INTERNAL AUDITORS – IIA. *Instituto dos Auditores Internos do Brasil*. [2013?]. Disponível em: < http://www.iiabrasil.org.br/new/IPPF_01.html>. Acesso em: 18 abr. 2013.

THE INSTITUTE OF INTERNAL AUDITORS – IIA. *Normas internacionais para a prática profissional de Auditoria interna*. Emitido em outubro de 2008. Disponível em: <http://www.iiabrasil.org.br/new/2013/downs/IPPF/standards2013_portuguese.pdf>. Acesso em: 18 abr. 2013.

Informação bibliográfica deste texto, conforme a NBR 6023:2002 da Associação Brasileira de Normas Técnicas (ABNT):

BESSA, Francisco Eduardo de Holanda. Auditoria interna x auditoria externa: a questão da independência. *In*: BRAGA, Marcus Vinicius de Azevedo (Coord.). *Controle interno*: estudos e reflexões. Belo Horizonte: Fórum, 2013. p. 41-53. ISBN 978-85-7700-789-9.

CONTROLE SOCIAL E CONTROLE INTERNO

FRANCISCO CARLOS DA CRUZ SILVA

1 Introdução

Nas últimas décadas a Administração Pública brasileira sofreu enormes transformações administrativas e políticas, buscando sempre a melhoria das condições sociais e econômicas do país. As reformas estruturais implementadas têm sido marcadas pela necessidade de melhoria da gestão pública nos aspectos da eficácia, eficiência e efetividade, elevação da participação e transparência. Em certa medida, também, tem-se atuado na repressão e prevenção da corrupção. Todas as mudanças partem do pressuposto de que a correção das disfunções pode melhorar a pouca efetividade do controle da atuação do Estado, viabilizando o desenvolvimento em bases mais sustentáveis.

Apesar disso, as análises, que pretendem propor soluções e reformas da Administração Pública, muitas vezes têm falhado ao negligenciar os aspectos políticos e sociais, realizando abordagens superficiais ou insuficientes. Essas análises são frutos muitas vezes do distanciamento entre os interesses da representação política e os verdadeiros anseios da sociedade. Por outro lado, em grande parte, as prescrições de mudanças são meramente conceituais sem adentrar de fato em situações reais do cotidiano. É preciso observar que mesmo quando, em certas situações, há legalidade ou aparente legalidade, nos processos de execução das políticas públicas centralizadas e/ou descentralizadas do país, as relações administrativas, políticas e culturais têm ocorrido de forma completamente inadequada, imoral ou antiética.

Os sistemas de auditoria pública que fazem parte das atribuições do controle interno do Estado foram, em muitas dessas análises, ignorados e algumas vezes relativizados, centrando-se as prescrições em atuação nas estruturas, no corpo de servidores e nos procedimentos de execução. Em outros momentos, como na década de 80, os controles foram analisados do ponto de vista teórico administrativo e/ou encarados como entrave burocrático, sem adentrar mais profundamente nos relevos políticos inerentes ao tópico.

No momento atual, pode-se perceber que a criação e a ampla atuação da Controladoria-Geral da União (CGU) a partir de 2003, órgão responsável pelo controle interno do Poder Executivo federal, trouxe um grande volume de informações e resultados que nos trazem novos elementos para repensar as disfunções e as possíveis soluções relacionadas ao controle interno e participação social na Administração Pública no Brasil.

Desde 2003, o controle interno do Poder Executivo federal vem assumindo uma postura de liderança nas ações de auditoria pública (LOUREIRO, 2012), de combate e prevenção à corrupção, visando a atender, com força e determinação, o quanto prescrito na Constituição e na legislação. Além da mudança de postura interna do governo para sustentar a mudança de foco nessa área, não há como negar o crescente interesse internacional e financeiro na melhoria de gestão pública (FURTADO, 2006).

Apesar disso, é preciso observar que o sistema de controle interno, dentro de uma estrutura tão grande e complexa como a área pública, é limitado no seu alcance e depende fortemente do desenvolvimento e consolidação na sociedade dos mecanismos naturais de participação social e controle, os quais sejam inseridos nos próprios costumes sociais. É importante observar que a ampliação e a distribuição de benefícios por meio de políticas sociais e o massivo investimento em infraestrutura precisam ser acompanhados da noção de que a origem dos recursos se faz no esforço de toda a nação.

As formas de participação social no Brasil têm sido bastante expandidas desde os anos 80. Porém, apesar de todos os avanços, ainda se superpõe no país casos de corrupção que invariavelmente nos fazem pensar sobre os níveis de participação para controle social e as possibilidades de alteração desse quadro.

Por outro lado, as ações repressivas dos órgãos de controle (ministérios públicos, polícias, tribunais e órgãos de controle interno) têm exposto as grandes fragilidades dos sistemas públicos de execução dos gastos e, assim, conduzido à necessidade de uma reflexão sobre qual o efetivo papel da sociedade nesse contexto. Ao mesmo tempo, as ações preventivas dos órgãos de controle parecem não ser suficientes para alterar de forma significativa a realidade social. Esse quadro merece uma atenção especial para que possamos direcionar adequadamente ações proativas no que diz respeito ao controle e participação social.

O estágio atual de desenvolvimento da Administração Pública no Brasil resulta da combinação de conceitos e condições desenvolvidas desde a formação histórica do país, do movimento democrático da década de 1980, que culminou com a Constituição Federal de 1988, as prescrições do modelo gerencial ou pós-burocrático, introduzidas no governo Fernando Henrique Cardoso e os avanços econômicos e sociais ocorridos e consolidados a partir do governo Lula.

Mesmo com todos os recentes avanços, o país ainda tem se defrontado com muitos casos de corrupção na execução do gasto público. A realidade social brasileira de pobreza e os baixos níveis escolares limitam a participação social.

É importante deixar claro, porém, que a necessidade de discussão do tema controle interno e controle social se torna necessária, não somente por causa do nível elevado de corrupção persistente no Brasil, mas fundamentalmente a fim de garantir que dentro do ciclo de gestão existam elementos e dispositivos os quais propiciem os adequados ajustes nas políticas públicas para uma aplicação mais eficiente e transparente dos recursos, viabilizando desenvolvimento mais rápido, sustentável e, assim, garantindo a elevação da qualidade de vida para toda a população.

2 Controle e participação social

Desde a promulgação da Constituição Federal de 1988, o termo controle social tem sido cada vez mais frequente na legislação brasileira. Observa-se que a palavra "controle" tem um forte sentido de dominação, por isso muitas vezes é evitado. Apesar disso, o controle social tem estreita relação com participação social ou cidadã, que é um dos princípios da democracia.

Ressalte-se que o controle social, de que estamos tratando, tem um significado completamente diferente do proposto originalmente na área de conhecimento da Sociologia, o qual se volta para atuação e controle de desvios sociais, tais como: alcoolismo, tabagismo e outros (LAPIERRE, 1954).

É importante delimitar a conotação que tem sido dada para o termo controle social na análise do setor público no Brasil. Nesse sentido, em muitos trabalhos desde a década de 90 (DI PIETRO, 2005; BRESSER-PEREIRA, 1998; GRAU, 1996; LOUREIRO; FINGERMANN, 1992), pode-se identificar que o termo controle social se refere à possibilidade de atuação dos grupos sociais e cidadãos (sociedade civil) por meio de qualquer uma das vias de participação democrática no controle das ações do Estado e dos gestores públicos.

Na última década, esse conceito não se alterou muito, porém torna-se importante uma avaliação mais apurada para evitar a confusão entre controle e participação social.

Braga (2010, 2011) explica que o controle social, também chamado de controles democráticos, é o que busca, pela participação da comunidade, acompanhar a atuação estatal, para que ela se dê em prol daquela comunidade.

Na cartilha da Controladoria-Geral da União – CGU (2010) que versa sobre controle social o termo é explicado como a participação do cidadão na gestão pública, na fiscalização, no monitoramento e no controle das ações da Administração Pública.

O conceito mais amplo de participação social naturalmente inclui o conceito mais restrito de controle social, que é uma forma de participação específica com o objetivo de controle. O conceito de participação social naturalmente abarca um leque maior de relacionamentos entre sociedade e setor público. Há participação social, por exemplo, nas campanhas públicas de assistência social, porém, nesse caso, pode-se entender que não houve necessariamente o exercício do controle do ponto de vista formal.

Para Serafim (2010), o que houve nos últimos anos foi uma espécie de disputa entre o conceito mais restritivo do controle na concepção do projeto neoliberal e o conceito mais amplo do projeto democrático-participativo. Por outro lado, independente de antagonismos ideológicos, a participação social como capacidade inerente de a sociedade exercer a sua competência para se associar e viabilizar os seus direitos cívicos é extremamente importante para a consolidação de mecanismos de controle social.

Vale lembrar que, em livro publicado em 1996, Putnam, analisando a experiência de delegação aos governos regionais de mais poderes e recursos na Itália nos anos 1970, demonstrou a importância do associativismo e da comunidade cívica, identificados como "capital social", para o êxito e maior desempenho das instituições públicas e, consequentemente, para o desenvolvimento econômico. Ao se pensar nas chances de uma atuação maior da sociedade, precisa-se assim investigar qual o "capital social" de que se dispõe para se vislumbrar as possibilidades de êxito no processo de maior flexibilidade na qual é delegada mais autonomia e, consequentemente, mais poder e recursos às unidades descentralizadas de Administração Pública.

Apesar de o controle social representar uma forma de participação social, devemos ter claro que, nesse caso, se tem um objeto específico que é o controle. Assim, exige da sociedade, não apenas capacidade de associação, mas exige também disponibilidade de informações e conhecimentos próprios que a habilite ao pleno exercício da função administrativa de controle. Já a participação social em sentido amplo abrange qualquer interação que propicie a troca de informações com o setor público.

3 Histórico – Colonização e patrimonialismo

O processo de colonização do Brasil, inicialmente portuguesa, determinou que praticamente todas as ações do Estado brasileiro se dessem na base do regime monárquico daquela nação. Nesse período de formação do aparelho estatal, não se pode falar em participação social e muito menos de controle social, pois o poder imperial determinava completamente a ação pública. A maior organização da Administração Pública começa a ser viabilizada em 1680 com a criação das Juntas das Fazendas das Capitanias e do Rio de Janeiro, jurisdicionadas a Portugal (GUERREIRO RAMOS, 1983).

De 1822, após a proclamação da independência, até 1930, a Administração Pública brasileira é assinalada por um "Estado policial" ou "absoluto". A Administração era identificada como autocentrada e, assim, a sociedade não tinha a menor possibilidade de interferir nas políticas públicas e nos destinos dos recursos públicos. Em todo esse período a Administração Pública brasileira era marcada pelo que se chama de *patrimonialismo*. No *patrimonialismo*, os cargos públicos, sinônimo de nobreza, eram transferidos de pai para filho. A corrupção e o nepotismo são características marcantes na atuação do Estado (GUERREIRO RAMOS, 1983).

4 A formação da burocracia brasileira e o modelo pós-burocrático

A crise econômica mundial de 1929 determinou a redução do comércio internacional e isso ensejou ao Brasil a necessidade de produzir parte dos produtos que antes importava, modificando, significativamente, a sua estrutura de produção. Porém, acusações de fraude, inúmeros problemas político-partidários e descontentamento popular decorrente da crise econômica criaram um clima de participação social favorável a uma revolução. Essa de fato aconteceu em 1930 com o golpe que pôs fim à República Velha e início do governo de Getúlio Vargas (GUERREIRO RAMOS, 1983).

Dava-se início, então, a uma nova fase da nossa Administração Pública com a introdução do modelo denominado clássico ou racional-legal. A criação do DASP (Departamento Administrativo do Setor Público), em 1936, é considerada um marco, caracterizado pelos princípios do tipo ideal de burocracia de Max Weber: a impessoalidade, o formalismo, a profissionalização, a ideia de carreira e a hierarquia funcional. O interesse público e o controle *a priori* passam, assim, a determinar essa fase denominada como administração *burocrática* (GUERREIRO RAMOS, 1983).

Impulsionado pelo crescimento do mercado, até 1945, o Estado começou a desenvolver a sua indústria de base, passando a ter uma função muito mais intervencionista. Como resultado da ampliação das funções econômicas do Estado, há o crescimento de sua função empresarial e, daí, surge a necessidade da introdução de uma administração mais gerencial. Passa-se a utilizar de forma crescente princípios e técnicas da iniciativa privada, mas com ênfase no interesse público. Em face do crescimento, de 1945 a 1964, começa a surgir um ideal de planificação do Estado (GUERREIRO RAMOS, 1983).

Em 1964, é editada a Lei Complementar nº 4.320, que institui normas de direito financeiro para elaboração e controle dos orçamentos e balanços da União, dos Estados, dos Municípios e do Distrito Federal. Em 1967, o Ministro do Planejamento, Hélio Beltrão, lançou uma reforma administrativa que tinha como meta simplificar a relação entre o Estado e o cidadão, consolidando o conceito de administração para o desenvolvimento. Nesse ambiente, a edição do Decreto-Lei nº 200/67 introduziu profundas alterações na organização e no funcionamento do Estado (MARCELINO, 1988).

Pode-se dizer que o Decreto-Lei nº 200/67 foi, assim, o primeiro passo na direção do modelo chamado *pós-burocrático ou gerencial*. Por outro lado, essa legislação colocou em evidência as necessidades de ampliar a participação social, na medida em que incorporou a descentralização da Administração Pública brasileira como um dos eixos fundamentais.

5 Redemocratização e criação dos conselhos

A partir de 1964, após o Golpe Militar, o país começou a viver um período de enormes restrições devido ao regime de ditadura instalado no país. Ao longo do período militar, contraditoriamente os mecanismos de participação e de legitimidade social acabam por serem reforçados em decorrência da necessidade de organização e das lutas sociais contra a ditadura.

Os conselhos, como esferas públicas de exercício do poder no Brasil, aparecem no período de 1970-1993 (GOHN, 1997). Porém, somente com o retorno gradual do exercício dos direitos civis e políticos é que os conselhos se firmaram como esferas públicas de decisão democrática, ou seja, como mecanismos institucionais de participação da sociedade civil organizada. No final da década de 80, a promulgação da Constituição de 1988 estabeleceu as condições jurídico-políticas para a criação e funcionalidade de órgãos de natureza colegiada e representativa com função de controle social na Administração Pública que são conhecidos como conselhos de políticas públicas. O orçamento participativo também surge nessa época como essa espécie de radicalização do processo de participação onde é concedido real poder de decisão àqueles que tomam parte dele (DANIEL, 1994).

Em 1988, a Constituição Federal consolidou o novo sistema de controle da Administração Pública, fundamentado nos princípios constitucionais de legalidade, moralidade, finalidade pública, motivação, impessoalidade e publicidade. Essa Constituição foi assim o resultado do movimento democrático de participação popular que introduziu as bases para o que chamamos atualmente de controle social (SERAFIM, 2010).

6 Introdução do modelo gerencial e *accountability*

A partir de 1990, a modificação do contexto político pela transição democrática, a eleição direta do Presidente da República, o desenvolvimento tecnológico, a globalização das economias mundiais, a introdução de conceitos neoliberais e a grande rigidez dos princípios estabelecidos na Constituição Federal de 1988, além de outros fatores, como a necessidade de reduzir custos e aumentar a qualidade dos serviços num mercado cada vez mais competitivo, trazem a necessidade de desenvolvimento de um novo padrão para a Administração Pública no Brasil (BRASIL, 1995).

Foi no governo de Fernando Henrique Cardoso, em 1994, que a Secretaria de Reforma do Estado, no âmbito do Ministério da Administração e Reforma do Estado (MARE), desenvolve o Plano Diretor da Reforma do Aparelho do Estado, de 1995. Esse documento apresenta os problemas encontrados e, a partir daí, introduz uma série de diretrizes a serem desenvolvidas dentro da Administração Pública brasileira visando à consolidação de um modelo "gerencial" ou "pós-burocrático".

Essa reforma teórica, classificada como modelo "gerencial" ou "pós-burocrático", que também havia emergido em outros países mais desenvolvidos economicamente que o Brasil, na segunda metade do século XX, é vista naquele momento como um instrumento indispensável para consolidar a estabilidade e assegurar o crescimento sustentado da economia. A necessidade de estabelecimento de mecanismos automáticos, difusos e eficientes de controle da Administração colocam em evidência as possibilidades do controle social (BRESSER-PEREIRA, 1998). Por outro lado, apresenta-se a necessidade de introduzir a noção de maior responsabilização dos agentes públicos, baseando-se no conceito de *accountability* como trazido na discussão proposta por Campos (1990).

Assim, por meio de medidas ligadas ao Plano de Reforma Administrativa, o controle social passou a incorporar de forma crescente o ordenamento jurídico brasileiro. Em diversas leis e na própria Constituição Federal, foram incluídos dispositivos que tentam introduzir possibilidades de maior controle social dos recursos públicos. O exemplo mais marcante desse fato foi o §3º do artigo 37 da Constituição Federal, introduzido pela Emenda nº 19, de 1998, transcrito a seguir:

§3º A lei disciplinará as formas de participação do usuário na Administração Pública direta e indireta, regulando especialmente:
I - as reclamações relativas à prestação dos serviços públicos em geral, asseguradas a manutenção de serviços de atendimento ao usuário e a avaliação periódica, externa e interna, da qualidade dos serviços;
II - o acesso dos usuários a registros administrativos e a informações sobre atos de governo, observado o disposto no art. 5º, X e XXXIII;
III - a disciplina da representação contra o exercício negligente ou abusivo de cargo, emprego ou função na Administração Pública. (BRASIL, 1988, art. 37)

O modelo gerencial proposto presumia um novo direcionamento para a combinação dos mecanismos de controle, partindo-se da simplificação do ponto de vista institucional, na qual as formas de controle são: administrativo ou hierárquico, democrático ou social e econômico. O controle passaria, assim, a ser menos administrativo e mais econômico e social numa base, porém claramente de orientação neoliberal.

Apesar dos ganhos que ocorreram com a introdução de novos conceitos e reformas implementadas no Brasil, reconhece-se que o neoliberalismo na base dos últimos intentos, que se tornara dominante nos anos 1990, perdeu força e fracassou na última década do século XX por não ter conseguido efetivamente promover o desenvolvimento (BRESSER-PEREIRA, 2007).

Por outro lado, há que se reconhecer que o movimento de crescimento econômico que ocorreu e passou a se chamar de neodesenvolvimentismo nos anos que se seguiram abriu caminhos para o incremento e valorização do capital social (BRESSER-PEREIRA, 2006), viabilizando assim, a partir de então, melhores perspectivas para o controle social.

7 Desenvolvimento do controle social e elevação da transparência

A partir de 2003, pode-se dizer que começa uma nova era em termos de setor público especialmente no aspecto controle de políticas e recursos públicos, tendo o controle interno do Poder Executivo federal assumido um papel de múltipla atuação na democracia brasileira (LOUREIRO, 2012). O governo federal criou a Controladoria-Geral da União (CGU) que, reconhecendo a existência de corrupção em todos os níveis do setor público, adotou princípios rígidos para lidar com a tarefa constitucional de efetivar o controle interno do governo federal.

Alicerçados no crescimento econômico e no sucesso de diversas políticas públicas, estes princípios podem ser interpretados como sendo as bases das mudanças que ocorreram nos últimos anos e a sinalização em todas as esferas e níveis de governo para um novo padrão de comportamento e relacionamento do Estado brasileiro com a sociedade.

Tais princípios, resumidos a seguir, foram delineados pelo então Ministro da CGU, Waldir Pires, em seus discursos e planos para toda a instituição em 2003, os quais foram: *compromisso com a ética e a total transparência nos gastos públicos; combate à corrupção e à promiscuidade público-privado; combinação de controles institucionais e controle social/ contribuição à efetiva participação cidadã e articulação entre as instituições relacionadas ao controle e ao enfrentamento da corrupção.*

A partir daí, foi criado ainda em 2003 o programa de sorteio público para fiscalização de verbas repassadas aos municípios. Esse programa visava, desde o início, não apenas à fiscalização da aplicação de recursos federais, mas tinha como importante objetivo a conscientização e estímulo da sociedade para o controle social dos gastos públicos, além de buscar inibir e dissuadir a corrupção.

Associada à divulgação ostensiva dos resultados, a expectativa das fiscalizações por sorteios recuperou em parte para a Administração Federal a sua capacidade inibitória de desvios de condutas com o efeito da chamada "fiscalização psicológica" exercida sobre todo o território nacional. Esse efeito, que se baseia na possibilidade efetiva da ocorrência da fiscalização e no receio das possíveis repercussões decorrentes dos resultados.

Com o desenvolvimento do programa de sorteio de 2003 a 2005, muitas outras percepções são conseguidas, entre elas a de que boa parte das constatações de desvios é decorrente de má-fé, descontroles, desconhecimentos e má-gestão dentro e fora do governo federal. Os dados e relatórios elaborados nas fiscalizações de sorteios deram origem a diversos outros trabalhos investigativos. Um exemplo dos resultados do programa de fiscalização por sorteio de municípios é a identificação da máfia das ambulâncias que resultou na operação sanguessuga (BALBE, 2006).

Por outro lado, a partir das constatações do programa de sorteio, foram evidenciados também que muitos fatos poderiam ser apenas fruto de ignorância sobre as normas. Assim, surgem outras possibilidades de atuação institucional do ponto de vista de prevenção. A CGU passa, dessa forma, a se dedicar a estabelecer e consolidar programas na área de inteligência e prevenção, criando inclusive uma secretaria específica, a Secretaria de Prevenção da Corrupção e Informações Estratégicas (SPCI). São criados programas importantes que passam a integrar o rol de atividades regulares da CGU, tais como: o Programa Olho Vivo e o Programa de Fortalecimento da Gestão.

Todos esses programas contribuem para o esforço de elevação da participação social extremamente necessária ao país. Santana (2009) em trabalho de avaliação efetuado sobre o Programa Olho Vivo da CGU apontou a importância da iniciativa, evidenciando que a mesma está no caminho certo na direção do esforço de democratização em que pese as suas limitações inerentes a ações dessa natureza.

Observa-se que a atuação dos governos com o foco na sociedade cria uma espécie de aliança que se torna a base para a melhoria do controle social. Essa aliança com a sociedade demonstra que a participação social não deve ser apenas legitimadora das ações dos governos, mas deve permitir uma interferência efetiva, demonstrando desejos, reclamações e sugestões (SECCHIN, 2008).

8 Transparência e controle social

Na linha de ampliação da participação, ressalte-se a enorme importância, como fonte de informação para a sociedade, da criação do Portal da Transparência pela CGU, em 2004, que passou a disponibilizar de forma extensiva, dados e informações sobre aplicação de recursos federais. Além disso, seguiu-se a edição da Lei Complementar nº 131/2009, que passou a obrigar a divulgação de informações sobre aplicação de recursos pelos entes públicos.

Nessa perspectiva, visando a um processo cada vez mais democrático e transparente de gestão pública, em setembro de 2009, a CGU realizou — em Brasília — o I Seminário Nacional de Controle Social. O evento promoveu a troca de experiências e disseminação de boas práticas, viabilizando um fórum de debates sobre os desafios e possibilidades da atuação da sociedade junto ao Estado. Durante o evento foi concebida a necessidade de realização de uma conferência nacional sobre transparência, participação popular e combate à corrupção.

Em dezembro de 2010 foi convocada a 1ª Conferência Nacional sobre Transparência e Controle Social, chamada de Consocial, com o propósito de, em conjunto com a sociedade, traçar diretrizes de atuação para assegurar a efetividade das políticas de promoção da transparência pública e de controle social, bem como realizar o diagnóstico da adoção e implementação dessas políticas.

Foram realizadas diversas etapas nos níveis municipal, regional, estadual e distrital e, também, constituídas Comissões Organizadoras nos Municípios (COMUs) ou Regiões (COREs), nos Estados (COEs) e no Distrito Federal (COD), com a participação de representantes dos diversos segmentos da sociedade. Por fim, em maio de 2012, foi editado o ato de convocação da etapa nacional da conferência.

Pode-se afirmar que em face da formatação democrática da conferência alicerçada nas diversas etapas, o resultado da Consocial foi expressivo do ponto de vista de participação e volume de propostas, podendo se tornar referência para novas ações a partir de então.

As principais propostas e diretrizes foram sistematizadas, merecendo destaque para as mais votadas do *ranking* até a 10ª, que foram aglutinadas nos seguintes temas: financiamento público de campanhas políticas, educação fiscal, sistema de controle interno, orçamento participativo, sigilo fiscal e bancário, maior rigor no combate à corrupção, prevenção da corrupção, educação fiscal.

Apesar disso, chama atenção a enorme quantidade de propostas que foram lançadas em caráter geral, significando a dificuldade de detalhamento de ideias devido ao grande distanciamento entre a população e o conhecimento do efetivo funcionamento de processos e instituições já existentes.

Em qualquer avaliação, é preciso considerar como importante para as reflexões o tamanho e a complexidade da máquina federal e ainda de todo o restante do setor público e as relações com o setor privado e a sociedade. Essa perspectiva evidencia os enormes desafios que se colocam no caminho de mudanças para melhorar a Administração Pública e a participação social. De qualquer forma, no momento atual, verifica-se que as medidas ligadas à transparência e controle se multiplicam em toda Administração Pública brasileira.

Em 2011, a implementação da Lei de Acesso à Informação, Lei nº 12.527/2011, que visa a regulamentar o previsto no inciso XXXIII do art. 5º, no inciso II do §3º do art. 37 e no §2º do art. 216 da Constituição Federal de 1988, trouxe novas perspectivas para maior participação e controle social. Com base na Constituição Federal e nessa nova legislação, por exemplo, o Ministério do Planejamento (MP), a partir do dia 22 de fevereiro de 2013, passou a disponibilizar, a todos os cidadãos na aba "Acesso Livre" do Portal de Convênios na internet, informações e documentos dos convênios, contratos de repasse e termos de parceria. Medidas como essa reforçam e viabilizam a ampliação cada vez maior do controle social.

É preciso, assim, manter persistência e continuidade do esforço nas mesmas linhas ao longo dos próximos anos para se obter uma redução expressiva dos níveis de corrupção. E, assim, viabilizar a consolidação de novos procedimentos, sistemas e metodologias de Administração Pública democrática.

Além disso, é importante observar que os dirigentes da CGU, representando o governo federal, perceberam claramente que atuam dentro em um novo contexto democrático e que precisam valorizar as instituições participativas (LOUREIRO, 2012), possibilitando a ampliação e consolidação dos mecanismos de controle social.

9 Conselhos gestores de políticas públicas

Independentes das ações proativas do órgão de controle interno federal, do ponto de vista institucional, os conselhos gestores de políticas públicas, em face do que se observa na legislação do país, são o principal mecanismo estabelecido para o controle social. Assim, considerando a ampla utilização do instituto para acompanhamento de políticas públicas, é preciso responder à pergunta: os conselhos realmente funcionam? Em certa medida, as dificuldades enfrentadas fazem com que políticos e as instituições públicas não enfrentem a questão de frente.

Em primeiro lugar, é preciso lembrar que os controles sociais se exercem por meio de acionamento dos controles formais. Assim, as dificuldades relacionadas aos controles formais repercutem na efetividade

dos controles sociais. Podem-se relacionar vários motivos pelos quais os controles formais estabelecidos ainda são ineficazes e merecem atenção:
- por mais que se tenha feito e se faça para normatizar e prever punições na legislação, muitos gestores públicos eleitos ou não ainda se utilizam de brechas da lei para usurpar e realizar a malversação do dinheiro público;
- apesar dos grandes avanços no controle interno do governo federal a partir da criação da CGU e dos novos mecanismos de transparência, uma boa parte dos órgãos de controle interno, criados no nível estadual e municipal, não possuem autonomia e meios suficientes para fazer a aplicação da lei e conseguir responsabilizar os gestores, coibindo a corrupção;
- uma grande parcela de servidores públicos em postos importantes e de grande responsabilidade dentro dos governos, tanto na gestão como na fiscalização da aplicação de recursos, ainda ingressam no serviço público sem concurso público, ocupando muitas vezes cargos comissionados, por força de acordos políticos, e não possuem autonomia e capacitação suficientes;
- a Administração Pública brasileira incorpora uma complexa característica *neopatrimonialista*[1] que se superpôs ao modelo burocrático e gerencial de administração;
- os governos não dispõem de estrutura e recursos, ou não investem de forma adequada, à atividade de controle prevista constitucionalmente;
- a integração entre os órgãos de controle ainda é fator de fragilidade, reduzindo a possível sinergia da atuação conjunta e troca de informações;
- em alguns casos, faltam agilidade e rigor dos Tribunais de Contas e da Justiça no julgamento de gestores públicos. Esse fato é ocasionado muitas vezes por ingerências políticas; e
- a política do "jeitinho" e a ineficácia da aplicação da lei continuam a tornar a possibilidade de responsabilização do gestor público pouco provável no Brasil, criando um ambiente favorável ao descontrole.

Os entraves ao desenvolvimento do controle social têm relação com as características específicas no Brasil devido à dinâmica histórica do sistema capitalista no país. A aparente apatia verificada na base da sociedade ou a distinção entre elite e povo foi elaborada a partir dessa

---

[1] O neopatrimonialismo é a forma moderna do conceito de patrimonialismo que é a característica de um Estado que não possui distinções entre o público e o privado.

realidade social e, de certa forma, pela ação do próprio Estado e de suas instituições (RIBEIRO, 2012).

No caso dos controles sociais exercidos pelos conselhos, além das dificuldades gerais relacionadas aos controles públicos formais em geral, ainda temos que constatar diversos outros problemas específicos os quais vêm sendo sistematicamente levantados por diversos autores e instituições.[2] Relacionamos os problemas de forma agrupada abaixo:
- falta de estrutura: não há estrutura básica para funcionamento de conselhos. Não há local apropriado, não há material, não são disponibilizados recursos de informática;
- falta de transparência: o acesso às informações e processos públicos geralmente é dificultado ou negado pelos agentes públicos;
- falta de recursos humanos: os componentes dos conselhos normalmente têm outras atividades e não podem abster-se de remuneração para exercer atividades dos conselhos. Falta qualificação para exercer as competências previstas;
- excessiva ingerência política: a nomeação dos componentes é altamente marcada por motivação política. Em algumas situações, há perseguição de conselheiros quando apontam situações impróprias; por esse motivo, muitas vezes reina o medo. Há uma percepção de baixa correlação entre a atuação nos conselhos e os resultados em termos de responsabilização e alteração de políticas, criando ambiente de desmotivação; e
- falta de autonomia: todos os principais recursos necessários ao funcionamento dos conselhos, tais como material, estrutura e financeiros são controlados pelos governos locais, reduzindo completamente a autonomia.

Em levantamento efetuado sobre as principais falhas e/ou empecilhos na atuação de conselhos, identificados nas fiscalizações do programa de sorteio púbico realizadas entre os anos de 2003 e 2005 na região Nordeste pela CGU, foram mapeados os seguintes problemas (ARAÚJO, 2006):
    a) desconhecimento, por parte de seus membros, das atribuições regimentais destes e do conselho ao qual se vinculam;
    b) ingerência nas atividades do conselho, bem como em sua composição por parte da Administração Municipal;
    c) ausência de estímulo à participação popular / Interação com a comunidade — *feedback*;

---

[2] Os relatórios de fiscalização por sorteio público da CGU disponíveis no site <http://www.cgu.gov.br> evidenciam a ineficácia dos conselhos na grande maioria dos municípios.

d) ausência de cursos de capacitação para membros dos conselhos;
e) não segregação de funções;
f) ausência de participação dos conselhos nas licitações realizadas e execução dos programas;
g) sonegação de informações por parte da gestão municipal;
h) omissão do dever de implantação dos conselhos; e
i) ausência de acompanhamento da execução dos programas e aplicação dos recursos.

Como se pode constatar, a febre "conselhista" vivida e intensificada a partir dos anos 1990, não significou necessariamente o sucesso desse modelo no aspecto qualitativo do espaço de participação social. A literatura sobre o tema revela uma série de problemas associados à sua representatividade e à sua capacidade de efetivar suas competências. O potencial de efetividade da ação dos conselhos na tarefa de exercer controle é muito baixo. Além de verificar que eles não têm a prerrogativa de sanções políticas sobre os responsáveis. Por outro lado, é estimulante quando se constata que é bastante promissor o espaço dos conselhos quando se fala sobre as dimensões técnica e administrativa da política pública e, ainda, do processo de socialização gradual dos participantes do colegiado, agentes públicos e conselheiros da sociedade civil, em valores e princípios democráticos e republicanos (GOMES, 2003).

Este efeito positivo pode ser importante para melhorar o capital social local que terá reflexos em médio e longo prazo no próprio desenvolvimento do controle social. Como se sabe, o processo de representação está diretamente relacionado com o grau de organização e politização da sociedade civil (BORBA, 2010) e essa organização e politização é algo que precisamos desenvolver na sociedade brasileira.

Em texto de 2008 da Escola da Cidadania disponível no site da Associação Amigos de Ribeirão Bonito (AMARRIBO) é evidenciado que apesar de os conselhos terem se firmado como espaço de participação popular no cenário político brasileiro, ainda há grandes desafios nas questões de representatividade dos conselheiros, articulação entre os conselhos, e exercício da deliberação.

O que se conclui de tudo isso é que os conselhos são institutos muito importantes para participação social e consequentemente para o exercício do controle social e já se encontram amplamente presente na nossa legislação brasileira, porém apresentam alguns condicionantes que limitam seu potencial e precisam ser melhores estudados, levando-se em consideração aspectos sociais que estão relacionados aos traços históricos de nossa sociedade.

Araújo (2006), em trabalho recente, conclui que há a necessidade de promover amplo processo de capacitação, além de reconfigurar a escolha e a definição dos representantes membros dos respectivos conselhos sem a ingerência dos gestores municipais, com o objetivo de fortalecer a atuação e autonomia desta importante instância de controle social.

Considerando as dificuldades de desenvolvimento local nos aspectos econômicos, sociais e de educação, é preciso uma dose maior de estímulo e informação para que se compensem as dificuldades relacionadas aos conselhos no curto prazo. Deve-se estudar a possibilidade de implementação de medidas que contemplam possíveis caminhos, atuando nas causas dos principais problemas que interferem de forma marcante no funcionamento dos conselhos, de forma a amenizar as disfunções, tais como: falta estrutura, falta transparência, falta de recursos humanos, ingerência política e, ainda, falta de autonomia.

Para melhorar a estrutura dos conselhos, pode-se trabalhar de diversas formas. Uma delas seria a previsão legal de disponibilização obrigatória por parte dos entes públicos de estrutura mínima ao funcionamento dos conselhos. Importante também a inclusão digital e a disponibilização de sítio na internet com o objetivo de abrigar todas as informações relevantes sobre as políticas públicas do país. O sítio na internet seria uma espécie de portal de conselhos onde a troca coletiva de informações aumentaria a sinergia e os resultados dos trabalhos desenvolvidos pelos mesmos. Essa medida também teria um excelente efeito no aspecto da transparência, reduzindo o déficit de informação e comunicação com a própria sociedade.

Ressalte-se que o direito à informação é uma condição fundamental para que os conselheiros possam avaliar os temas em debate e fazer propostas sobre as políticas públicas, pois um dos papéis mais importantes dos conselheiros de governo é subsidiar o processo de negociação com informações e transmiti-las de forma clara para os segmentos sociais que representam (ESCOLA DA CIDADANIA, 2008).

Finalizando, no médio e no longo prazo, não se pode deixar de pensar na questão da educação. Os valores democráticos básicos e de finanças públicas devem incorporar de forma transversal o currículo desde o ensino fundamental. Com essa medida estaremos garantindo a formação de jovens cidadãos e, assim, uma sociedade mais informada e consciente de seus direitos e obrigações. Sabemos que se torna difícil em pequenos municípios fugir da cooptação política dos membros desses conselhos. Porém, esta questão como outras dependem de educação de longo prazo e também podem ser reduzidas pelo desenvolvimento social decorrente do processo de ampliação do conhecimento da sociedade.

10 Considerações finais

No momento atual, faz-se uma avaliação extremamente positiva dos avanços alcançados nos últimos anos em termos de evolução do controle e da participação social no Brasil. Importante também reconhecer o esforço de ampliação de instrumentos e ações de controle e também de mecanismos de transparência. Por outro lado, verifica-se que alguns ideais do modelo gerencial, introduzido nos 1990, elevariam a participação social e não se tornaram completamente efetivos, enfrentando diversos problemas, especialmente aos relacionados aos conselhos gestores de políticas públicas que precisam ser enfrentados.

Nesse contexto, deve-se reconhecer que e a realidade social brasileira e o nível de desenvolvimento socioeconômico do país ainda dificultam a solução do problema.

Apesar disso, há caminhos que podem ser trilhados, reconhecendo-se as dificuldades existentes e perseguindo-se de forma consistente o ideal democrático. Devem-se observar aspectos que do ponto de vista prático da Administração Pública brasileira não se consubstanciaram em medidas mais efetivas e estratégias de ação direcionadas para induzir um processo que viabilize o controle social adequado num Estado realmente moderno.

É preciso reconhecer que mesmo com todos os problemas, houve enormes avanços no plano federal pela atuação de seus mecanismos de controle. Todo esse processo de consolidação institucional do controle e de indução na melhoria da Administração Pública parece ser construído por meio de um pacto de controle social que, se não existe de fato, pode ser avaliado como presente no desejo coletivo. Trata-se de um pacto invisível que se estabelece entre a sociedade e os protagonistas da Administração Pública, sejam eles, cidadãos, políticos e/ou gestores com visão de futuro.

A Lei de Acesso à Informação, a Lei da Ficha Limpa e outras mudanças legais que passam a compor o rol de discussões públicas são exemplos da indução de um processo que tem tido avanços e retrocessos, mas cujo centro sempre desloca para um ponto de maior democratização e desenvolvimento do país.

Como se pode verificar da análise efetuada nos conselhos, ainda existem muitas medidas simples que podem ser adotadas e que poderiam melhorar em muito as condições para o controle social no Brasil. De qualquer forma, temos que comemorar os avanços do nosso país decorrentes do desenvolvimento econômico e, ainda, nos aspectos administrativos do setor público conseguidos nos últimos anos. Para o longo prazo, acredita-se que é preciso maior investimento em educação, informatização e controle, permitindo que os avanços econômicos se transformem efetivamente em ganhos efetivos para toda a sociedade.

Referências

ARAÚJO, F. da S. *et al*. Ações de controle social: uma análise da efetividade dos Conselhos Municipais à luz das constatações de fiscalização da Controladoria Geral da União (CGU), realizadas por meio do Programa de Sorteios dos Municípios na região nordeste do Brasil, no período de 2003 a 2005. *READ – Revista Eletrônica de Administração*, Porto Alegre, v. 12, n. 6, nov./dez. 2006. Disponível em: <http://seer.ufrgs.br/read/article/view/40277/25613>.

AVRITZER, Leonardo *et al*. *Corrupção*: ensaios e críticas. Belo Horizonte: Ed. UFMG, 2008. 598p.

BALBE, Ronald da Silva. Uma longa história de corrupção: dos anões aos sanguessugas *Revista da CGU*, Brasília, DF, v. 1, n. 1, p. 61-76, dez. 2006.

BORBA, Julian; LÜCHMANN, Lígia Helena Hahn. A representação política nos conselhos gestores de políticas públicas, *Urbe – Revista Brasileira de Gestão Urbana*, Curitiba, v. 2, n. 2, p. 229-246, jul./dez. 2010.

BRAGA, Marcus Vinícius de Azevedo. *O controle social da educação básica pública*: a atuação dos conselheiros do Fundeb. 2011. 176 f. Dissertação (Mestrado em Educação)–Universidade de Brasília, Brasília, 2011.

BRAGA, Marcus Vinicius de Azevedo; SILVA, Maria Abadia da. Controle social em educação básica pública. *In*: ENCONTRO DE PESQUISA EM EDUCAÇÃO DA ANPED – CENTRO-OESTE, 10., 2010. Uberlândia. *Anais eletrônicos...* Uberlândia, 2010. Disponível em: <https://bvc.cgu.gov.br/>.

BRASIL. Constituição (1988). *Constituição da República Federativa do Brasil*. 1988. Brasília: Senado Federal, 1988.

BRASIL. Controladoria-Geral da União – CGU. *Controle Social*: orientações aos cidadãos para participação na gestão pública e exercício do controle social 2. ed. Brasília, 2010. Disponível em: <http://www.cgu.gov.br>.

BRASIL. Ministério da Administração e Reforma do Estado. *Plano Diretor da Reforma do Aparelho do Estado*. Plano aprovado pela Câmara da Reforma do Estado da Presidência da República em setembro de 1995. Brasília: Presidência da República, Câmara da Reforma do Estado, 1995.

BRASIL. Presidência da República. *A comissão especial e a corrupção na Administração Pública Federal*. Relatório da comissão especial criada pelo Decreto 1001 de 6 de dezembro de 1993. Brasília: Presidência da República, Comissão Especial, 1994. 175 p.

BRESSER-PEREIRA, Luiz Carlos. *Reforma do Estado para a cidadania*: a reforma gerencial brasileira na perspectiva institucional. Brasília, DF: ENAP; São Paulo: Ed. 34, 1998.

BRESSER-PEREIRA, Luiz Carlos. The new developmentalism and conventional orthodoxy. *Economie appliquée*. Paris, v. 59, n. 3, p. 95-126, 2006.

BRESSER-PEREIRA, Luiz Carlos. Burocracia pública e classes dirigentes no Brasil. *Revista de Sociologia Política*. Curitiba, v. 28, p. 9-30, 2007.

CAMPOS, Anna Maria. Accountability: quando poderemos traduzi-la para o português. *Revista de Administração Pública*, Rio de Janeiro, v. 24, n. 2, p. 30-50, 1990.

GRAU, Nuria Cunill. A rearticulação das relações Estado-sociedade: em busca de novos significados. *Revista do Serviço Público*, Brasília, v. 120, n. 1, p. 113-140, 1996.

DANIEL, C. Governo local e participação da sociedade. *In*: VILLAS-BOAS, Renata (Org.). *Participação popular nos governos locais*. São Paulo: Polis, p. 21-42, 1994.

DI PIETRO, Maria Sylvia Zanella. *Direito administrativo*. São Paulo: Atlas, 2005.

ESCOLA DA CIDADANIA. *Os conselhos gestores de políticas públicas*. Disponível em: <http://www.amarribo.org.br>. 2008.

FURTADO, Lucas Rocha. A comunidade Internacional e a Corrupção transnacional: razões para combater a corrupção. *Revista da CGU*, Brasília, v. 1, n. 1, p. 43-60, dez. 2006.

GOHN, Maria da Glória Marcondes. *Teorias dos movimentos sociais*: paradigmas clássicos e contemporâneos. São Paulo : Loyola, 1997.

GOMES, Eduardo Granha Magalhães. *Conselhos gestores de políticas públicas*: Democracia, controle social e instituições. Dissertação (Mestrado)–Fundação Getúlio Vargas. São Paulo, 2003.

GUERREIRO RAMOS, Alberto. *Administração e contexto brasileiro*. Rio de Janeiro: Fundação Getulio Vargas, 1983.

LAPIERRE, Richard Tracy. *A Theory of Social Control*. New York: McGraw-Hill, 1954.

LOUREIRO, Maria Rita; FINGERMANN, Henrique. Mudanças na Relação público-privado e a problemática do controle social: algumas reflexões sobre a situação brasileira. *In*: LODOVICI, E.; BERNAREGGI, G.; FINGERMAN, H. (Org.). *Parceria Público-Privado*: cooperação financeira e organizacional entre o setor privado e as administrações públicas locais. São Paulo: Sumus, 1992. v. 1, p. 27-42.

LOUREIRO, Maria Rita *et al*. Do controle interno ao controle social: a múltipla atuação da CGU na democracia brasileira. *Cadernos Gestão Pública e Cidadania*, São Paulo, v. 17, n. 60, jan./jun. 2012.

MARCELINO, Gileno. O Estado no Brasil e as reformas administrativas planejadas. *Revista de Administração*, São Paulo, v. 23, n. 4, p. 9-15, out./dez. 1988.

MEIRELLES, Hely Lopes. *Direito Administrativo Brasileiro*. 20. ed. atualizada por Eurico de Andrade Azevedo, Délcio Balestero Aleixo e José Emmanuel Burle Filho, São Paulo: Malheiros, 1995. p. 569-627.

PAIVA, Rodrigo Márcio Medeiros. *O controle social na Administração Pública*: propostas para estruturar e estimular o seu desenvolvimento. 2004. 57 f. Monografia (Especialização em Controladoria Aplicada ao Setor Público)–Escola de Contas Otacílio da Silveira, Paraíba, 2004.

PINHO, José Antônio Gomes de. Reforma do Aparelho do Estado: limites do gerencialismo frente ao patrimonialismo. *Organizações e Sociedade*, Salvador, v. 5, n. 12, p. 59-79, maio/ago. 1998.

PUTNAM, Robert D. *Comunidade e Democracia*: a experiência da Itália moderna. Tradução de Luiz Alberto Monjardim. Rio de Janeiro: Fundação Getúlio Vargas, 1996.

RIBEIRO, Agatha Justen Gonçalves, *Controle social*: sob condicionantes específicos ao Brasil ou impasse estrutural? 2012. 98 f. Dissertação (Mestrado em Administração Pública)–Escola Brasileira de Administração Pública e de Empresas, Centro de Formação Acadêmica e Pesquisa, Rio de janeiro, 2012.

SANTANA, Antônio Ed Souza. Programa Olho Vivo no Dinheiro Público: limites e possibilidades de fomento ao controle social. *Revista da CGU*, Brasília, v. 4, n. 6, p. 41-58, set. 2009.

SECCHIN, Lenise Barcellos de Mello. Controle social transparência das políticas públicas e fomento ao exercício de cidadania. *Revista da CGU*, Brasília, DF, v. 3, n. 5, p. 28-45, dez. 2008.

SERAFIM, Lizandra. Democracia Brasileira, Reforma do Estado e os Desafios para o exercício do controle social: uma agenda política e de pesquisa. *Ideias*. Campinas, n. 1, p. 43-59, 2010.

Informação bibliográfica deste texto, conforme a NBR 6023:2002 da Associação Brasileira de Normas Técnicas (ABNT):

SILVA, Francisco Carlos da Cruz. Controle social e controle interno. *In*: BRAGA, Marcus Vinicius de Azevedo (Coord.). *Controle interno*: estudos e reflexões. Belo Horizonte: Fórum, 2013. p. 55-74. ISBN 978-85-7700-789-9.

DIRETRIZES PARA AUDITORIA NA CONTRATAÇÃO DE TI NA ADMINISTRAÇÃO PÚBLICA FEDERAL

CARLOS ALBERTO DOS SANTOS SILVA

Introdução

Para Gewandsznajder (2005) as organizações vêm enfrentando um ambiente extremamente competitivo, inseridas em uma sociedade afetada por novos paradigmas que provocam uma reorganização intensa dessa sociedade. Para continuar crescendo e até mesmo sobrevivendo, as organizações precisam se adaptar a essas mudanças. A tecnologia da informação tem se tornado crucial para sobrevivência e estratégia competitiva dessas organizações.

Segundo o autor, nos dias atuais, a Tecnologia da Informação (TI) se confunde com os produtos e serviços gerados pela própria organização, permitindo, quando aplicada adequadamente, um processo de inovação, melhoria de qualidade e adoção de diferentes abordagens para seu público-alvo. Dessa forma, o sucesso das organizações, sejam elas públicas ou privadas, está diretamente relacionado ao uso apropriado da TI como instrumento viabilizador de seus objetivos e elemento de vantagem competitiva. Em virtude dessa importância e do elevado investimento necessário para incorporar as novas tecnologias, as organizações devem procurar o máximo de garantias para que seu uso seja bem sucedido.

Nesse ambiente, onde a TI é crucial, estratégica e um importante recurso que precisa de investimento e gerenciamento apropriados, surgiu o conceito de governança da Tecnologia em Informação. A governança em TI, do termo inglês *IT Governance*, busca o alinhamento da TI com os objetivos da organização, onde a tecnologia é um fator essencial para a gestão financeira e estratégica de uma organização e não apenas um suporte aos mesmos.

Se nas organizações privadas a TI é vital para o ganho de competitividade, na Administração Pública o uso estratégico da tecnologia e a administração dos recursos de informática podem e devem melhorar os serviços prestados ao cidadão. Isto significa que, segundo Ruediger (2003), além de melhorias no ambiente interno, pelo aumento da eficácia organizacional (agilidade nos processos, na estrutura, na comunicação e a eliminação da burocracia), a TI deve constituir-se em instrumento de incremento da capacidade cívica, do desenvolvimento econômico e da eficiência governamental, por meio do estabelecimento de relações mais democráticas e transparentes entre governo e sociedade civil.

Assim, o aumento de eficiência e de governança no setor público passa pela adoção de tecnologias de informação em larga escala, o que requer o uso de modernas ferramentas de gestão em TI, sendo a contratação de serviços uma delas (WEILL; ROSS, 2006, p. 241). Contudo, para Cruz (2008), a produção dos benefícios esperados da contratação de serviços de TI no setor público está vinculada à adoção de processos apropriados e a disponibilidade de pessoas com as competências adequadas para a gestão desse tipo de contratação, fatores esses que não têm sido verificados nos últimos anos.

Vale destacar que o setor público brasileiro é um grande usuário de serviços terceirizados de TI, e, em 2004, correspondia a 23% do mercado brasileiro de terceirização, superando qualquer outro segmento, inclusive o setor financeiro, segundo dados da EConsulting (GONÇALVES; OLIVEIRA, 2004). Registre-se que entre os anos de 2010 a 2012, o gasto médio anual da Administração Pública em TI, conforme dados consultados no sistema SIGA Brasil, sistema de informações sobre orçamento público disponível para acesso público no sítio do Senado Federal,[1] foi de cerca de R$3,5 bilhões e a previsão para 2013 é de cerca de R$4 bilhões.

Dessa forma, esse ambiente extremamente relevante e com alta materialidade, impõe aos órgãos de controle interno e auditoria do Poder Executivo Federal, e em especial à Controladoria-Geral da União (CGU), órgão responsável por fazer auditorias e fiscalizações para verificar como o dinheiro público está sendo aplicado, a necessidade de identificação dos gargalos gerenciais existentes e recomendação da

---

[1] <http://www12.senado.gov.br/orcamento/sigabrasil>.

aplicação de práticas e metodologias de governança em TI visando a maior governabilidade, transparência no atendimento ao cidadão e uso adequado dos recursos públicos (HANASHIRO, 2007).

Contudo, considerando a determinação do TCU, em seu Acórdão nº 2.094/2004, item 9.3, à Secretaria Federal de Controle Interno que, no seu âmbito de atuação, exerça o controle efetivo dos contratos de terceirização de serviços de informática e de desenvolvimento de sistemas, verifica-se que a atuação desses órgãos de controle, no que se refere à TI e em especial à contratação de serviços de TI, não ocorre de maneira sistemática. Segundo Hanashiro (2007), um dos fatores que contribui para esta situação é a ausência de um modelo de auditoria em TI que contemple tanto questões de eficiência dos processos de TI quanto questões relacionadas aos aspectos legais.

Merece ser destacado também, além de outros, os trabalhos realizados pelo TCU com o objetivo de acompanhar a situação de governança de tecnologia da informação (TI) na Administração Pública Federal (APF). Foram realizados pelo TC três levantamentos. O primeiro, em 2007, com a participação de 255 instituições, resultou no Acórdão nº 1.603/2008-TCU-Plenário, o segundo, organizado em 2010, avaliou 301 instituições, deu origem ao Acórdão nº 2.308/2010-TCU-Plenário e o terceiro, com 350 instituições, que resultou no Acórdão nº 2.585/2012-TCU-Plenário.

Sobre o tema, no Acórdão nº 2.585/2012-TCU-Plenário, o TCU concluiu que, em geral, houve evolução nos índices relativos ao processo de contratação de TI, entretanto, o referido processo ainda está distante do desejável, levando em consideração os riscos para a instituição decorrente de processo de contratação de TI deficiente, ou de sua inexistência.

Nesse contexto, serão discutidos, a seguir, os elementos mínimos a serem considerados quando do planejamento ou construção de um modelo de auditoria na contratação de serviços de informática na Administração Pública Federal.

A abordagem apresentada é baseada nos resultados dos trabalhos de pesquisa realizados pelo autor e estão contidos na dissertação apresentada ao Programa de Pós-Graduação *Stricto Sensu* em Gestão do Conhecimento e da Tecnologia da Informação da Universidade Católica de Brasília, em 2008, como requisito para obtenção do Título de Mestre em Gestão do Conhecimento e da Tecnologia da Informação.

A base técnica do trabalho foram as orientações contidas em um Quadro Referencial Normativo (QRN) (CRUZ, 2008), os modelos eSCM,

PrATIco, MPS.Br, PMBoK, COBIT e Gespública e os requisitos legais relacionados com as contratações de serviços, em especial aqueles que regulam o procedimento licitatório (Lei nº 8.666/1993, a Lei nº 10.520/2002, o Decreto nº 3.505/2000 e a IN nº 04/2010 da SLTI) e nas normas gerais e normas de auditoria aplicáveis ao poder Executivo Federal.

1 Os agentes de controle e a contratação de TI na APF

No Setor Público, Ruediger (2003), Dufner (2005), Lupson e Partington (2005) e Kamal (2006) concordam que é papel do poder público estender o acesso ao governo, e no governo, para além dos serviços comuns, alcançando uma outra esfera qualitativa em termos de interação, onde houvesse uma efetiva capacidade de *accountability* e interlocução entre decisores e cidadãos, contribuindo para uma atuação eficaz do poder público na área de atuação de sua competência. Nesse sentido, os autores afirmam que sem o uso da tecnologia de informação a administração de programas sociais e econômicos grandes e complexos, bem como da própria máquina do Estado simplesmente não seriam possíveis.

Nesse ambiente, com o propósito de agregar qualidade à gestão pública, identificam-se os agentes de controle. Se na administração empresarial o controle é exercido e imposto pelo empresário, na Administração Pública a função de controle é exercida em decorrência de exigências legais. O artigo 70, da Constituição Federal brasileira de 1988, determina que a fiscalização contábil, financeira, orçamentária, operacional e patrimonial da União e das entidades da Administração Direta e Indireta, quanto à legalidade, legitimidade, economicidade, aplicação das subvenções e renúncia de receitas, será exercida pelo Congresso Nacional, mediante controle externo, e pelo sistema de controle interno de cada Poder (art. 70, CF/1998).

No âmbito do Poder Executivo Federal, conforme contido no Manual do Sistema de Controle Interno do Poder Executivo Federal (2001), aprovado pela Instrução Normativa nº 1, de 06 de abril de 2001, da Secretaria Federal de Controle (SFC), destaca-se a Controladoria-Geral da União (CGU) como o órgão responsável, entre outras funções, por fazer auditorias e fiscalizações para verificar como o dinheiro público está sendo aplicado. Atribuição essa exercida por meio da sua Secretaria Federal de Controle Interno.

Diante da realidade da contratação dos serviços de TI na Administração Pública e em especial no Poder Executivo Federal, qual seja, um ambiente crítico, material e relevante, e considerando a existência da SFC/CGU, como agente que possui como uma de suas atribuições fazer auditorias e fiscalizações para verificar como o dinheiro público está sendo aplicado, o TCU, em seu Acórdão nº 2.094/2004, item 9.3, determinou à Secretaria Federal de Controle Interno que, no seu âmbito de atuação, exerça o controle efetivo dos contratos de terceirização de serviços de informática e de desenvolvimento de sistemas fazendo constar nas tomadas e prestações de contas das entidades que realizam tais contratações os exames realizados e os resultados obtidos.

Nesse mesmo sentido, a SFC, por meio da Ordem de Serviço nº 73/DR/SFC/CGU-PR, de 9 de abril de 2007, criou internamente um grupo de trabalho com o propósito do estabelecimento de procedimentos que viabilizem a manifestação do órgão sobre o assunto tecnologia da informação incluindo o tema da contratação de serviços de TI.

Assim, o TCU e a CGU indicam a necessidade da construção e identificação de elementos balizados e orientadores que permita à Administração Pública e em especial aos órgãos de controle um posicionamento mais efetivo sobre o referido tema. Elementos esses que contemplem tanto as questões referentes à eficiência dos processos de TI quanto às questões relacionadas aos aspectos legais.

2 Governança de TI

Na busca de um melhor entendimento sobre as complexidades e sutilezas envolvidas na alavancagem dos recursos de TI, Henderson e Venkatraman (2004) apontam cinco princípios para se capitalizar efetivamente o valor da TI. O primeiro é o impacto nos negócios gerado por novos modelos empresariais possibilitados pela TI e por projetos que incrementem novos produtos e serviços, valorizando-os com informações. O segundo princípio enfoca a necessidade de coordenação organizacional de comunidades de profissionais com perícias complementares. O terceiro aponta para a terceirização seletiva de TI através de uma rede de alianças e parcerias. Outro princípio aponta para a criação de valor através da infraestrutura de TI voltada para o conhecimento, servindo de base à gestão do capital intelectual. Por fim, deve-se alinhar os quatro princípios anteriores entre si, bem como às estratégias corporativas.

Esse cenário, onde a TI é crucial, estratégica e um importante recurso que precisa de investimento e gerenciamento apropriados, motivou o surgimento do conceito de governança da Tecnologia da Informação, do termo inglês *IT Governance*, através da qual se procura o alinhamento da TI com os objetivos da organização, onde a tecnologia é um fator essencial para a gestão financeira e estratégica de uma organização e não apenas um suporte aos mesmos.

Assim sendo, segundo ITGI (2007), quando executada adequadamente, a governança de TI caracteriza-se por ser "uma estrutura de relacionamentos e processos para dirigir e controlar a TI a fim de alcançar as metas da instituição pela agregação de valor, enquanto se mantém o equilíbrio dos riscos *versus* retorno sobre esta função e seus processos".

Fundamentalmente, a governança de TI diz respeito a duas questões: agregar valor ao negócio e mitigar riscos. A primeira é contemplada pelo alinhamento da estratégia da TI ao negócio da organização e segunda se dá pelo estabelecimento de responsabilidades dentro da organização, porém, para garantir que os resultados sejam obtidos, as duas devem ser suportadas por recursos adequados e a mensuração de desempenho. Isso leva à identificação de cinco áreas principais na governança de TI, quais sejam, o alinhamento estratégico, a entrega de valor, o gerenciamento dos recursos, o gerenciamento de riscos e a mensuração do desempenho.

3 Principais modelos de boas práticas

Segundo Cruz (2008), apesar da contínua expansão da terceirização dos serviços de TI no Brasil e no mundo, muitos são os riscos associados a esse processo, riscos esses que podem inclusive comprometer a efetividade dos resultados pretendidos e impactar negativamente a governança de TI. Para combater esses problemas e mitigar os riscos da terceirização, são necessários processos e modelos bem estruturados, os quais vários autores e diversas instituições têm-se lançado à tarefa de construir e aperfeiçoar.

No intuito de identificar uma estrutura adequada com vistas a permitir a governança em TI e, por conseguinte, do processo de terceirização de serviços de TI, Ridley *et al.* (2004), Bernardes e Moreira (2005), Dahlberg e Kivijärvi (2006) registram a existência de uma série de modelos com tal propósito. Contudo, alguns desses merecem destaque, o COBIT e o eSCM pela sua abrangência e enfoque em governança de TI, o PMBoK pelo enfoque em governança de projetos que envolvem contratações, o MPS.Br pela sua vinculação com o mercado brasileiro interno e o PrATIco pela sua vinculação ao setor público (CRUZ, 2008).

Conforme o Instituto de governança de TI (*IT Governance Institute* – ITGI) (2007), o *Control Objectives for Information and Related Technology* (COBIT), desenvolvido pelo *The Information Systems Audit and Control Foundation* (ISACF), tendo como base a metodologia *Committee of Sponsoring Organizations* (COSO), é um modo para implementar a governança em TI criado em 1998 para definir padrões no direcionamento e controle da tecnologia da informação nas empresas. Uma efetiva governança de TI ajuda a garantir que a tecnologia da informação apoie efetivamente os objetivos de negócio (*Business Goals*), otimiza o investimento de TI e gerencia as oportunidades e ameaças relacionadas a TI.

Cruz (2008) destaca que a versão mais recente do COBIT, a versão 4.1, fornece maiores subsídios para a construção de um modelo genérico de gestão da terceirização, em especial por meio de quatro processos: PO1. Planejamento estratégico de TI; AI5. Aquisição de recursos de TI; DS2. Gerência de serviços terceirizados; e ME3. Garantia de conformidade legal dos processos de TI.

Identificar e gerir as expectativas dos clientes na terceirização de serviço de TI tem se caracterizado como um dos grandes desafios para as diversas organizações, desafios esses que precisam ser superados para tornar as relações entre os clientes e os seus prestadores de serviços bem sucedidas (ITSqc, 2006). Com o propósito de prover ferramentas para que as organizações possam superar esses desafios, conseguindo dessa forma melhorar as relações entre os fornecedores de TI e seus clientes o *IT Services Qualification Center* (ITSqc), unidade da Carnegie Mellon University (CMU), desenvolveu e mantém em contínua atualização um modelo de capacidade, o *e-Sourcing Capability Model* (eSCM). O eSCM possui dois seguimentos o *eSCM for Service Providers* (eSCM – SP) e o *eSCM for Client Organizations* (eSCM – CL) (HEFLEY; LOESCHE, 2006).

O eSCM – SP, segundo Hyder, Heston e Paulk (2006), constitui-se em um modelo de melhores práticas, contudo direcionado aos provedores de serviços em TI, o modelo possui basicamente três propósitos, quais sejam, fornecer aos prestadores de serviço um guia para que esses melhorem as suas capacidades durante a vida do processo de terceirização, oferecer aos clientes objetivos que permitam avaliar a capacidade de seus prestadores de serviço e oferecer aos prestadores de serviço padrões que constituam-se em diferenciais em relação aos seus competidores. Já o eSCM – CL, segundo Hefley e Loesche (2006), é um modelo direcionado às organizações clientes no processo de terceirização de TI. Ele, o eSCM – CL, constitui-se em um conjunto de melhores práticas direcionadas ao envolvimento, à melhoria e à inovação contínua da capacidade das organizações clientes no desenvolvimento de uma relação sólida e mais confiável com os seus fornecedores de serviços de TI.

Outro modelo que aborda os aspectos da terceirização e o *Project Management Body of Knowledge* (PMBOK). Lançado pelo *Project Management Institute* (PMI), o PMBOK é um guia de melhores práticas que descreve a soma do conhecimento dentro da profissão de gerenciamento de projetos. Este conjunto completo de conhecimentos inclui conhecimento de práticas tradicionais e comprovadas, as quais são amplamente aplicadas, bem como conhecimento de práticas avançadas e inovadoras, com uso mais limitado. No que se refere à terceirização e gestão da terceirização, o PMBOK aborda, em seu capítulo 12, o gerenciamento de aquisições do projeto, incluindo nesse capítulo os processos de gerenciamento de contratos e de controle de mudanças necessários para administrar os contratos ou pedidos de compra emitidos por membros da equipe do projeto autorizados, sendo o citado gerenciamento composto pelos processos de planejamento de compras, aquisições e contratações, solicitação de respostas de fornecedores, seleção de fornecedores, administração do contrato e encerramento do contrato.

No Brasil também é possível verificar a construção de modelos que abordam questões ligadas a processos de tecnologia e avaliação desses processos. Weber e Araújo (2007) destacam que, com o propósito de contribuir no processo de solução da melhoria do processo de *software* no Brasil, foi lançado o Projeto MPS.BR – Melhoria de Processo do *Software* Brasileiro, no dia 11 de dezembro de 2003, numa reunião realizada no MCT em Brasília/DF. O MPS.BR é um programa que, com bases técnicas nas normas NBR ISO/IEC 12207, ISO/IEC 15504 e CMMI-DEV, se propõe a definir um modelo de melhoria e avaliação de processo de *software*, visando preferencialmente às micro, pequenas e médias empresas, nele é estabelecido um modelo de processos de *software* e um processo e um método de avaliação de processos que dá sustentação e garante que o MPS.BR está sendo empregado de forma coerente com as suas definições. O MPS.BR estabelece também um modelo de negócio para apoiar a sua adoção pelas empresas brasileiras desenvolvedoras de *software* (SOFTEX, 2007). O MPS.BR está dividido em três componentes: Modelo de Referência (MR-MPS), Método de Avaliação (MA-MPS) e Modelo de Negócio (MN-MPS). Cada componente é descrito por meio de guias e/ou de documentos do MPS.BR.

Outro modelo que trata da terceirização de serviços de TI, especificamente da aquisição de produtos e serviços de *software* para a Administração Pública e o PrATIco (Processo para aquisição de produtos de *software* para a Administração Pública do Estado de Minas Gerais). O PrATIco é um processo desenhado para dar suporte à aquisição de produtos e serviços de *software* para Administração Pública. Segundo a autora o PrATIco é um conjunto de boas práticas de aquisição de produtos e serviços de *software*, selecionadas por meio de entrevistas com gestores de TI de organizações da Administração Pública do Estado de Minas Gerais e pela avaliação de recomendações da literatura especializada. Nas quais se procurou considerar todos os aspectos das metodologias de aquisição de projetos de *software* como o CMMI-AM, SA-CMM, módulo de aquisição do MPS.BR, PMBOK, Padrão IEEE 1062 e ISO/IEC 12207.

Apesar de não ter sido localizado, na pesquisa bibliográfica, trabalhos que estabelecessem o relacionamento entre os temas governança em Tecnologia da Informação, em especial a contratação de serviços, Auditoria no Setor Público, registra-se o estudo conduzido por Cruz (2008). No referido estudo o autor propõe um Quadro Referencial Normativo (QRN) para o processo de contratação de serviços de TI no setor público.

Para a construção do QRN, Cruz (2008) levou em consideração os diversos modelos de terceirização existentes no mercado, bem como os requisitos legais e regulatórios brasileiros relativos ao tema contratação de serviços de TI, aplicáveis ao setor público. Registra-se a expectativa do autor, no sentido de que o QRN sirva de base para a construção de um modelo de auditoria da contratação de serviços de TI para uso do TCU e da CGU.

4 Marco regulatório da contratação de serviços de TI

No setor público brasileiro, a terceirização de serviços de TI não é uma opção livre do gestor público, mas deve ser preferida em detrimento da realização interna desses serviços. Isso ocorre por força do contido no Decreto-Lei nº 200/1967, art. 10, parágrafos 7º e 8º.

> Art. 10. A execução das atividades da Administração Federal deverá ser amplamente descentralizada. [...]
> §7º Para melhor desincumbir-se das tarefas de planejamento, coordenação, supervisão e contrôle e com o objetivo de impedir o crescimento

desmesurado da máquina administrativa, a Administração procurará desobrigar-se da realização material de tarefas executivas, recorrendo, sempre que possível, à execução indireta, mediante contrato, desde que exista, na área, iniciativa privada suficientemente desenvolvida e capacitada a desempenhar os encargos de execução.

§8º A aplicação desse critério está condicionada, em qualquer caso, aos ditames do interesse público e às conveniências da segurança nacional. (BRASIL, 1967, art. 10)

Dessa forma, baseado no mandamento legal, a contratação de serviços de TI deve ser a regra, situação essa reforçada inclusive pelo texto do Decreto nº 2.271, de 07 de julho de 1997, art. 1º, §1º, que dispõe sobre a contratação de serviços pela Administração Pública Federal. O citado normativo trouxe em si o seguinte mandamento:

As atividades de conservação, limpeza, segurança, vigilância, transportes, informática, copeiragem, recepção, reprografia, telecomunicações e manutenção de prédios, equipamentos e instalações serão, de preferência, objeto de execução indireta a possibilidade de execução indireta das "atividades materiais acessórias, instrumentais ou complementares aos assuntos que constituem área de competência legal do órgão ou entidade".

Vale destacar que a Administração Pública vem percebendo a TI e em especial a contratação de TI como um tema que merece uma abordagem diferenciada. Um dos fatos que evidencia tal afirmação foi a edição, em maio de 2008, da IN SLTI nº 4/2008. Atualmente, as orientações e regras sobre o assunto são tratados pela Instrução Normativa MP/SLTI nº 04/2010, de 12 de novembro de 2010, editada pela Secretaria de Logística e Tecnologia da Informação (SLTI) do Ministério do Planejamento (MP).

A citada Instrução Normativa dispõe sobre o processo de contratação de Soluções de Tecnologia da Informação pelos órgãos integrantes do Sistema de Administração dos Recursos de Informação e Informática (SISP) do Poder Executivo Federal. Ressalte-se a série de inovações contidas na referida norma, dentre as quais destacam-se principalmente as seguintes:

a) a necessidade de elaboração da Estratégia Geral de Tecnologia da Informação para a Administração Pública.

b) o fomento ao planejamento institucional e ao planejamento de tecnologia da informação;

c) a obrigatoriedade de planejamento das contratações de serviços de TI e a necessidade de que esse planejamento esteja em harmonia como o planejamento de TI e alinhados ao planejamento institucional;
d) a definição das fases, responsabilidade e artefatos do processo de contratações de serviços de TI;
e) a obrigatoriedade de criação, nós órgãos públicos, do Comitê Gestor de TI, envolvendo várias áreas da organização com a finalidade de alinhar os investimentos de TI à estratégia institucional.

5 Elementos referenciais para auditoria na contratação de serviços de TI na APF

Como foi visto, na Administração Pública Federal o uso estratégico da tecnologia e a administração dos recursos de informática podem e devem melhorar os serviços prestados ao cidadão. Isto significa que, além de melhorias no ambiente interno, pelo aumento da eficácia organizacional (agilidade nos processos, na estrutura, na comunicação e a eliminação da burocracia), a TI constitui-se em instrumento de incremento da capacidade cívica, do desenvolvimento econômico e da eficiência governamental.

Assim, o aumento de eficiência e de governança no setor público passa pela adoção de tecnologias de informação em larga escala, o que requer o uso de modernas ferramentas de gestão em TI, sendo a contratação de serviços uma delas. Contudo, a produção dos benefícios esperados da contratação de serviços de TI no setor público está vinculada à adoção de processos apropriados e à disponibilidade de pessoas com as competências adequadas para a gestão desse tipo de contratação.

Nesse contexto, os trabalhos de auditoria no setor público têm como propósito agregar valor à organização no sentido de contribuir na melhoria da eficácia, eficiência e efetividade de seus processos gerenciais, assim sendo, qualquer que seja a metodologia de trabalho utilizada, é fundamental que os auditores tenham a compreensão dos processos gerenciais nos quais os gestores públicos estão inseridos, bem como as diferentes etapas do processo de implementação de qualquer política pública que, no caso da contratação de serviços de TI, pode ser, de maneira geral, representado pela figura a seguir.

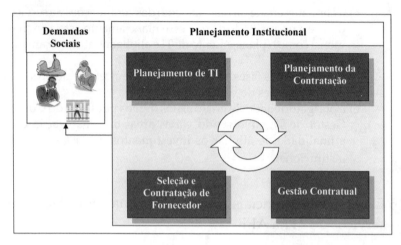

FIGURA 1 - Processo genérico de contratação de serviços de TI

Dessa forma, a construção do rol de verificações necessárias à formulação e fundamentação do posicionamento por parte dos auditores sobre o processo gerencial de contratação de serviços de TI na APF deve contemplar a verificação não só adequabilidade de cada fase do processo, mas a avaliação do vínculo existente em todas essas fases, de forma a garantir o efetivo atendimento, na medida de sua participação, às Políticas Públicas nas quais as contratações estão inseridas.

Para tanto, baseado nas demandas legais e nos modelos de boas práticas descritos anteriormente, a construção de um modelo ou o planejamento de qualquer trabalho auditorial no processo de contratação de serviços de TI deve levar em consideração, minimamente, quatro questões temáticas, quais sejam, planejamento de TI, planejamento da contratação, seleção e contratação de fornecedor e gestão contratual. Registre-se que cada questão esta relacionada a uma diretriz norteadora, para a qual os procedimentos de auditoria podem ser estruturados de acordo com os elementos de categorização temática descritos a seguir.

Contudo, é importante destacar que, no sentido de conceder maior objetividade à apresentação dos temas, optou-se por abordar somente as questões estritamente relacionadas ao assunto contratação de serviços de TI na APF. Assim, as questões de caráter geral, objeto de verificação de qualquer trabalho auditorial no processo de contratação de bens e serviços na APF, apesar de constantes do trabalho de pesquisa realizado por SILVA (2008), utilizado como base técnica da presente abordagem, foram intencionalmente suprimidas.

5.1 Planejamento de TI

No Planejamento de TI o objetivo da auditoria é constatar a implantação, na área de informática, de um processo de planejamento e gestão dos recursos e processos de Tecnologia da Informação com vistas a atender às necessidades de informação do órgão ou entidade auditada, em especial os vinculados aos processos de contratação de serviços de TI, bem como na identificação da existência dos elementos estratégicos fundamentais para a constatação do alinhamento entre TI e o negócio institucional.

QUADRO 1
Estrutura de diretrizes (planejamento de TI)

Subárea	Assunto
1.1 Organização e estrutura de TI	1.1.1 Liderança
	1.1.2 Gestão do pessoal de TI
	1.1.3 Planejamento estratégico de TI

5.1.1 Organização e estrutura de TI
5.1.1.1 Liderança

- Verificar a existência e a adequabilidade do Comitê de Tecnologia de Informação ou assemelhado, com participação de representante das diversas áreas do órgão ou entidade, que possua a responsabilidade de alinhar os investimentos de Tecnologia da Informação aos objetivos do órgão ou entidade e apoiar a priorização de projetos a serem atendidos pelo setor de tecnologia.

- Confirmar se o setor de informática do órgão ou entidade auditada possui estrutura organizacional adequada para realizar, de forma independente, o planejamento, a definição, a coordenação, a supervisão e o controle das atividades de informática.

- Verificar se o posicionamento do setor de TI, na estrutura organizacional do órgão ou entidade, é compatível com o grau de importância desse setor sobre o negócio da organização auditada. Verificar se o setor possui independência suficiente para gerir os recursos de TI da instituição.

- Constatar se o processo de seleção e ou indicação dos dirigentes do setor de TI leva em consideração conjunto de conhecimentos, habilidades e atitudes profissionais, gerenciais e negociais, necessárias à função ocupada.

5.1.1.2 Gestão do pessoal de TI

- Verificar se o setor de informática dispõe de pessoal permanente suficiente para realizar, de forma independente das empresas prestadoras de serviços, o planejamento, a definição, a coordenação, a supervisão e o controle das atividades de informática, de forma que seja garantida a autoridade e o controle da Administração sobre o funcionamento do referido setor.

- Verificar se os papéis e responsabilidades do pessoal do setor de TI estão formalmente definidos, bem como se existem mecanismos claros e efetivos de disseminação e conhecimento acerca desses papéis para todos os servidores e prestadores de serviços, de modo que sejam conhecidos, acessíveis e observados. Identificar se, para os papéis e responsabilidade definidas, estão contempladas a separação entre as funções de autorização, aprovação de operações, execução, controle e registro.

- Identificar a existência, no setor de TI, de um processo de formação contínuo de seus quadros com vista a manter e ampliar os seus conhecimentos, competências, habilidades.

5.1.1.3 Planejamento estratégico de TI

- Constatar a existência do plano de tecnologia da Informação (Plano Estratégico de TI – PETI ou Plano Diretor de Tecnologia da Informação – PDTI), revisado anualmente, que contemple minimamente os seguintes aspectos: necessidades de informação alinhada à estratégia do órgão ou entidade, plano de investimentos, contratações de serviços, aquisição de equipamentos, quantitativo recursos humanos, plano de capacitação de pessoal e gestão de risco.

- Identificar se o plano foi elaborado em aderência ao planejamento institucional do órgão ou entidade na qual a unidade de TI está inserida, bem como se o referido plano foi validado por um Comitê de Tecnologia de Informação ou assemelhado.

5.2 Planejamento da contratação

No Planejamento da Contratação objetivo de auditoria é a verificação da adequabilidade dos mecanismos e instrumentos utilizados pelos agentes gestores no sentido de viabilizar a seleção da alternativa de contratação de serviços de TI mais vantajosa para a Administração, em subordinação aos princípios da Administração Pública.

QUADRO 2
Estrutura de diretrizes (planejamento da contratação)

Subárea	Assunto
2.1 Planejamento preliminar da contratação	2.1.1 Designação da equipe de projetistas
	2.1.2 Fundamentação do objetivo da contratação
	2.1.3 Definição dos requisitos da contratação
	2.1.4 Análise de mercado
	2.1.5 Análise de impacto e risco da contratação
	2.1.6 Artefatos dos estudos técnicos preliminares
2.2 Planejamento definitivo da contratação	2.2.1 Artefatos do processo de planejamento da contratação
	2.2.2 Definição do objeto da contratação
	2.2.3 Definição do modelo de remuneração
	2.2.4 Definição dos critérios de seleção de fornecedor
	2.2.5 Modelo de gestão contratual
	2.2.6 Levantamento e análise dos preços de mercado

5.2.1 Planejamento preliminar da contratação

5.2.1.1 Designação da equipe de projetistas

- Verificar se o processo de indicação da equipe responsável pelo planejamento da contratação do serviços de TI levou em consideração conjunto de conhecimentos, habilidades e atitudes necessárias à função ocupada, bem como se a equipe indicada representa os interesses da unidade beneficiada ou demandante do serviço.

5.2.1.2 Fundamentação do objetivo da contratação

- Constatar se na contratação de serviços de TI foi, previamente, definida a motivação e avaliada a necessidade da contratação, explicitando minimamente os seguintes aspectos:
    a) justificativa da necessidade dos serviços;
    b) relação entre a demanda prevista e a quantidade de serviço a ser contratado;
    c) demonstrativo de resultados e benefícios a serem alcançados em termos de economicidade e de melhor aproveitamento dos recursos humanos, materiais ou financeiros disponíveis;
    d) indicadores que serão utilizados para acompanhar e garantir a produção dos benefícios pretendidos, bem como os responsáveis pelo acompanhamento e avaliação desses indicadores.

5.2.1.3 Definição dos requisitos da contratação

- Verificar se, no planejamento da contratação de serviços de TI, foi levantado e definido o conjunto de requisitos relevantes e indispensáveis para consecução dos resultados e benefícios a serem alcançados.
- Verificar se os requisitos definidos no processo de planejamento da contratação constituem no conjunto de requisitos indispensáveis para a segura realização do objeto da contratação e se os mesmos não restringem a competitividade.

5.2.1.4 Análise de mercado

- Verificar a adequabilidade, manutenção e registro do levantamento de informações sobre o mercado potencialmente fornecedor para a solução pretendida com vistas a:
    a) identificar e avaliar os recursos disponíveis no mercado, especialmente no mercado local, e as possibilidades de ampliação da competitividade, sem perda de economia de escala;
    b) levantar os preços correntes do mercado;
    c) levantar os padrões de desempenho e qualidade usualmente adotados no mercado;
    d) estimar a homogeneidade ou heterogeneidade entre os fornecedores quanto à possibilidade de uso do direito de preferência nos casos de empate e/ou para inserção de mecanismos de estímulo às micro e pequenas empresas;
    e) levantar a disponibilidade de solução similar em outro órgão ou entidade da Administração Pública Federal;

f) identificar as soluções existentes no Portal do *Software* Público Brasileiro.

5.2.1.5 Análise de impacto e risco da contratação

- Verificar se foi avaliada, de forma a subsidiar o planejamento definitivo da contratação, a capacidade do órgão ou entidade em assumir as responsabilidades e as consequências decorrentes da contratação e da conveniência e oportunidade da contratação.

5.2.1.6 Artefatos dos estudos técnicos preliminares

- Verificar a produção e adequabilidade dos seguintes artefatos:
a) análise de viabilidade da contratação com a demonstração da viabilidade técnica e econômica da contratação;
b) plano de sustentação com os elementos necessários para garantir a continuidade do negócio durante e após a entrega da Solução de Tecnologia da Informação, bem como após o encerramento do contrato;
c) a estratégia da contratação contemplando, minimamente, a definição dos critérios técnicos, das obrigações contratuais, das responsabilidades e de como os recursos humanos e financeiros serão alocados para atingir o objetivo da contratação;
d) a análise de risco com a descrição e avaliação das ameaças que possam vir a comprometer o sucesso e o objetivo da contratação, bem como definir de que formas devem ser tratadas.

5.2.2 Planejamento definitivo da contratação

5.2.2.1 Artefatos do processo de planejamento da contratação

- Confirmar se foi elaborado, a partir dos artefatos produzidos no planejamento preliminar da contratação, encaminhado e aprovado por autoridade competente o Termo de Referência ou Projeto Básico, bem como se no mesmo encontram-se tratados os seguintes aspectos:
a) declaração do objeto;
b) justificativa e objetivo da contratação, com demonstração da coerência entre a licitação e o planejamento institucional e de tecnologia da informação;

c) requisitos da contratação;
d) modelo de prestação de serviços;
e) modelo de gestão do contrato;
f) estimativa de preços;
g) indicação do tipo de serviço;
h) critérios de seleção do fornecedor;
i) adequação orçamentária.

5.2.2.2 Definição do objeto da contratação

- Verificar se a declaração de objeto, construído a partir do planejamento preliminar da contratação, indica, de modo sucinto, preciso, suficiente e claro, os meios pelos quais os resultados e benefícios a serem alcançados pela Administração, com a contratação de serviço de TI, serão atendidos.

5.2.2.3 Definição do modelo de remuneração

- Verificar se, tomando por base os elementos do planejamento preliminar da contratação, foi definido clara e adequadamente o item faturável, detalhada em planilhas que expressem a composição de todos os custos unitários, com os valores a serem pagos pelos serviços e as condições em que tais pagamentos se darão.

5.2.2.4 Definição dos critérios de seleção de fornecedor

- Constatar a adequada definição dos critérios de habilitação, técnicos, de aceitabilidade, de julgamento das propostas e de desempate para seleção de fornecedor. Verificar se na referida definição, em aderência à fase de planejamento preliminar, foram observados os seguintes aspectos:
   a) a concepção dos critérios de seleção atende somente ao interesse público e demonstra independência em relação a qualquer fornecedor ou fonte de influência;
   b) a definição de cada critério de seleção é clara e objetiva e são indicadas as metodologias requeridas para fins de avaliação e como as mesmas serão aplicadas;
   c) os critérios utilizados para seleção da proposta mais vantajosa são suficientemente definidos e justificados para permitir a avaliação pelos licitantes e pelo controle, bem como são absolutamente pertinentes e relevantes para o objeto ou item do objeto a que se referem.

d) os critérios de seleção não violam os princípios da legalidade e da competitividade, por exigir ou pontuar a existência, na abertura da licitação, de condição para a qual os licitantes precisem incorrer em despesas que sejam desnecessárias e anteriores à própria celebração do contrato ou que potencialmente frustrem o caráter competitivo do certame.

5.2.2.5 Modelo de gestão contratual

- Constatar a adequada definição, pela área de TI e pelo requisitante do serviço, do conjunto de objetivos, responsabilidades, atores, papéis e processos com vistas a estabelecer o relacionamento apropriado entre a Administração e a empresa a ser contratada, de forma a garantir o atingimento dos benefícios esperados com a contratação, por meio de padrões adequados de qualidade, segurança, durabilidade e desempenho. Constatar se foram contemplados na definição do modelo de gestão do contrato, minimamente, os seguintes elementos:

    a) procedimentos de iniciação e de encerramento do contrato;
    b) procedimentos para alocação e desalocação de profissionais, quando for o caso de contratos baseados em postos de trabalho;
    c) parâmetros de gestão, tais como prazos de atendimento de demanda, critérios de aceitação de serviços e valores dos níveis de serviço definidos;
    d) procedimentos para solicitação de serviços e avaliação dos serviços prestados;
    e) métodos de avaliação da qualidade dos serviços prestados e dos produtos entregues;
    f) procedimentos de medição, faturamento e atestação;
    g) procedimentos de verificação das condições de habilitação e qualificação exigidas na licitação, bem como da manutenção dos requisitos técnicos utilizados na seleção da proposta;
    h) procedimentos de comunicação entre os contratantes;
    i) procedimentos de tratamento das anormalidades;
    j) procedimentos para avaliação da eficácia do contrato;
    k) procedimentos de divulgação das informações relativas ao vínculo contratual.

5.2.2.6 Levantamento e análise dos preços de mercado

- Verificar se, no planejamento das contratações de serviços de TI, os custos estimados da contratação são identificados, em planilhas, que expressem a composição de todos os custos unitários do serviço a ser prestado.

- Verificar, na definição dos custos estimados dos serviços de TI, se foram adotados procedimentos adequados com vistas a garantir que os citados custos estão compatíveis com os praticados no mercado.

5.3 Seleção e contratação de fornecedor

Na fase de seleção e contratação de fornecedor as questões relacionadas especificamente a TI são bem restritas, nessa fase as atividades estão vinculadas à área administrativa e são, de maneira geral, executadas em qualquer processo de contratação na APF. Conforme registrado no início deste capítulo, as questões de caráter gerais não serão objeto de discussão na presente abordagem, porém foram devidamente tratadas e podem ser consultadas no trabalho de pesquisa conduzido por SILVA (2008).

Contudo é necessário registrar que na seleção e contratação de fornecedor tem-se como objetivo da auditoria a comprovação da observância das exigências legais para composição dos processos licitatórios. Evidenciar a observância do princípio constitucional da isonomia. A comprovação da inexistência de tentativas de frustrar ou fraudar o caráter competitivo dos procedimentos licitatórios. Evidenciação da objetividade dos julgamentos. Avaliação de se o resultado da licitação está vinculado ao instrumento convocatório. Determinação de se o vencedor do processo apresentou, efetivamente, a proposta mais vantajosa para a Administração. Comprovar a adequabilidade da formalização legal dos contratos. Confirmação da observância das determinações legais, definidas para a constituição dos processos obrigacionais.

5.4 Gestão contratual

A área gestão contratual possui como objetivo da auditoria a confirmação do efetivo gerenciamento e fiscalização da execução do contrato pela área de TI em todas as suas fases. A constatação do adequado envolvimento dos atores responsáveis pela produção dos resultados e benefícios pretendidos com o serviço contratado no sentido de garantir o alcance dos mesmos, dentro dos prazos e custos previstos. A comprovação da estrita observância das normas legais no pagamento dos valores contratados. A comprovação da manutenção da natureza e especificação do objeto contratual, durante o processo de execução do serviço. A comprovação da efetiva manutenção, no decorrer do período de execução, do valor inicial contratado ou as alterações ocorridas no valor limitaram-se ao estabelecido na legislação em consonância com o princípio da economicidade.

QUADRO 3
Estrutura de diretrizes (gestão contratual)

Subárea	Assunto
4.1 Execução contratual	4.1.1 Iniciação do contrato
	4.1.2 Monitoramento técnico do contrato
4.2 Monitoramento administrativo	4.2.1 Alterações contratuais
	4.2.2 Pagamentos contratuais
4.3 Encerramento e transição contratual	4.3.1 Encerramento do contrato

5.4.1 Execução contratual

5.4.1.1 Iniciação do contrato

- Verificar se foi formalmente designado um servidor técnico da área de TI, representante da Administração para acompanhar e fiscalizar a execução do contrato (gestor do contrato). Verificar se o processo de indicação do gestor do contrato levou em consideração conjunto de conhecimentos, habilidades e atitudes necessárias à função ocupada.

- Verificar se o contratado manteve, no local do serviço, preposto, aceito previamente pela contratante, para representá-lo na execução do contrato. Identificar a compatibilidade do perfil técnico-profissional do preposto.

- Verificar se foi elaborado pelo gestor do contrato o plano de inserção da contratada contemplando o conjunto de conhecimentos necessários para a execução dos serviços contratados. Evidenciar a adequabilidade do citado plano.

- Verificar se foram adotadas providências adequadas para a comunicação e esclarecimento referentes às questões operacionais e de gerenciamento do contrato ao conjunto de atores com papéis relevantes na execução do contrato (o gestor do contrato, área de tecnologia da informação, requisitante do serviço e a contratada).

5.4.1.2 Monitoramento técnico do contrato

- Verificar se a execução dos serviços contratados foi precedida do encaminhamento formal da demanda pelo Gestor do Contrato ao preposto da contratada por meio de ordens de serviço. Confirmar a aderência da referida ordem de serviço às definições contidas no modelo de prestação de serviço e modelo de gestão do contrato, estabelecidos na fase de planejamento da contratação.

- Constatar a adequada definição e uso de mecanismos e instrumentos, por parte do gestor do contrato, com apoio do requisitante do serviço e da área de Tecnologia da Informação, de forma a garantir ou reduzir os eventuais impactos na eficácia e eficiência da contratação.

- Verificar se os recebimentos dos serviços executados foram realizados pelo gestor do contrato, com apoio do requisitante do serviço e da área de Tecnologia da Informação, em observância aos resultados e benefícios pretendidos no contrato e no modelo de gestão contratual.

5.4.2 Monitoramento administrativo

5.4.2.1 Alterações contratuais

- Identificar a existência de termos aditivos ao contrato que visem alterar as especificações para melhor adequação técnica dos objetivos contratuais. Observar se as citadas alterações não impactaram nos preços dos serviços e, em caso positivo, se houve os devidos ajustes nos valores contratados.

- Verificar, para os termos aditivos ao contrato que visem acréscimo ou redução dos quantitativos do objeto inicialmente contratado, se foram observados os limites legais permitidos.

- Verificar se as prorrogações de prazo de vigência e/ou execução do serviço foram devidamente justificadas por escrito e autorizadas pela autoridade competente, nos casos previstos no contrato. Observar se a celebração do termo aditivo não foi extemporâneo.

5.4.2.2 Pagamentos contratuais

- Constatar se, antes da efetivação do pagamento, o setor competente verificou a adimplência do credor quanto à regularidade com sua habilitação fiscal, previdenciária e com o Fundo de Garantia por Tempo de Serviço (FGTS).

- Verificar se o pagamento da despesa ocorreu após sua regular liquidação e devidamente autorizada pela autoridade competente (ordenador de despesas).

- Verificar se os tributos e contribuições estão sendo retidos na fonte em conformidade com as instruções da legislação federal, estadual e municipal/distrital.

- Verificar se o não cumprimento integral do contrato está resultando em sanção em desfavor do contratado.

5.4.3 Encerramento e transição contratual

5.4.3.1 Encerramento do contrato

- Constatar a adoção de procedimentos adequados para o encerramento dos contratos de prestação de serviços. Verificar se os citados procedimentos são aderentes aos previstos no termo contratual, no modelo de gestão contratual e no plano de sustentação, em especial os referentes à:

a) transferência e absorção, pela equipe interna, do conhecimento produzido;
b) posse dos direitos de propriedade intelectual do produtos resultante do contrato;
c) observância dos aspectos referentes à segurança da informação.

- Verificar se o recebimento definitivo dos serviços executados é realizado pelo gestor do contrato, com apoio do requisitante do serviço e da área de Tecnologia da Informação, em observância aos resultados e benefícios pretendidos no contrato. Evidenciar se o referido recebimento se deu após o término do prazo de observação, ou vistoria que comprovasse a adequação dos serviços aos termos contratuais, mediante termo circunstanciado assinado pelas partes.

Importante destacar a necessidade e o importante papel da "fundamentação" na qual deve ser identificado o referencial técnico, operacional e legal que ampara as verificações de conformidade estabelecidas no modelo ou programa de trabalho estabelecido, em especial os posicionamentos do Tribunal de Contas da União contidos em seus acórdãos, por serem esses o julgamento da última instância na esfera administrativa. A título de exemplo apresentamos o quadro a seguir.

QUADRO 4
Exemplo de composição da fundamentação da análise

Subárea	Assunto
1.1 Organização e estrutura de TI	1.1.3 Planejamento estratégico de TI - Constatar a existência do plano de tecnologia da Informação (Plano Estratégico de TI – PETI ou Plano Diretor de Tecnologia da Informação – PDTI), revisado anualmente, que contemple minimamente os seguintes aspectos: necessidades de informação alinhada à estratégia do órgão ou entidade, plano de investimentos, contratações de serviços, aquisição de equipamentos, quantitativo recursos humanos, plano de capacitação de pessoal e gestão de risco. Fundamentação: ✓ BRASIL. Constituição Federativa do Brasil de 1988, Art. 37, caput. ✓ BRASIL. Decreto-lei nº 200, de 25 de fevereiro de 1967, Art. 6º e 7º. ✓ BRASIL. Secretaria de logística e Tecnologia do Ministério do Planejamento, Orçamento e Gestão. Instrução Normativa nº 4, de 19 de maio de 2008, Art. 3º. ✓ BRASIL. Tribunal de Contas da União. Acórdão nº. 436/2008 Plenário, Item 9.2.1. ✓ BRASIL. Tribunal de Contas da União. Acórdão nº. 669/2008 Plenário, Item 9.1.1 e 9.4.1. ✓ BRASIL. Tribunal de Contas da União. Acórdão nº. 670/2008 Plenário, Item 9.2.2. ✓ BRASIL. Tribunal de Contas da União. Acórdão nº. 1.162/2008 Plenário, Item 9.4.2. ✓ BRASIL. Tribunal de Contas da União. Acórdão nº. 1.330/2008 Plenário, Item 9.1.1. ✓ BRASIL. Tribunal de Contas da União. Acórdão nº. 1.603/2008 Plenário, Item 9.1.1. ✓ CRUZ, Cláudio Silva da. Governança de TI e Conformidade Legal no Setor Público: um quadro referencial normativo para a contratação de serviços de TI. 2008. Dissertação (Mestrado em Gestão do Conhecimento e da Tecnologia da Informação) - Universidade Católica de Brasília, Brasília, 2008. ✓ THE IT GOVERNANCE INSTITUTE (ITGI). COBIT 4.1: framework, control objectives, management guidelines and maturity models. Rolling Meadows, USA, 2007. p. 29-32. ✓ THE IT GOVERNANCE INSTITUTE (ITGI). IT Assurance Guide: using cobit. Rolling Meadows, USA, 2007. p. 51-56.

6 Conclusão

O trabalho de identificação dos elementos referenciais mínimos a serem considerados em auditorias na contratação de serviços de TI na APF revelou uma questão relevante, o fato de que a despeito da dependência cada vez maior em relação à Tecnologia da Informação, faltam teorias que abordem a gestão da TI no setor público. Diferentemente da iniciativa privada, no setor público rentabilidade e vantagem competitiva não possuem o mesmo sentido, determinando, assim, uma gestão sob uma perspectiva também diferenciada.

Outra questão marcante identificada refere-se à necessidade de que a auditoria identifique em seus trabalhos a existência de um processo consistente de integração entre os diversos atores envolvidos (setores estratégicos, requisitante do serviço, setor de TI e área administrativa) em todas as fases da contratação de serviços de TI. Essa avaliação dos mecanismos e instrumentos de integração entre esses atores permite uma compreensão mais abrangente das eventuais fragilidades existentes de forma a reduzir ou eliminar a possibilidade dos resultados pretendidos com a contratação não serem efetivamente obtidos.

Um aspecto interessante revelado pela pesquisa é que a Administração Pública vem percebendo a TI e em especial a contratação de TI como um tema que merece uma abordagem diferenciada.

Com o propósito de orientar o processo de contratação de serviços de Tecnologia da Informação pela Administração Pública Federal, a Secretaria de Logística e Tecnologia da Informação (SLTI/MP), do Ministério do Planejamento, Orçamento e Gestão (MP), editou a Instrução Normativa SLTI nº 4/2008 e Instrução Normativa SLTI nº 4/2010.

Outro aspecto refere-se às Leis de Diretrizes Orçamentárias editadas a partir de 2008, nas quais se encontra a determinação de que sejam discriminadas, no Projeto e na Lei Orçamentária, em categorias de programação específicas, as dotações destinadas ao atendimento de despesas com tecnologia da informação, inclusive *hardware*, *software* e serviços.

A pesquisa também demonstrou uma aproximação gradual da Controladoria-Geral da União ao tema auditoria da Tecnologia da Informação. É possível destacar, dentre outras, duas questões que foram determinantes da direção adotada: (i) o processo de contratação de auditores com conhecimento na área de tecnologia da informação e (ii) o estabelecimento de procedimentos de auditoria para verificação de questões relacionadas ao planejamento de TI e segurança da informação que permitiram à CGU uma maior atuação no que se refere ao tema TI.

Dessa forma, verifica-se que tanto o agente formulador da política de TI quanto o agente de controle interno da Administração Pública Federal estão desenvolvendo ações no sentido de garantir a aplicação de práticas e metodologias de governança em TI visando a maior governabilidade, transparência no atendimento ao cidadão e uso adequado dos recursos públicos.

Essas ações impõem aos gestores públicos e especificamente aos gestores da área de TI uma postura diferenciada, em especial no que se refere à busca do alinhamento da TI com os objetivos das organizações. De tal forma que, além de melhorias no ambiente interno, pelo aumento da eficácia organizacional (agilidade nos processos, na estrutura, na comunicação e a eliminação da burocracia), a TI constitua-se em instrumento de incremento da capacidade do cidadão, por meio do estabelecimento de relações mais ágeis e transparentes entre governo e sociedade, e de desenvolvimento da eficiência governamental no atendimento das demandas da sociedade.

Referências

BERNARDES, Mauro C.; MOREIRA, Edson S. Um modelo para inclusão da governança da segurança da informação no escopo da governança organizacional. *In*: SIMPÓSIO SEGURANÇA EM INFORMÁTICA, 7., 2005. São José dos Campos. *Anais...* São José dos Campos: CTA/ITA/IEC, 2005.

BRASIL (1967). *Decreto-lei n° 200*, de 25 de fevereiro de 1967. Dispõe sobre a organização da Administração Federal, estabelece diretrizes para a Reforma Administrativa e dá outras providências. Disponível em: <https://www.planalto.gov.br/ccivil_03/decreto-lei/Del0200.htm>. Acesso em: 10 jul. 2007.

BRASIL (1988). *Constituição da República Federativa do Brasil*: promulgada em 5 de outubro de 1988. Disponível em: <http://www.planalto.gov.br/ccivil_03/Constituicao/ Constituiçao. htm>. Acesso em: 10 jan. 2008.

BRASIL (1993). *Lei n° 8.666*, de 21 de junho de 1993. Regulamenta o art. 37, inciso XXI, da Constituição Federal, institui normas para licitações e contratos da Administração Pública e dá outras providências. Disponível em: <http://www.planalto.gov.br/ccivil_03/Leis/L8666cons.htm>. Acesso em: 13 dez. 2007.

BRASIL (2001). Secretaria Federal de Controle Interno. *Instrução Normativa n° 01*, de 06 de abril de 2001. Define diretrizes, princípios, conceitos e aprova normas técnicas para a atuação do Sistema de Controle Interno do Poder Executivo Federal. 2001.

BRASIL (2004). TRIBUNAL DE CONTAS DA UNIÃO – TCU. *Acórdão nº. 2.094/2004 Plenário*. Disponível em: <http://contas.tcu.gov.br/portaltextual/PesquisaFormulario>. Acesso em: 08 ago. 2008.

BRASIL (2007). Secretaria Federal de Controle Interno. *Ordem de Serviço n. 73/DR/SFC/CGU-PR*, de 09 de abril de 2007. Constitui, no âmbito da Diretoria de Auditoria da Área de Produção e Emprego, grupo de Soluções tecnológicas. 2007.

BRASIL (2008). Secretaria de logística e Tecnologia do Ministério do Planejamento, Orçamento e Gestão. *Instrução Normativa n º 4*, de 19 de maio de 2008.

BRASIL (2008a). TRIBUNAL DE CONTAS DA UNIÃO – TCU. *Acórdão nº 436/2008 Plenário*. Disponível em: <http://contas.tcu.gov.br/portaltextual/PesquisaFormulario>. Acesso em: 05 ago. 2008.

BRASIL (2008b). TRIBUNAL DE CONTAS DA UNIÃO – TCU. *Acórdão nº 669/2008 Plenário*. Disponível em: <http://contas.tcu.gov.br/portaltextual/PesquisaFormulario>. Acesso em: 05 ago. 2008.

BRASIL (2008c). TRIBUNAL DE CONTAS DA UNIÃO – TCU. *Acórdão nº 670/2008 Plenário*. Disponível em: <http://contas.tcu.gov.br/portaltextual/PesquisaFormulario>. Acesso em: 05 ago. 2008.

BRASIL (2008d). TRIBUNAL DE CONTAS DA UNIÃO – TCU. *Acórdão nº 1.162/2008 Plenário*. Disponível em: <http://contas.tcu.gov.br/portaltextual/PesquisaFormulario>. Acesso em: 05 ago. 2008.

BRASIL (2008e). TRIBUNAL DE CONTAS DA UNIÃO – TCU. *Acórdão nº 1.330/2008 Plenário*. Disponível em: <http://contas.tcu.gov.br/portaltextual/PesquisaFormulario>. Acesso em: 05 ago. 2008.

BRASIL (2008f). TRIBUNAL DE CONTAS DA UNIÃO – TCU. *Acórdão nº 1.360/2008 Plenário*. Disponível em: <http://contas.tcu.gov.br/portaltextual/PesquisaFormulario>. Acesso em: 05 ago. 2008.

BRASIL (2008g). TRIBUNAL DE CONTAS DA UNIÃO – TCU. *Acórdão nº 1.603/2008 Plenário*. Disponível em: <http://contas.tcu.gov.br/portaltextual/PesquisaFormulario>. Acesso em: 05 ago. 2008.

BRASIL (2010). Secretaria de logística e Tecnologia do Ministério do Planejamento, Orçamento e Gestão. *Instrução Normativa nº 4*, de 12 de novembro de 2010. Dispõe sobre o processo de contratação de serviços de Tecnologia da Informação pela Administração Pública Federal direta, autárquica e fundacional. Disponível em: <http://www.governoeletronico.gov.br/biblioteca/arquivos/instrucao-normativa-no-04-de-12-de-novembro-de-2010/download>. Acesso em: 22 maio 2013.

BRASIL (2012). Secretaria de logística e Tecnologia do Ministério do Planejamento, Orçamento e Gestão. *Acórdão nº 2585/2012-Plenário*. Disponível em: <http://portal2.tcu.gov.br/portal/page/portal/TCU/comunidades/tecnologia_informacao/pesquisas_governanca/D500BE942EEF7793E040010A89001367 >. Acesso em: 25 mar. 2013.

BRASIL. Senado Federal. *Siga Brasil*. Portal Orçamento. Disponível em: <http://www12.senado.gov.br/orcamento/sigabrasil>. Acesso em: 22 maio 2013.

CRUZ, Cláudio Silva da. *Governança de TI e Conformidade Legal no Setor Público:* um quadro referencial normativo para a contratação de serviços de TI. 2008. Dissertação (Mestrado em Gestão do Conhecimento e da Tecnologia da Informação)–Universidade Católica de Brasília, Brasília, 2008.

DAHLBERG, Tomi; KIVIJARVI, Hannu. An Integrated Framework for IT Governance and the Development and Validation of an Assessment Instrument. *In*: HAWAII INTERNATIONAL CONFERENCE ON SYSTEM SCIENCES – HICSS, 39, 2006, Havaí, *Proceedings...* Havaí: Computer Society Digital Library, 2006, p 194b-194b.

DUFNER, Donna; HOLLEY, Lyn M. *Models* for U.S. State Government Strategic Information Systems Planning. *In*: HAWAII INTERNATIONAL CONFERENCE ON SYSTEM SCIENCES – HICSS, 38, 2005, Havaí. *Proceedings...* Havaí: Computer Society Digital Library, 2005.

GEWANDSZNAJDER, Flavio. *A Influência da Gestão da Informação no Processo Decisório da Previdência Social Brasileira*: um estudo exploratório. 2005. Dissertação (Mestrado em Administração)–Programa de Pós-Graduação em Administração, Pontifícia Universidade Católica do Rio de Janeiro, Rio de Janeiro. 2005.

GONÇALVES, Laura; OLIVEIRA, Fabiano de. *E-Consulting anuncia o total de investimentos em outsourcing de TI no Brasil*. 2004 Disponível em: <http://www.camarae.net/pdfs/InvestimentosOutsourcing.pdf>. Acesso em: 05 set. 2007.

HANASHIRO, Maíra. *Metodologia para Desenvolvimento de Procedimentos e Planejamento de Auditorias de TI aplicada à Administração Pública Federal* 2007, 166 f. Dissertação (Mestrado em Engenharia Elétrica)–Universidade de Brasília, Brasília, 2007.

HEFLEY, William E.; LOESCHE, Ethel A. *The eSourcing Capability Model for Client Organizations (eSCM-CL)*. Pittsburgh: Van Haren, 2009. v. 1.

HENDERSON, John C.; VENKATRAMAN, N. Cinco princípios para tirar o máximo da TI. In: DAVENPORT, T.; MARCHAND, D.; DICKSON, T. (Org.). *Dominando a Gestão da Informação*. Tradução de Carlo Bellini e Carlos Soares. Porto Alegre: Bookman, 2004.

HYDER, Elaine B.; HESTON Keith M.; PAULK, Mark C. *The eSourcing Capability Model for Service Providers (eSCM-SP)*. Pittsburgh: Van Haren, 2009. v. 2.

IT SERVICES QUALIFICATION CENTER (ITSqc). *eSourcing Capability Models:* quality models and qualification methods for organizations involved in esourcing. Pittsburgh: Carnegie Mellon University, 2006.

KAMAL, M. M. IT innovation adoption in the government sector: identifying the critical success factors. *Journal of Enterprise Information Management*, Londres, v. 19, n. 2, 2006, p. 192-222.

LUPSON, Jonathan; PARTINGTON, David. *Accountability for Public Sector IT projects and the senior responsible owner*: a theoretical background and research agenda. 2005. Disponível em: <www.som.cranfield.ac.uk/som/research/researchpapers/documents/swp305.pdf>. Acesso em: 06 nov. 2007.

RIDLEY, Gail; YOUNG, Judy; CARROLL, Peter. COBIT and its Utilization: A framework from the literature. *In*: HAWAII INTERNATIONAL CONFERENCE ON SYSTEM SCIENCES – HICSS, 37, 2004, Havaí. *Proceedings*... Havaí: Computer Society Digital Library, 2004.

RUEDIGER, Marco A. governança democrática na era da informação. *Revista de Administração Pública – RAP*, Rio de Janeiro, v. 37, n. 6, p. 1257-80, nov./dez. 2003.

SILVA, Carlos Alberto dos Santos. *Diretrizes para auditoria do processo de contratação de tecnologia da informação na Administração Pública Federal*. Dissertação (Mestrado em Gestão do Conhecimento e da Tecnologia da Informação)–Universidade Católica de Brasília, Brasília, 2008.

SOFTEX. *MPS.BR - Melhoria de Fase do Software Brasileiro*: guia de aquisição. São Paulo: SOFTEX, 2007. v. 1.

SOFTEX. *MPS.BR - Melhoria de fase do software brasileiro*: guia geral. São Paulo: SOFTEX, Jun. 2007. v. 1, 2.

THE IT GOVERNANCE INSTITUTE – ITGI. *COBIT 4.1*: framework, control objectives, management guidelines and maturity models. Rolling Meadows, USA, 2007.

THE IT GOVERNANCE INSTITUTE – ITGI. *IT Assurance Guide:* using cobit. Rolling Meadows, USA, 2007.

WEBER, Kival Chaves; ARAÚJO, Eratóstenes. *Avaliação do Modelo MPS em Empresas em 2005 e 2006*. São Paulo: SOFTEX, 2007.

WEILL, Peter; ROSS, Jeanne W. *Governança de TI*: Tecnologia da Informação. São Paulo: M. Books do Brasil, 2006.

Informação bibliográfica deste texto, conforme a NBR 6023:2002 da Associação Brasileira de Normas Técnicas (ABNT):

SILVA, Carlos Alberto dos Santos. Diretrizes para auditoria na contratação de TI na Administração Pública Federal. *In*: BRAGA, Marcus Vinicius de Azevedo (Coord.). *Controle interno*: estudos e reflexões. Belo Horizonte: Fórum, 2013. p. 75-103. ISBN 978-85-7700-789-9.

DOS RESULTADOS AOS CONTROLES
A IMPORTÂNCIA DAS ESTRUTURAS DE CONTROLE INTERNO PARA A EXCELÊNCIA DA GESTÃO

WAGNER BRIGNOL MENKE

1 Introdução

Eficácia, eficiência e efetividade são conceitos que sempre foram intrínsecos às atividades administrativas. Ainda que de modo implícito, qualquer metodologia para se chegar a eles exigirá uma reflexão sobre quais estruturas de controles internos deverão ser implementadas.

No âmbito da Administração Pública, o assunto tem ganhado atenção por conta de Decisões Normativas do Tribunal de Contas da União (TCU), que determina que os gestores federais deverão avaliar seu próprio sistema de controles internos a partir da perspectiva da publicação intitulada *Controles internos: um modelo integrado*, da Comissão das Organizações Patrocinadoras (COSO).

Porém, segundo Silva (2011), a Administração Pública tem dificuldades em implementar controles internos devido à dificuldade para medir resultados e também por não haver risco financeiro para os administradores, tendo em vista que o investimento vem de seu conjunto de cidadãos. Isso explica os motivos de não haver, por parte dos gestores, uma maior preocupação com estruturas de controles internos.

Com isso, não existem indícios de que esses gestores saibam do que essa publicação efetivamente trate. Ainda, que ela está intimamente ligada aos conceitos citados anteriormente.

Conforme documento do Tribunal de Contas da União (TCU) que encaminha proposta de lei ao Congresso Nacional, o órgão propõe que deverá haver uma uniformização da definição de controle interno, além de definição de seus objetivos e elementos.

Assim, reconhece-se que é necessária uma metodologia para que haja uniformidade sem prejuízo das peculiaridades, na criação e implementação de estruturas de controles internos no Brasil.

2 Objetivos

Com isso, esse capítulo visa fornecer uma metodologia de se trabalhar com estruturas de controles internos e relacioná-los com conceitos de eficácia, eficiência e efetividade administrativa.

3 Metodologia

Primeiramente iremos definir em que momento, dentro de um ciclo de políticas públicas, deveremos nos preocupar com o desenho das estruturas de controles internos.

Em seguida, devemos identificar quais atos de gestão devem ser envolvidos na execução de ação governamental. Tendo em vista que cada área de gestão traz riscos inerentes e comuns para todos aqueles que delas fazem uso, já é possível catalogar com quais riscos os gestores irão se deparar no processo de implementação.

A partir dos riscos inerentes em cada área de gestão, é possível pensar nas estruturas de controle que servirão para mitigá-los. E então, partindo da aplicação de estruturas de controle que observam o princípio da Medição de Desempenho, teremos um sistema de controles internos voltado para a eficácia, eficiência e efetividade.

3.1 Atos de gestão e ciclo de política pública

A primeira coisa que devemos compreender para estruturarmos um bom sistema de controles primários é saber em que momento devemos elaborá-lo, e quais são as fontes que irão servir de base para a sua elaboração.

Ato de gestão é aqui denominado aquele que a Administração Pública se vale para executar suas ações orçamentárias. Seriam as aquisições, por meio de processos licitatórios; as concessões de diárias e passagens; os repasses a terceiros, via convênios, contratos de repasse e repasses fundo a fundo; a celebração de contratos e a gestão patrimonial; a utilização de grandes bases de dados para orientar pagamentos a um grupo beneficiário de uma política, com a prática da gestão de recursos de TI.

Esse conceito é mais amplo que os tradicionais conceitos do Direito, tal como explica Meirelles (2001, p. 157-158), que cita que ato de gestão "é o que ocorre nos atos puramente de administração dos bens e serviços públicos e nos negociais com os particulares [...]".

Assim, com base no conceito de área de gestão proposto, sugerimos as seguintes áreas, sem o intuito de sermos exaustivos:

- *gestão de aquisições*: processo que se inicia com a requisição de uma aquisição, seja ela de bens ou de serviços; passa pelo processo licitatório, de modo a obter preços a valores de mercado; e termina com o recebimento do objeto adquirido, quando este não gera um contrato. Não contempla a fase de pagamento;
- *gestão de contratos*: geralmente ocorre após o processo de aquisição. Caracteriza-se pela etapa de acompanhamento e monitoramento dos serviços prestados ou da entrega de bens, além do gerenciamento do cumprimento das cláusulas contratuais. Assim como na gestão de aquisições, esta também contém uma fase de recebimento, porém ela se refere aos objetos dispostos em contratos;
- *gestão patrimonial*: atividade que abrange as etapas de registro e cadastramento de bens materiais, ativos e equipamentos permanentes, distribuição desses bens e garantia de que eles sejam utilizados para as atividades previstas nos requerimentos de suas aquisições. Também prevê medidas que garantam a manutenção, integridade física e correta localização desses bens;
- *gestão de pessoas*: a gestão de pessoas é o conjunto de atividades de mobilização de pessoal para o atingimento das finalidades de um órgão, programa de governo ou política pública. Envolve o gerenciamento de folha de pagamentos, métodos de seleção de pessoal, capacitação dos agentes, gestão dos deslocamentos e concessão de diárias, gerenciamento da força de trabalho. Praticamente todo tipo de política pública envolve essa área de gestão, em maior ou menor grau. Por exemplo, as políticas de prestação de serviços públicos são altamente carregadas

de atos de gestão de pessoal, enquanto políticas de incentivos financeiros ou econômicas as utilizam em menor proporção;
- *gestão de Tecnologia da Informação (TI)*: refere-se aos atos que utilizam grandes sistemas corporativos ou bases de dados. São muito utilizados por políticas de transferência de renda e outras que se baseiem em cadastros para sua viabilização;
- *gestão de obras*: uma combinação de gestão de aquisições com gestão de contratos, aplicados a uma área específica, como é o caso das obras públicas, que se caracterizam por intensificação de recursos financeiros, materiais e de mão de obra, por vezes espalhados em uma grande base territorial, com grande grau de incerteza na execução;
- *gestão orçamentária e financeira*: corresponde à fase de pagamentos e orçamentação. Parte do pressuposto que todos os pagamentos devem vir acompanhados de requisitos normativos que permitam sua efetivação. Essa área de gestão deverá necessariamente estar presente em toda política pública que envolva despesas e pagamentos (o que a faz bem presente);
- *gestão de transferências*: abrange desde a escolha dos beneficiários dos recursos, passa pelo ato de celebração do instrumento contratual, pela transferência dos recursos e pela análise da prestação de contas dos valores repassados e termina com a homologação do ato ou as medidas cabíveis para reaver os montantes não utilizados para as finalidades previstas. Baseia-se na necessidade de delegação.

A maioria dos atos de gestão na Administração Pública já contam com esta regulamentação, constando em leis, decretos e portarias. Alguns contam com padrões internacionais de boas práticas, como é o caso da gestão de Tecnologia da Informação.

Após a explanação do conceito de "ato de gestão", a etapa seguinte é identificar na política pública de nosso interesse quais atos de gestão envolvidos em sua execução, como em um cardápio de opções onde a política é que pede os meios de gestão necessários.

De modo a exemplificar o que foi dito, e sem querer propor categorizar políticas públicas, os seguintes tipos de ações governamentais poderiam ser executados mediante os seguintes atos de gestão:

QUADRO 1
Tipologias de políticas públicas

AÇÃO	ATOS DE GESTÃO ENVOLVIDOS	OBSERVAÇÕES
Prestação de serviços ao cidadão	Gestão de pessoas, gestão de aquisições, gestão de TI, gestão financeira e orçamentária	Tendo em vista que os serviços prestados aos cidadãos exigem pessoal qualificado e sistemas de informações, podendo ocasionalmente envolver aquisições de ativos para executá-los.
Transferência de renda	Gestão de TI e gestão financeira e orçamentária	Tendo em vista que é necessário haver um banco de dados e um controle financeiro para liberação dos benefícios.
Infraestrutura	Gestão de obras e gestão financeira e orçamentária	Tendo em vista a necessidade de setores capacitados em obras públicas e pagamentos por serviços contratados.
Ações de incentivos mediante renúncia fiscal	Gestão de deslocamentos e gestão financeira e orçamentária	Tendo em vista a necessidade ocasional de acompanhamento *in loco* da aplicação das verbas renunciadas no objeto do incentivo.
Ações de manutenção administrativa de órgãos públicos	Todos os atos de gestão	Adequado às ações de manutenção e administração de Unidades da Administração Pública.

Em seguida à identificação dos atos de gestão que serão necessários para a execução da política, faz-se necessário saber o correto momento para a elaboração dos controles internos. Nos casos de ações governamentais novas, devemos observar o ciclo das políticas públicas, o qual obedece as seguintes etapas, conforme proposta de Ferrarezi e Saraiva (2006):

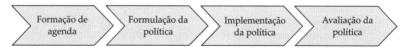

FIGURA 1 - Ciclo de políticas públicas

Sem entrar em detalhes sobre cada etapa, a formulação da política é de especial importância para nosso estudo, tendo em vista que é a fase em que os gestores/formuladores irão elaborar os arranjos de implementação, que são os detalhes operacionais de sua execução. Então note-se que é após a criação desses arranjos que a estrutura de controles internos deverá ser idealizada, pois ela será responsável por garantir que os arranjos funcionem efetivamente. Os controles que foram já elaborados para a execução ordinária de atos de gestão agora devem ser sintonizados com estes arranjos de implementação da ação governamental.

Ainda, cabe ressaltar que a fase de avaliação, na qual o gestor obtém informações sobre o andamento da sua política, é uma etapa importante para refletir sobre a qualidade dos controles primários. Aqui é fundamental saber se uma política que não apresentou os resultados pretendidos fracassou porque foi mal elaborada ou porque não havia mecanismos que garantissem que a implementação fosse feita da maneira prevista. Também, nessa etapa, o gestor pode optar por alterar os arranjos de implementação, o que implicará em uma revisão das estruturas de controles primários originais. Essa discussão será abordada com mais detalhes adiante.

3.1.1 Identificação dos riscos

Segundo a ISO 31000 (ABNT, 2009, p. 1), a definição de risco é *o efeito da incerteza sobre os objetivos* de uma organização. Assim, o importante é termos em mente que risco é um evento que afeta negativamente os resultados das ações governamentais. Como já dissemos anteriormente, as ações governamentais são desempenhadas com a utilização de atos de gestão, logo devemos focar nos riscos que estão relacionados a esses atos.

Simons (2000), em sua obra, propôs diferentes classificações de risco. São elas: a) risco estratégico, b) risco operacional, c) risco financeiro, d) risco competitivo e e) risco de imagem. A classificação que nos interessa para compor o escopo do nosso trabalho é o *risco operacional*, pois nosso objetivo é identificar os riscos que são inerentes das operações realizadas na Administração Pública e de sua capacidade de processamento.

Outro aspecto importante é saber diferenciar os riscos de suas causas e de suas consequências.

As causas dos riscos são os fatores que concorrem para a sua materialização. As consequências seriam os impactos negativos que irão afetar a organização.

Uma boa maneira de se identificar as consequências dos riscos é pensar em como os atos de gestão podem influenciar o resultado de uma ação. Também, devemos levar em conta aqueles riscos que podem ser efetivamente mitigados ou eliminados por ações tomadas pela Administração Pública.

A título de exemplo, suponhamos que determinada política pública de prestação de serviços à população seja executada mediante a compra de certos bens. Suponhamos também que a meta dessa política é atender 100.000 habitantes.

Agora, vamos supor que houve um conluio entre os licitantes durante o processo licitatório para a compra dos produtos, e que em decorrência disso os preços cotados ficaram muito acima de seu valor de mercado. Isso certamente irá afetar a quantidade de habitantes atendidos pelo programa, pois havia inicialmente um recurso orçamentário que foi destacado para atender 100.000 habitantes. Porém, em decorrência da materialização de um risco de sobrepreço nas aquisições, só será possível atender 67.000 habitantes, digamos.

Observem que temos aqui identificado um risco (sobrepreço que afeta a eficiência da ação, pois agora com um dado recurso orçamentário iremos atender menos habitantes) e sua causa ou fonte (o conluio entre os licitantes).

Resumindo, os riscos que nos interessam são os que afetam os resultados em termos de eficácia, eficiência e efetividade.

O aspecto de eficácia dos resultados pretendidos pode se referir à busca pela maximização dos objetivos pretendidos ou à eficácia alocativa dos recursos, o que significa repassar recursos a quem mais precisa deles. De maneira geral, essa eficácia é alcançada por meio de critérios que direcionem as ações para público-alvo que mais necessita ser favorecido, em frente aos objetivos de um programa ou política. Assim, suponhamos que estejamos tratando de uma política de saneamento cujo objetivo seja maximizar a cobertura dos serviços. Em termos municipais, o gestor dispõe de dados cobertura dos serviços, segregados por distrito componente da circunscrição. Assim, deverá ele adotar critérios que promovam obras de saneamento nos lugares onde existam mais baixas coberturas.

Os riscos de eficiência dizem respeito justamente ao não cumprimento desses critérios, como em casos onde os critérios políticos sobrepõem-se aos critérios de eficácia.

O aspecto da eficiência tem relação com a produção de um maior quantitativo de resultado, dada uma quantidade escassa de recursos. Isso significa identificar custos-padrão (comumente chamados de preços ou valores de mercado) para os produtos que serão gerados pela ação governamental e buscar trazer os custos reais de execução o mais próximo possível desses custos-padrão. O exemplo acima afeta claramente a eficiência, tendo em vista que os preços oferecidos em uma licitação "conluiada" tendem a se afastar dos custos-padrão. Portanto, é um risco que nos interessa.

Por último, a efetividade da ação se traduz no fato de os bens e serviços adquiridos ou produzidos estarem sendo utilizados na prestação do objetivo ao qual se destinavam ou estarem sendo entregues ao público-alvo pretendido. Com base no exemplo dado anteriormente, um risco de efetividade é a não entrega dos bens adquiridos em face do conluio, ocasionando o desembolso de recursos sem a devida comprovação do recebimento dos bens. Também é um risco à efetividade da ação a entrega de bens com especificações inferiores às almejadas, tendo em vista que existe grande chance de não atender o público-alvo da forma pretendida.

3.2 Estruturas de controle

O próximo passo para a construção de nosso sistema de controles primários é conhecer as atividades de controle e os princípios fundamentais que regem a composição desse sistema. Utilizaremos uma metodologia própria para identificar as atividades relacionadas às áreas de gestão que estaremos tratando, para em seguida explicar como os princípios deverão ser observados na elaboração de um sistema. Tal metodologia foi formulada no sentido de facilitar a visualização dos pontos onde os princípios serão aplicados.

3.2.1 Atividades de controle

Segundo Florentino (1998), a base das teorias do controle é utilização de um agente corretivo atuando em um processo com o objetivo de regular seu fluxo, para que esse siga um comportamento determinado. Assim, tendo em vista que o processo em questão é o processo que operacionaliza um ato de gestão, e que tal processo é realizado por pessoas, os agentes corretivos desses serão efetivamente as próprias pessoas envolvidas.

No entanto, as pessoas irão desenvolver atividades corretivas quando estiverem realizando procedimentos específicos, que aqui iremos denominar de "atividades de controle".

De acordo com Andrade:

> Os controles internos detalhados sobre os procedimentos operacionais e administrativos são um conjunto de atos praticados simultaneamente, previamente ou posteriormente às operações. Nos diversos níveis executivos, visando garantir o bom andamento e a segurança dos mesmos. (ANDRADE, 1999, p. 82)

Com isso, convencionamos que as atividades de controles são procedimentos realizados pelos quadros funcionais de uma organização durante o ciclo dos processos. São elas que também irão guiar a aplicação dos princípios, os quais iremos tratar mais adiante.

Iremos citar e explicar as categorias de atividades de controle comumente encontradas em processos.

3.2.1.1 Análise técnica

Aqui chamaremos de análise técnica toda a opinião conclusiva realizada por agente que detém um conhecimento técnico-especializado. É a atividade que tipicamente produz um parecer, um laudo, um exame, um relatório ou algum outro produto bem definido. Porém, algumas vezes, é o simples exercício de um ofício.

É tipicamente executada por profissionais com formação peculiar, tais como engenheiros, advogados, profissionais de saúde e profissionais de informática. E dessa forma, tais atividades, em geral, são orientadas por normas técnicas que são emitidas por órgãos de classe representantes dessas profissões.

3.2.1.2 Verificação

São atividades de caráter menos complexo que as análises técnicas, onde o agente executor apenas faz um batimento ou conferência de uma norma ou legislação com uma situação de fato. Como exemplo, podemos citar as atividades de conferência de uma documentação de habilitação em um processo licitatório, ou a verificação de elegibilidade de uma prefeitura para o recebimento de recursos federais, de acordo com uma portaria ou norma específica.

Essas verificações poderão envolver:
- o atendimento a alguma norma;
- a fidedignidade e a autenticidade de algum documento ou informação;

- a exatidão dos cálculos apresentados;
- comparação entre registros de duas fontes distintas.

3.2.1.3 Registro

O registro se refere ao ato de armazenar informações de interesse da organização, tanto em meio físico (papéis, documentos, formulários) quanto em meio magnético, com utilização de sistemas de informação ou aparelhos eletrônicos.

Cabe acrescentar que tais registros abrangem tanto informações gerenciais quanto informações contábeis, não sendo necessário aqui estabelecer tal distinção.

A finalidade dos registros é, obviamente, permitir sua posterior consulta, de modo a servir para gerar informações para tomada de decisão e para permitir a rastreabilidade das operações, comumente chamada também de auditagem das operações.

Muitas vezes os registros são precedidos de análises, como por exemplo em lançamentos contábeis, onde o registrador deve fazer uma avaliação da conta contábil que será utilizada. Porém, iremos considerar apenas o registro na utilização da metodologia, desprezando essa análise "embutida".

3.2.1.4 Custódia

Mais comumente associada à questão patrimonial e aos ativos de uma organização, a custódia é a guarda física dos bens. Refere-se a funções de proteção física de bens e equipamentos, além de garantias de que os mesmos irão servir para gerar os resultados pretendidos por todo o seu período de vida útil. Está relacionada com segurança e com seguro também.

3.2.1.5 Autorização/aprovação

Primeiramente vamos fazer uma diferenciação dos termos: segundo Crepaldi (2011, p. 409) a autorização é "a decisão da gerência de utilizar determinados bens para um fim específico, sob determinadas condições". Já a aprovação "consiste em reconhecer que as condições estabelecidas na autorização foram cumpridas para uma das diversas etapas que constituem a transação". Ou seja, depois de definidas as demais atividades de controle, deveremos posicionar nossas autorizações e aprovações.

A sistemática de autorização e aprovação também deverá ser implementada após a definição das etapas de um processo. Adiante, será mostrado como isso é possível.

Cabe também ressaltar que tais atos deverão ser atribuídos às autoridades, de modo a responsabilizá-las pelas operações e dar-lhes ciência dos fatos ocorridos. No mesmo sentido, a autorização e a aprovação atuam no sentido de promover a supervisão das operações por parte desses agentes.

O grau hierárquico da autoridade autorizadora/aprovadora deverá depender da relevância da operação para a organização, devendo ser diretamente proporcional à importância da mesma.

A autorização e aprovação das operações, resumidamente, deverão servir para:
- responsabilizar os agentes;
- promover a supervisão das atividades e operações realizadas.

3.2.2 Princípios que regem os controles primários

Concluída a etapa de identificação das atividades de controle atinentes a um processo, agora nos resta a aplicação do que comumente a literatura tem identificado como princípios ou diretrizes de um sistema de controles primários.

Iremos convencionar aqui que a aplicação de um princípio de controle a uma ou mais atividades de controle irá se tornar uma estrutura de controle primário. Estas estruturas irão compor nosso sistema de controles internos.

Assim, a seguir apresentaremos esses princípios.

3.2.2.1 Documentação

O princípio da documentação cumpre um papel importante para um sistema de controles primários, que é permitir a rastreabilidade e a auditagem dos processos e de suas condicionalidades. Assim, a documentação a ser produzida em decorrência das operações do órgão deverá ser suficiente para possibilitar que terceiros possam tomar conhecimento dos procedimentos realizados e do embasamento utilizado para o cumprimento das normas.

Ainda, o princípio da documentação se relaciona com o princípio do direito administrativo da motivação. Todos os atos da Administração deverão ser motivados, e essa motivação deve ficar registrada em documentos, para que possam ser posteriormente apreciados e revisados, sem contar que ainda é uma plena satisfação à Lei do Processo Administrativo na Administração Pública (BRASIL, 1999).

A documentação também contribui para a responsabilização dos agentes. Um processo bem estruturado, com uma devida documentação sendo levada ao conhecimento dos agentes autorizadores e aprovadores, evita que estes assinem algo que desconhecem, além de, por outro lado, propiciá-los informações para uma melhor tomada de decisão.

A aplicação deste princípio se dará com base na identificação de todas as atividades de controle aqui comentadas.

A documentação relativa às análises deve ser composta de pareceres, relatórios, despachos, pesquisas e outros documentos que comprovem e fundamentem a opinião manifestada pelo técnico. Também, a documentação deverá comprovar o atendimento às normas e regulamentos atinentes ao processo em questão.

Quanto aos registros, a documentação deverá comprovar que as informações foram devidamente lançadas nos sistemas de informação, evidenciando as classificações efetuadas pelos técnicos responsáveis. Comumente essa documentação é composta por *vouchers*, fichas de lançamento e relatórios emitidos pelos sistemas.

O princípio da documentação também tem uma aplicação muito relevante junto à atividade de autorização e aprovação, tendo em vista que estas deverão ficar registradas em algum documento no processo. Assim sendo, sempre que utilizarmos uma aprovação ou autorização, deveremos documentá-la.

3.2.2.2 Segregação de funções

A segregação de funções pressupõe que devam ser separadas as atividades de operações, registro, custódia e autorizações. Também, esse princípio dispõe que nenhum funcionário deverá controlar todas as etapas de um processo, e que essa separação possibilite uma constante revisão do trabalho feito anteriormente.

Contudo, acrescentamos também que as funções devam ser separadas pelas seguintes razões.

Quando existe algum conflito de interesse entre as funções. Um bom exemplo seria a separação de funções de um agente comunitário de saúde, que realiza análises quando das visitas às famílias, de modo a preencher um formulário padronizado, e seu registro em sistema próprio do Ministério da Saúde, numa situação hipotética em que tal agente recebesse sua remuneração em função da quantidade de famílias visitadas. O agente teria um interesse em obter maiores valores registrando no sistema mais famílias atendidas. Sem a separação dessas funções, o agente poderia querer registrar famílias que nem mesmo visitou, já que não haveria alguém para revisar seu trabalho, verificando por exemplo se os formulários estão devidamente assinados pelas famílias visitadas.

Por razões de conhecimento técnico, quando os agentes que realizam as análises não detêm capacitação para operar os sistemas ou preencher devidamente os formulários.

Promoção da revisão das atividades, quando as atividades forem consideradas relevantes para o processo em questão.

Evitar que um agente aprove ou autorize um procedimento que foi executado por ele mesmo.

Nas organizações e órgãos onde houver pouca disponibilidade de pessoal, e não for possível separar adequadamente as funções e atividades, o gestor deverá focar nos demais princípios de controle.

A aplicação deste princípio fica mais fácil já que identificamos as atividades de controle e podemos visualizá-las em no QUADRO 1. Assim, nossa tabela/planilha já nos possibilita uma boa aplicação da segregação de funções, tendo em vista que realizamos também uma identificação das etapas atinentes ao processo.

3.2.2.3 Competência

O princípio da competência cumpre duas funções distintas.

A primeira é necessária para garantir que as análises realizadas pelos técnicos sejam da melhor qualidade possível. O cumprimento desse princípio se dá com a implantação de um plano regular de capacitações e treinamentos para as atividades de controle inseridas no sistema de controles primários.

O regular atendimento desta primeira função visa garantir que as informações gerenciais e contábeis serão classificadas corretamente, permitindo uma melhor qualidade dos dados que irão subsidiar a tomada de decisões. Possibilita também que a organização cumpra seus objetivos com maior efetividade, quando a missão institucional da entidade for altamente dependente de análises técnicas, como é o caso das agências reguladoras ou serviços públicos na área de saúde.

Assim, se tivéssemos que estabelecer uma prioridade entre as atividades de controle, a capacitação deverá se focar nas do tipo "análises técnicas" e "verificações", pois devem dar suporte aos agentes no cumprimento de suas funções. Em seguida, vem a capacitação dos responsáveis pelas atividades de registro, quando estes também são incumbidos de promover a classificação das informações. Por fim, então, teríamos a capacitação dos agentes que realizam atividades de custódia, quando da guarda de equipamentos e/ou materiais sensíveis/específicos.

A segunda função do princípio diz respeito à seleção eficaz de pessoal. A adoção de critérios de seleção que privilegiem os candidatos com maior qualificação e experiência, além de demonstrar a observância do princípio do direito administrativo da impessoalidade na escolha dos agentes que irão desempenhar as atividades, evidencia que o órgão está comprometido com a excelência na execução dos trabalhos.

A não utilização de uma adequada seleção de pessoal no serviço público faz com que floresça um quadro de "indicados" e de "apadrinhados", dando a impressão de que estes foram colocados lá para responder aos anseios de seus "indicadores" ou "padrinhos", e não ao interesse público.

Via de regra, a forma de acesso a cargos públicos é o concurso. Porém, nossa base normativa admite a figura dos "servidores sem vínculo" com a Administração, por meio de cargos comissionados. Embora esses agentes tenham atribuições de coordenação e direção, pode ocorrer de os mesmos executarem importantes atividades de controle, que não sendo operacionalizadas por pessoas competentes podem comprometer a efetividade da estrutura de controle.

3.2.2.4 Rodízio de funções

O rodízio de funções na Administração tem como objetivo evitar a "tentação" do conflito de interesses e a captura dos agentes públicos pelo interesse privado. Quando um agente se encontra há muito tempo exercendo uma função que pode suscitar conluios, promoção de interesses pessoais, favorecimentos a terceiros e a si próprio e fraudes e desvios, tais como as áreas de compras, contratação de pessoal, custódia de bens e materiais e a fiscalização de contratos, é desejável que exista uma política de rodízio de funções, de modo a possibilitar um saneamento das atividades.

Também, outro exemplo de rodízio é o caso de um critério aleatório de análise de demandas por recursos via convênios, por um setor de um órgão público.

De outra forma, o rodízio de funções deverá garantir que os agentes não permaneçam executando sempre os mesmos procedimentos, analisando as mesmas demandas, custodiando os mesmos ativos, quando houver risco de conflito de interesses.

3.2.2.5 Limites de alçada

Crepaldi (2011, p. 384) conceitua sistemas de autorização como aqueles "que controlam as operações através de métodos de aprovações, de acordo com as responsabilidades e riscos envolvidos".

O princípio do limite de alçada pressupõe que algumas atividades de controle só podem ser executadas por pessoas especialmente designadas para tanto, dentro de determinadas condições. É comumente associada com as atividades de autorização e aprovação. Porém, pode-se estendê-la para qualquer atividade de controle.

Como exemplo, suponhamos que certo órgão público preste dois tipos de serviços públicos. Um é relativamente simples e não envolve grandes riscos. O outro, por ser executado com diversos atos de gestão, está dotado de um risco inerente bem maior. Assim, o gestor decide que as autorizações e aprovações desses atos só serão feitas pelo dirigente máximo do órgão.

As condicionantes que geralmente são usadas em limites de alçada são: valor da transação, tipo de transação, tipo de beneficiário da transação, data da transação.

3.2.2.6 Supervisão

A supervisão pode ser simplificadamente resumida na incidência de uma atividade de controle sobre a outra, sendo geralmente a "verificação" e a "análise técnica" as atividades mais utilizadas para "supervisionar" outras atividades.

Pereira (2009) consagra a "supervisão pelos altos escalões" como um importante componente do quinto princípio do Comitê da Basileia.[1]

Em geral, é comum e até involuntária a supervisão de autorizações e aprovações, pois os funcionários costumam conferir se a autoridade competente ratificou a transação.

A supervisão visa garantir que não haverá erro ou omissão na execução da atividade, pois ela será executada duas vezes. A segunda execução irá revisar os atos da primeira.

A supervisão utilizada com duas atividades de registro permite a posterior conciliação dos valores e informações armazenadas.

---

[1] O Comitê de Supervisão Bancária de Basileia é uma organização que congrega autoridades de supervisão bancária, visando a fortalecer a solidez dos sistemas financeiros. Desde seu surgimento, constituiu-se em um fórum de discussão para o melhoramento das práticas de supervisão bancária, buscando aperfeiçoar as ferramentas de fiscalização internacionalmente.

3.2.2.7 Transparência

O princípio da transparência tem como suporte os próprios princípios do direito administrativo da publicidade e, recentemente, com as determinações da Lei nº 12.527/2011.

Porém, além de ser uma obrigação legal, ela pode ser uma alternativa economicamente mais viável do que a implementação de controles primários custosos, pois sua correta aplicação permite a atuação do controle social. E em grande parte dos casos, não há ninguém mais interessado em verificar o correto funcionamento de uma política pública do que seus próprios beneficiários.

Dessa maneira, o princípio deverá ser aplicado com foco nas verificações, análises técnicas e principalmente nos registros. A disponibilização dessas atividades de controle poderá contribuir para sua correção por parte da sociedade, desde que haja um canal entre esta e o governo, de modo a permitir a apresentação de sugestões, críticas e denúncias.

Também, o atendimento desse princípio irá implicar em surgimento de novas atividades de controle específicas, cujos objetivos serão o atendimento à transparência ou a viabilização do controle social.

3.2.2.8 Medição de desempenho

A medição de desempenho é um princípio que opera sobre uma atividade de controle de registro, e que permite ao gestor saber se seus atos de gestão estão sendo eficientes, eficazes e efetivos. Com base no estabelecimento de padrões e na sistemática regular de coleta de informações é possível monitorar o andamento e a qualidade das atividades de controle desenvolvidas.

Para sua aplicação, é fundamental ter em mente que *variáveis* deverão ser estabelecidas e registradas. O conceito de variável, segundo Lakatos e Marconi (2003, p. 137) é o de "uma classificação ou medida; uma quantidade que varia; um conceito operacional, que contém ou apresenta valores, aspecto, propriedade ou fator, discernível em um objeto de estudo e passível de mensuração".

Assim, de modo a melhor medir desempenho, sugere o TCU os seguintes grupos de variáveis:
- *custo*: envolvem a medição de valores financeiros gastos para produzir um bem ou serviço;
- *tempo*: juntamente com variáveis relativas aos custos, irão contribuir para a medição de eficiência de um processo;

- *qualidade*: se referem a padrões pré-estabelecidos de bens ou serviços e à adequação do que é produzido a esses padrões. Também está relacionado à satisfação dos usuários ou clientes com os bens ou serviços produzidos;
- *quantidade*: guardam relação com quantidades propriamente ditas. Muito úteis quando existem metas quantitativas de produção.

Assim, colocamos aqui exemplos do que seria desejável se medir nos três aspectos citados:
- *eficácia*: proporção de cobertura populacional, percentual de realização dos produtos previstos, percentual de conclusão da(s) obra(s), percentual de realização financeira e orçamentária;
- *eficiência*: média de custo por produto produzido, razão entre o percentual de execução física sobre o percentual de execução financeira, média ponderada entre a diferença dos custos reais com os custos previstos; prazos médios de conclusão dos produtos;
- *efetividade*: proporção de equipamentos em uso; proporção de cidadãos que avaliam positivamente os serviços; percentual de aplicação regular dos incentivos fiscais.

Um grande desvio nesses indicadores pode apontar para um problema de suficiência dos controles primários da Unidade. Portanto, o regular registro e monitoramento deles ao longo do tempo é útil para auxiliar o gestor a estabelecer parâmetros de normalidade e anormalidade.

Com isso, se faz necessário também estabelecer rotinas confiáveis de coleta e registro das informações, ou das variáveis, que irão subsidiar a tomada de decisão.

Nesse ponto, é natural que novos controles primários sejam estabelecidos, notadamente novas atividades do tipo "registro", e possivelmente novas "verificações" e "análises técnicas". Então, os riscos a serem mitigados por esses novos controles devem estar relacionados com a gestão administrativa, financeira e orçamentária, de modo a gerar produção de informações para tomada de decisão.

4 Conclusão

Propusemos neste capítulo um método de construção de estruturas de controles internos de modo a nortear o delineamento de um sistema que atenda às exigências de órgãos de controle da Administração Pública. As categorias aqui propostas estão em consonância com os componentes de ambiente interno, avalição de riscos, atividades de controle e monitoramento propostos pelo *Controles internos: um modelo integrado*, do COSO (1994). Os demais componentes, tais como informação e comunicação, além de algumas disposições do ambiente de controle, não são tratados diretamente por esta metodologia.

Tendo em vista os objetivos do trabalho, daremos agora importante destaque às estruturas que envolvem as atividades de registro juntamente com o princípio da medição de desempenho.

Medir resultados guarda uma relação muito forte com tudo que a literatura sobre controles internos evidencia. O que relacionamos aqui como o princípio da medição de desempenho é a ponte que liga controles internos à eficácia, efetividade e eficiência.

De nada adianta haver os melhores indicadores de desempenho se não há uma sólida e confiável estrutura de controles internos que deem suporte às informações monitoradas. Um indicador de desempenho que se proponha a medir a "quantidade média de consultas realizadas por profissionais de saúde pública" não é tão útil no processo de tomada de decisão se soubermos que há um conflito de interesses na alimentação das informações por parte desses profissionais, tal como remuneração por produtividade, sem que tenhamos estabelecido segregação de funções nas atividades de registro, de modo a mitigar esse risco.

Portanto, é basilar que ele esteja inserido em um sistema de controles internos e que tenha interação com as demais estruturas de controle.

Cabe aqui também fazer uma importante comparação: o conceito de monitoramento, segundo Vaitsman, Rodrigues e Paes-Sousa, e o conceito de monitoramento do COSO (2006). O primeiro dispõe que:

> O monitoramento consiste no acompanhamento contínuo, cotidiano, por parte de gestores e gerentes, do desenvolvimento dos programas e das políticas em relação aos seus objetivos e metas. É função inerente à gestão e gerência dos programas, devendo ser capaz de prover informações sobre o programa, permitindo a adoção de medidas corretivas para melhorar sua operacionalização. (VAITSMAN; RODRIGUES; PAES-SOUSA, 2006, p. 21)

Já o segundo afirma que:

> Sistemas de controle interno precisam ser monitorados — um processo que avalie a qualidade do desempenho do sistema ao longo do tempo. Isto é conseguido através de atividades de monitoramento, avaliações separadas ou uma combinação de ambos. Monitoramento contínuo ocorre no decurso de operações. Ele inclui gestão regular e atividades de supervisão, e demais ações que os quadros de pessoal realizam no

desempenho de suas funções. O alcance e a frequência de avaliações separadas dependerão principalmente de uma avaliação dos riscos e da eficácia dos procedimentos de monitoramento existentes. Deficiências de controle interno devem ser relatadas aos superiores, sendo que assuntos sérios devem ser reportados à alta administração e do conselho. (COSO, 2006, p. 69, tradução livre)

Assim, é notória a relação entre a medição de desempenho e um misto entre esses dois conceitos de monitoramento, já que ele toma como base a constante produção de informações que irão subsidiar a Administração, tanto no que diz respeito à condução de resultados de suas políticas, quanto com relação à qualidade e suficiência das demais estruturas de controles internos, bastando para isso que as atividades de registro estejam relacionadas a ambos os aspectos.

Retomando o ciclo de políticas públicas apresentado anteriormente, e partindo da premissa de que a as atividades de controle foram implementadas para permitir uma razoável medição de desempenho, a fase de avaliação da política pública é uma momento crucial para se rever o funcionamento de um sistema de controles internos. É a fase na qual se sugere que seja feito o monitoramento, tanto da política quanto do sistema de controles.

Assim, a partir da avaliação de eficácia, efetividade e eficiência, é possível ter indicadores que evidenciem a necessidade de revisão dos controles. Políticas que não foram eficientes podem indicar a necessidade de novas atividades de controles a serem implementadas, juntamente com a observação de princípios.

Por fim, entende-se que a avaliação de eficácia, eficiência e efetividade é também um bom parâmetro para se avaliar e monitorar um sistema de controles internos, haja vista que tais conceitos estão inegavelmente interligados e que são interdependentes.

Se sua política pública é eficaz, eficiente e efetiva, muito provavelmente seu sistema de controles internos é satisfatório.

Referências

ASSOCIAÇÃO BRASILEIRA DE NORMAS TÉCNICAS. *Norma ISO 31000:* gestão de riscos. Rio de Janeiro, 2009.

ANDRADE, A. *Eficácia, eficiência e economicidade*: como atingi-las através de adequados sistemas de controles internos. São Paulo, 1999.

ATTIE, W. *Auditoria*: conceito e aplicações. 6. ed. São Paulo: Atlas, 2011.

BRASIL. Lei nº 9.784, de 29 de janeiro de 1999. Regula o processo administrativo no âmbito da Administração Pública Federal. Disponível em: <http://www.planalto.gov.br/ccivil/leis/L9784.htm>. Acesso em: 03 dez. 2012.

COMMITTE OF SPONSORING ORGANIZATIONS OF THE TREADWAY COMMISSION – COSO. *Internal Control:* integrated framework. 1994. Disponível em: <http://www.snai.edu/cn/service/library/book/0-Framework-final.pdf>. Acesso em: 12 dez. 2012.

COMMITTE OF SPONSORING ORGANIZATIONS OF THE TREADWAY COMMISSION – COSO. *Gerenciamento de riscos corporativos:* estrutura integrada: sumário executivo e estrutura. Tradução de Instituto dos Auditores Internos do Brasil (Audibra) e PricewaterhouseCoopers Governance, Risk and Compliance, Jersey City: AICPA, 2006.

CREPALDI, S. A. *Auditoria contábil:* teoria e prática. 7. ed. São Paulo: Atlas, 2011.

DIAS, S. *Manual de controles internos:* desenvolvimento e implantação, exemplos e processos organizacionais. São Paulo: Atlas, 2010.

FERRAREZI, E.; SARAIVA, E. *Políticas públicas:* coletânea. Brasília: ENAP, 2006.

FLORENTINO, A. M. *Auditoria contábil.* 5. ed. Rio de Janeiro: FGV, 1998.

LAKATOS, E.; MARCONI, M. *Fundamentos de metodologia científica.* 5. ed. São Paulo: Atlas, 2003.

LUNKES, R. *Controle de gestão:* estratégico, tático, operacional, interno e de risco. São Paulo: Atlas, 2010.

MEIRELLES, Hely Lopes. *Direito administrativo brasileiro.* 26. ed. São Paulo: Malheiros, 2001.

PEREIRA, M. *Controles internos e cultura organizacional:* como consolidar a confiança na gestão dos negócios. São Paulo: Saint Paul, 2009.

SILVA, P. G. Colégio de Corregedores e Ouvidores dos Tribunais de Contas do Brasil *O papel do controle interno na Administração Pública.* 2011. Disponível em: <http://www.ccortc.com.br/index.php?option=com_docman&task=doc_details&gid=22&Itemid=35>. Acesso em: 11 mar. 2013.

SIMONS, R. *Performance Measurement & Control Systems for Implementing Strategy.* New Jersey: Prentice Hall, 2000.

TRIBUNAL DE CONTAS DA UNIÃO – TCU. *Técnicas de Auditoria:* indicadores de desempenho e mapa de produtos. Disponível em: <http://portal2.tcu.gov.br/portal/pls/portal/docs/2063230.PDF>. Acesso em: 15 jan. 2013.

TRIBUNAL DE CONTAS DA UNIÃO – TCU. *Critérios Gerais de Controle Interno na Administração Pública:* um estudo dos modelos e das normas disciplinadoras em diversos países. Disponível em: <http://portal2.tcu.gov.br/portal/pls/portal/docs/2056688.PDF>. Acesso em: 07 mar. 2013.

VAITSMAN, J.; RODRIGUES, R.; PAES-SOUSA, R. *O sistema de avaliação e monitoramento das políticas e programas sociais:* a experiência do Ministério do Desenvolvimento Social e Combate à Fome do Brasil. Disponível em: <http://unesdoc.unesco.org/images/0014/001485/148514POR.pdf>. Acesso em: 05 dez. 2012.

Informação bibliográfica deste texto, conforme a NBR 6023:2002 da Associação Brasileira de Normas Técnicas (ABNT):

MENKE, Wagner Brignol. Dos resultados aos controles: a importância das estruturas de controle interno para a excelência da gestão. *In:* BRAGA, Marcus Vinicius de Azevedo (Coord.). *Controle interno:* estudos e reflexões. Belo Horizonte: Fórum, 2013. p. 105-124. ISBN 978-85-7700-789-9.

INTEGRAÇÃO E INTELIGÊNCIA
INSTRUMENTOS DO CONTROLE INTERNO NO ARCABOUÇO INSTITUCIONAL ANTICORRUPÇÃO

ROMUALDO ANSELMO DOS SANTOS

1 Introdução

Entender o combate à corrupção como um sistema é prever a atuação integrada de várias partes distintas para a obtenção de um objetivo comum. A pertinência desse entendimento adere-se à própria dimensão da corrupção, ou seja, o problema há muito deixou de ser provinciano, passando a ocorrer em rede que envolve diferentes setores (público, privado e *quasi* público), esferas de poder (Legislativo, Executivo e Judiciário) e níveis de governo (federal, estadual e municipal). Exemplo emblemático dessa atuação em rede foi o caso havido em 2006 e nacionalmente rotulado de Sanguessuga: escândalo envolvendo emendas parlamentares, programa federal, servidores públicos, empresas privadas e prefeituras.[1]

Com a devida vênia para o lugar comum, a ilustração mostra apenas a ponta do *iceberg* que é o problema corrupção no Brasil. Do episódio e de outros que não raro frequentam as páginas da mídia, lições podem ser aprendidas; uma delas é o próprio reconhecimento da complexidade com a qual a corrupção se traveste; outra importante leitura do evento é a necessidade de aperfeiçoamento contínuo dos

---

[1] <http://veja.abril.com.br/noticia/brasil/caso-dos-sanguessugas-entra-para-a-rede-de-escandalos>.

mecanismos nacionais de combate à corrupção, ou em outras palavras, melhoramento do arcabouço institucional anticorrupção, este representado pelos organismos de controle interno (Controladoria-Geral da União, Controladorias estaduais e municipais), controle externo (Tribunais de Contas da União e dos Estados) e de investigação (Polícias e Ministério Público), pela legislação (transparência e efetividade) e pela sociedade organizada (controle social).

Não há solução simples para tamanha complexidade; entretanto, pode-se utilizar a semântica do termo *complexo* a favor da construção de mecanismos mais eficientes contra a corrupção, ou seja, abandonar a tese de complicado e substituí-la pela também válida conjunção de elementos e partes. Esses elementos e partes são na verdade o antes mencionado arcabouço institucional, o qual, de forma integrada, pode representar efetivamente o sugerido sistema de combate à corrupção. Detalhar todo um sistema e suas partes integrantes foge à limitação de espaço deste texto; entretanto, o objetivo aqui é ressaltar os aspectos positivos dessa integração, com ênfase na função do controle interno (CI).

A referência anterior sobre a dimensão da corrupção envolve inclusive questões conceituais, as quais servem de fundamento para a correta tipificação dos atos e práticas sob observação/fiscalização pelos integrantes do arcabouço institucional. O conceito de corrupção, é importante ressaltar, não se encontra pacificado na academia, tampouco o é em meios técnicos e legais. O consenso nesse sentido existe apenas quanto aos aspectos negativos da corrupção. Caracterizar o problema é tarefa primária para o bom funcionamento do sistema de combate à corrupção, isso porque, conforme o sistema jurídico brasileiro estabelece, a cada integrante do arcabouço institucional anticorrupção são vinculadas diferentes competências. Essas competências determinam o escopo de atuação de cada organismo; portanto, dependendo da correta caracterização (conceituação) do problema a ela estará vinculada também uma distinta instituição ou esfera de poder.

Reconhecido o problema, definida a prática corrupta, estabelecida a esfera de ocorrência e elegida a instituição, ou instituições, que lidarão com os fatos concretos, ou com a prevenção desses fatos, resta examinar quais instrumentos poderão ser utilizados para a execução das competências. Cabe aqui distinguir os instrumentos que cada instituição possui em duas categorias: (i) iniciativas de prevenção e (ii) instrumentos de combate. Na primeira categoria são representadas as ações vinculadas à transparência (da gestão pública e dos recursos) e conscientização (da sociedade e do controle social) sobre a corrupção. Considerar-se-á essa categoria como educativo-informativa, cuja função é reduzir a ocorrência dos atos de corrupção. Já a segunda categoria, por sua vez, engloba as ações vinculadas a procedimentos mais diretos aplicados contra atos de corrupção, ou contra atos ou formalidades onde o histórico de incidência ou os riscos de ocorrência do problema são elevados. A segunda categoria será considerada de inteligência-fiscalizatória, cuja função é legalmente identificar, caracterizar e punir os atos de corrupção e seus autores.

Consoante este introito, o presente estudo tem o objetivo de contribuir para as discussões a respeito do combate à corrupção no Brasil. Nesse sentido, o desenvolvimento do trabalho está assim dividido: na parte primeira são apresentadas questões conceituais e a evolução do tema corrupção, com reforço à grande relevância em definir e caracterizar o problema para os efeitos de tipificação dos atos e competência da ação preventiva/combativa. Na parte segunda o foco é o considerado arcabouço institucional anticorrupção, com ênfase no CI, com uso do argumento de que, mesmo considerando e respeitando as competências relacionadas às particularidades institucionais e às esferas de poder, é possível, justa e necessária a atuação integrada em sistema dos organismos componentes do arcabouço institucional. Na parte terceira detém-se sobre os instrumentos de prevenção e combate à corrupção, sendo estabelecidas as categorias educativa-informativa e de inteligência-fiscalizatória. Na conclusão são ressaltados os pontos em destaque ao longo do texto e é condensada a sugestão de atuação com vistas a uma maior efetividade no combate à corrupção.

2 Corrupção – Definições e características

Corrupção é um grande *negócio*. Estimativas com base em estudo do Banco Mundial dão conta de que os valores movimentados anualmente apenas com pagamento de propinas e subornos em todo o mundo rodeiam a casa de US$1 trilhão (um trilhão de dólares americanos) (WORLD BANK, 2004). De acordo com a Controladoria-Geral da União – CGU, em análise fundamentada em processos investigativos conduzidos pelo órgão, os prejuízos fomentados pela corrupção no Brasil entre 2001 e 2008 somam mais de R$3 bilhões (três bilhões de reais). Outros números bilionários são apresentados pela Federação das Indústrias do Estado de São Paulo (Fiesp), cujos estudos apontam para uma perda anual para a economia brasileira de cerca de US$6,5 bilhões (R$10,5 bilhões) em função da corrupção (FIESP-DECOMTEC, 2006).

Independente das metodologias utilizadas para as estimativas de valor, os diferentes órgãos e entidades (nacionais e internacionais) apresentam invariavelmente somas magníficas. Entretanto, consoante a própria natureza da corrupção, cuja contabilidade não está obrigada a dar publicidade aos seus *demonstrativos financeiros*, os números são, na maioria das vezes, estimativas (o sentimento é que essas figuras sejam ainda maiores). Em muitos casos a mensuração da corrupção é comprometida não apenas pelas questões não públicas dos seus registros (quando existem), mas também pela controvertida e não consensual definição do problema. Para os diferentes estudos e estimativas acima mencionados, por exemplo, a definição e caracterização do que vem a ser corrupção ou prática corrupta certamente vai variar conforme o tipo de entidade ou instituição que está analisando o problema.

2.1 Definições e contextualização

A ideia geral conceitual da corrupção, particularmente para as instituições de controle pertencentes ao arcabouço anticorrupção, é o mau uso da função e do patrimônio públicos em proveito privado e de encontro às leis e normas. À primeira vista, a definição aparenta simplicidade; entretanto, os questionamentos avançam na medida em que se busca entender o alcance de termos tais como "mau uso", "função pública" e "proveito privado". Johnston (2005) considera esses termos controversos por essência. Já Friedrich (1972) argumenta que a corrupção possui uma vastidão de diferentes significados e conotações, porém o cerne da definição passa pelo entendimento de que corrupção é um tipo de comportamento que desvia da norma prevalente em um dado contexto. Esse argumento, corroborado por Della Porta e Vannucci (1997) e Gardner (2002), ao estabelecer os termos *norma prevalente* e *dado contexto*, sugere que a corrupção é diferente para diferentes conjunturas de tempo e lugar, daí o risco e até a dificuldade em se tentar generalizar conceitos e atos no âmbito do tema corrupção. Rundquist, Strom e Peters (1977), em tentativa para agrupar as definições de corrupção, apontaram que não existia na literatura consenso a respeito do padrão apropriado que determinasse que tipo de ato pudesse ser considerado corrupto. Para aqueles autores a categorização do problema poderia ser organizada da seguinte forma: atos políticos que violam o interesse público para ganhos ou benefícios privados; processos que subvertem as normas do ordenamento legal; e atos que violam as normas e regras institucionais para ganho privado. Com base no mesmo raciocínio, Lancaster e Montinola (1997) e Mark Philp (2002), com pequenas diferenças entre si, resumem os conceitos comumente aplicados em:

definições centradas no interesse público; definições centradas nas normas; definições de mercado (LANCASTER; MONTINOLA, 1997); definições patrimonialistas e na perspectiva da relação principal-agente (LANCASTER; MONTINOLA, 1997). Estas definições estão relacionadas com desvios, sejam eles desvios do interesse público, das normas e deveres públicos, ou da confiança depositada.

No contexto legalista da Administração Pública brasileira e do sistema jurídico vigente (DI PIETRO, 2002), conjuntura da qual fazem parte as instituições do arcabouço anticorrupção, as definições mais apropriadas são aquelas relacionadas a atos que violam ou subvertem as normas e regras institucionais e atos contrários ao interesse público que trazem como consequência prejuízos (patrimoniais ou financeiros) públicos em benefício privado. Entendendo-se prejuízo público o desvio de fato de dinheiros públicos, o aumento indevido de custos de obras e serviços fornecidos ao ente público e o desvio de finalidade da estrutura pública. Essas definições encontram guarida na legislação brasileira (Código Penal, Lei de Responsabilidade Fiscal, Lei de Licitações e Contratos etc.) o que confere aos atos corruptos possibilidades de devida tipificação, condição necessária para ser tratados pelos organismos do arcabouço anticorrupção.

Não obstante a referida propensão, o ato passível de ser enquadrado nas tipificações corruptas está sujeito a uma ulterior vinculação ao âmbito e à competência de quem de direito está designado a tratá-lo. Em resumo, isso quer dizer que a simples constatação *acidental*, ou a recepção de denúncia, de um ato tipificadamente corrupto envolvendo recursos federais transferidos a um dado município por, digamos, o Tribunal de Contas estadual em uma investigação regular, não gera efeitos basicamente porque o recurso e sua aplicação não pertencem à competência do respectivo TC e sim àquela estabelecida para a Controladoria-Geral da União. Em outras palavras, não é importante e suficiente apenas identificar o ato corrupto, mas também crucial para a efetividade da identificação a competência de quem o identifica. A atuação em rede das instituições pertencentes ao arcabouço institucional eliminaria este limitador (este ponto será melhor abordado mais adiante), uma vez que o repasse de informações traria o organismo competente ao caso.

2.2 Evolução do problema

O interesse aqui é desenvolver o tema na parte que afeta as funções das organizações do arcabouço institucional. Entretanto, como está na essência do argumento deste trabalho, os ganhos serão sempre maiores quando a corrupção for tratada de forma abrangente, entendendo-se abrangente inclusive as contribuições acadêmicas ao tema. Nesse sentido é salutar relembrar que o tema corrupção vem recebendo atenção científica de forma ascendente desde a segunda metade dos anos noventa, com contribuições mais destacadas provenientes da ciência política, economia e sociologia. Esta atenção dispensada nos últimos anos contrasta com a apatia acadêmica sobre o tema em épocas em que a corrupção já era considerada um problema grave.

O primeiro estudo de cunho acadêmico e provocativo sobre a corrupção foi desenvolvido por Colin Leys e publicado em 1965 sob o título *What is the Problem About Corruption?* Nesse trabalho Leys evoca uma deficiência nos estudos sobre corrupção, alegando que existia o domínio de uma abordagem essencialmente moralista, as pesquisas eram limitadas geograficamente, enfatizavam questões religiosas e históricas e não atribuíam ao problema a relevância que merecia. As razões que o referido autor encontrou para justificar a deficiente atenção acadêmica ao tema foi o sentimento generalizado de que os fatos corruptos não poderiam ser descobertos, mas caso o fossem, não poderiam ser provados, e se porventura fossem provados, as provas não poderiam ser publicadas (LEYS, 1965).

Na mesma linha são os argumentos de Nye (1967) para quem as dificuldades em estudar a corrupção estariam localizadas no conflito de interesses entre o cientista e o político. Scott nos anos setenta já questionava a qualidade dos estudos pelo insipiente volume de dados relevantes sobre a corrupção (SCOTT, 1972). Data desta mesma década o compêndio editado por Heidenheimer, englobando 58 artigos sobre corrupção, iniciativa que reforçou o interesse acadêmico sobre o tema. O mesmo compêndio foi reeditado e atualizado em 1989 e 2002, com mais casos, análises e variantes da corrupção, concedendo assim destacada posição ao problema (HEIDENHEIMER, 1989; HEIDENHEIMER; JOHNSTON, 2002).

Durante os anos setenta e oitenta os estudos e pesquisas sobre corrupção pulularam, porém concentravam-se nas causas e consequências do problema (MYRDAL, 1970 *apud* HEIDENHEIMER, JOHNSTON, 2002; BANFIELD, 1975; JOHNSTON, 1986). A mudança do foco dos estudos sobre corrupção, das causas e consequências para a explicação sobre o porquê do aumento da sua incidência e sobre as preocupações a respeito das implicações para as democracias, acontece nos anos noventa (HUBERTS, 1995; ROSE-ACKERMAN, 1996; MÉNY; RHODES, 1997; DELLA PORTA; VANUCCI, 1997a, 1997b; HOLMES,

1997; FLEISCHER, 1997). A ideia nessa transição é que a corrupção, igualmente à globalização, é um problema internacional e como tal deve ser tratado.

Os organismos multilaterais internacionais, assim como instituições de cooperação e crédito e entidades não governamentais, tais como Banco Mundial, Nações Unidas, Banco Interamericano de Desenvolvimento e Transparência Internacional assumiram papel mais ativo a respeito do problema. Essa reação fomentou muitos estudos na área, particularmente trabalhos relacionando corrupção a desenvolvimento e democratização (HUTCHCROFT, 1997; ROSE-ACKERMAN, 1999; HOPE; CHIKULO, 2000; HORS, 2000; DOIG; THEOBALD, 2000; SPECK 2000a; KAUFMAN; KRAAY, 2003). Hoje o tema corrupção já é considerado relativamente desenvolvido no ambiente acadêmico, com diversos estudos, banco de dados, índices e comparações. Conforme o pensamento de Bracking (2007), o desafio agora não é mais conceitual ou a busca pelas causas e consequências, ou pelos culpados. Em vez das generalizações e desenvolvimento de fórmulas mágicas a serem aplicadas onde quer que o problema ocorra, acadêmicos, gestores públicos, formuladores de políticas públicas e pesquisadores devem estar atentos para as particularidades e conexões locais.

No Brasil, muito embora seja ele prodigioso em casos de corrupção, os estudos de cunho acadêmico sobre o tema são praticamente inexistentes até a década de noventa. O contexto motivado pela ditadura militar impunha limitações de toda a ordem nos meios acadêmicos, políticos e jornalísticos. Dessa forma, considerando que no país a vinculação maior da corrupção sempre foi com a ideia de *um problema do governo*, discutir corrupção era, na essência, atacar o poder vigente. As consequências para a *desobediência* eram severas e assim a timidez das ações e iniciativas era a tônica. A insipiência do debate trouxe reflexos para a própria forma de agir dos organismos de controle, lá também a timidez nessas discussões imperava, desenvolver o tema era quase proibido e, portanto, o foco limitava-se a formalismos de gestão. O problema continuava a existir, era sabido e, com o risco da afirmação, era até tolerado (pela sociedade em geral), condição que confere à expressão "rouba, mas faz" a identificação de retrato resumido desse período.

A democratização do país, a nova Constituição de 1988 e a onda mundial de atenção ao tema (fomentada pelos organismos multilaterais de cooperação e crédito) trouxeram novos ares e conferiram ao tema corrupção a justa relevância. Hoje se discute e estuda-se o tema com relativa frequência no país; combater a corrupção passou a fazer parte formalmente da visão e dos objetivos dos organismos de controle.

Salutar é a assunção do problema realmente como nocivo à sociedade; positivo e inovador também é a decisão dos organismos de controle em fomentar e gerar conhecimento e estudos na área. Prova disso são os periódicos editados pelos Tribunais de Contas e Controladoria-Geral da União, os concursos de monografia cujo tema é a prevenção e o combate à corrupção e o crescente apoio e interesse à capacitação do corpo técnico pertencente a esses órgãos.

3 Arcabouço institucional anticorrupção

De forma a pôr ordem nessa caracterização, faz-se necessário inicialmente definir o que se entende por arcabouço, institucional/instituição e anticorrupção. O Dicionário Aurélio da Língua Portuguesa traz para o substantivo masculino arcabouço o significado de estrutura, armação, aquilo que sustenta e suporta. Aqui, no mesmo sentido, arcabouço será entendido como um conjunto de organizações, ainda que distintas e não formalmente/legalmente conectadas, que fazem parte de, e ao mesmo tempo sustentam, um conjunto de ações cujo objetivo é a prevenção e o combate à corrupção. Institucional será a ação ou mandamento legalmente estabelecido que é conduzido por instituição pertencente ao arcabouço. Instituição, por sua vez, possui significado abrangente neste trabalho que toma emprestadas as lições do *novo institucionalismo*[2] ao considerar como instituição não apenas a estrutura formal da organização (organograma, cargos, prédios, leis e normas), mas também os limites impostos por ela (constrangimentos), as pessoas que a constituem, a imagem e as relações informais internas, entre os integrantes do corpo funcional, e externas representadas pela interação com a sociedade. Por fim, anticorrupção são as medidas (atos e fatos) que objetivam, direta ou indiretamente, prevenir e combater a corrupção.

3.1 O sistema de organizações contra a corrupção

O que se propõe aqui é a interação entre instituições já existentes e devidamente estabelecidas que possuam a anticorrupção como missão principal ou acessória. Essa distinção de principal e acessória é válida apenas para caracterizar o que a própria instituição definiu como missão,

---

[2] O novo institucionalismo (*new institutionalism*), abordagem teórica nas ciências humanas e sociais, representa um contraponto à ideia eminentemente individual das ações dos atores políticos trazida pelo comportamentalismo (*behaviourism*) e aperfeiçoa a antiga visão de que instituição representava apenas a estrutura fria legal. Para maiores detalhes sobre o novo institucionalismo ver North (1990), Steinmo *et al.* (1994) e Peters (1999).

muito embora nesse campo o que prevalecerá em verdade será o tipo de atividade realizada. A propositura também está em linha com os pressupostos da Convenção das Nações Unidas Contra a Corrupção, em cujo preâmbulo estatui o convencimento dos Estados Partes signatários, em especial: (i) que a corrupção deixou de ser um problema local e seu combate requer cooperação; (ii) que a eficácia na prevenção e o combate à corrupção requer enfoque amplo e multidisciplinar; (iii) que o fortalecimento institucional é fundamental nessa tarefa; e (iv) que a prevenção e o combate à corrupção são responsabilidades de todos, incluindo pessoas e grupos que não pertencem ao setor público, como a sociedade civil, as organizações não governamentais e as organizações comunitárias.

Aguiar corrobora esse entendimento da necessidade de funcionamento em rede dos órgãos de prevenção e combate à corrupção, para quem "somente a existência de um sistema orgânico, no modelo de rede,... possibilitará a maximização das potencialidades dos órgãos envolvidos" (AGUIAR, 2005, p. 23). Na mesma linha segue Nogueira (2011, p. 305) que defende a integração entre órgãos e agentes de controle e combate à corrupção e propõe a criação de um comitê federal como objetivo de fortalecer as instituições para a prevenção e combate ao problema.

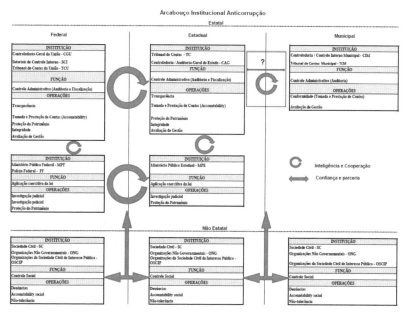

FIGURA 1 - Instituições anticorrupção por nível de governo e setor e suas formas de interação

O diagrama acima apresenta as instituições do arcabouço anticorrupção e o sentido da interação como um sistema. A organização das instituições mostrada na Figura 1 é baseada na compatibilização de funções e segue a vinculação respectiva por nível de governo, contando com a inclusão do setor não estatal. O diagrama deixa de subgrupar as instituições por esfera de poder (Executivo, Legislativo), uma vez que, para os efeitos e propósitos do sistema, a relevância maior concentra-se no nível de governo ao qual a instituição possui competência. Não estão representadas também duas instituições cruciais em dados momentos do processo por se entender que suas ações são paralelas e pontuais, são elas o Fisco (Receitas Federal e Estadual), com informações fiscais/patrimoniais, e a Justiça (Poder Judiciário), com seus julgados e autorizações para a legalidade e confirmação de certos procedimentos. São duas as formas de interação propostas: inteligência e cooperação intra e extra governo; e confiança e parceria. A primeira ocorre entre as instituições públicas estatais vinculadas a um mesmo nível de governo, seja ele federal ou estadual, e entre instituições de nível de governo distintos. A segunda forma de interação, por sua vez, ocorre entre as instituições dos diferentes setores, em linhas gerais representa a interação entre o poder público e a sociedade organizada. A interação especial prevista para o âmbito municipal leva em conta o atual contexto brasileiro da estrutura pública local, ou seja, com exceção das capitais dos estados e poucas outras grandes cidades, por motivos diversos, raramente se encontra uma Administração Pública municipal com organização e competências suficientes para o estabelecimento da primeira forma de interação.

Inteligência e cooperação dizem respeito à obtenção, análise e troca de informações e experiências com vistas à formação e enriquecimento do conhecimento anticorrupção. Conhecimento aqui é palavra chave; esse bem intangível não se adquire apenas com esporádicas ações com base em *forças-tarefas*, ou simples protocolos de intenções, mas sim por meio de programas permanentes (banco de dados, intercâmbio, padronização, sincronia e oportunidade de ações). Não se sugere aqui a expansão do Sistema Brasileiro de Inteligência do qual trata a Lei nº 9.883/1999, mesmo porque a função primeira do SISBIN é voltada para a segurança nacional e envolve apenas órgãos da Administração Pública Federal; entretanto, daquele diploma legal pode-se extrair o mesmo conceito de inteligência e cooperação há pouco descrito. Não se quer tampouco a sobreposição de ações (retrabalho) ou a usurpação de competências, posto que não há hierarquização; antes se vislumbra a racionalização das atividades anticorrupção. Agir com inteligência e cooperação no Arcabouço Institucional Anticorrupção é similar a um revezamento esportivo, o sucesso e efetividade somente aparecem quando é proativa a execução da tarefa que compete a cada ente. A diferença é que no caso anticorrupção o processo é permanente, ou seja, o *bastão* que é passado adiante, em um dado momento retornará, daí a necessária adesão e compromisso.

Vale lembrar que iniciativas visando à cooperação para a prevenção e o combate à corrupção entre instituições ilustradas na FIG. 1 já são verificadas, como exemplos podem ser citados os acordos entre a Controladoria-Geral da União (CGU), a Polícia Federal (PF) e Ministério Público para troca de informações e ações conjuntas; CGU e a ONG Transparência Brasil – TB (BRASIL, 2008), para estudos sobre o problema. Os acordos citados limitam-se à esfera federal e, portanto, cobrem parte do processo, não permitindo, muitas vezes, mapear todo o ciclo de uma operação corrupta, isso basicamente por conhecimentos não profundos sobre realidades locais/regionais as quais apenas os organismos locais/regionais detêm. Outra iniciativa digna de nota é o Programa de Modernização do Controle Externo dos Estados, Distrito Federal e Municípios Brasileiros (Promoex), o qual, desde 2005, busca a reestruturação e integração dos 33 Tribunais de Contas dos Estados e Municípios brasileiros, com destaque para a área de tecnologia da informação (BID, 2004). Nesse caso a concentração dos esforços se dá no fortalecimento das instituições do controle externo, iniciativa que se subentende positiva à ação anticorrupção, mas não há previsão no Promoex de se expandir a interação para as outras instituições do arcabouço institucional anticorrupção.

Confiança e parceria são vínculos menos formais, porém não menos importantes. Nessa forma de interação entre o estado e o cidadão, e entre os próprios cidadãos por meio de suas organizações (comunitárias e ONGs), o que se pretende é garantir o controle social e conscientizar a sociedade do seu papel, com ênfase inclusive na percepção de que a corrupção é sempre nociva e não pode ser tolerada. O controle social não se exercita apenas pela ação isolada do cidadão, é necessário que o estado crie canais e mecanismos que permitam a iniciativa cidadã (SANTOS, 1999). Mais uma vez o sentido da interação é de mão dupla, não vale apenas permitir e abrir canais de diálogo (portais de denúncias, ouvidorias, remessa de cartilhas), é necessário que o diálogo seja recordado, ou seja, que tenha tratamento de acordo com a sua relevância e que à sociedade seja dado o devido retorno, de forma a garantir a permanência e também a ação proativa do agente não estatal.

É salutar verificar que o controle social já faz parte das atividades dos organismos de controle (PEREIRA, 2003; SILVA, Francisco, 2002), muito disso se deve à identificação, ainda que tardia em alguns casos, que o poder do Estado não é onipresente. Não há como instalar, por exemplo, sucursais plantonistas 24/7 (24 horas por dia, 7 dias por semana) das instituições anticorrupção em cada localidade onde o recurso público é aplicado e (ou) o patrimônio público é utilizado. O diagrama da FIG. 1 prevê ainda a interação entre as diferentes formas de organização da sociedade nos diferentes níveis de governo, entendendo-se assim a existência, ou o seu fomento a partir da valorização e voz decorrentes da própria interação.

O arcabouço anticorrupção advoga-se permanente, pois permanente também o é a corrupção[3] (o que varia é o nível em que o problema se apresenta); entretanto, não se pretende hermético e sim dinâmico na medida em que outras formas de interação, ou o aperfeiçoamento daquelas propostas, ou ainda o surgimento de novas instituições e a transformação de outras, sejam sugeridas e entendidas como necessárias.

3.2 O controle interno no arcabouço institucional anticorrupção

Da sua atividade constitucional estabelecida no art. 74 da Carta Magna, com complemento pelas disposições da Lei nº 10.180/2001, deriva a posição chave do CI no Arcabouço Institucional Anticorrupção. No âmbito federal, cabe à Secretaria Federal de Controle Interno (SFC) da Controladoria-Geral da União avaliar a execução de programas de governo, comprovar a legalidade e avaliar os resultados, quanto à eficácia e eficiência, da gestão dos administradores públicos federais, exercer o controle das operações de crédito e, também, exercer atividades de apoio ao controle externo. Oliveira (2011, p. 311) resume o objetivo das ações de controle realizadas pela SFC/CGU na "verificação da eficácia dos mecanismos de controle do gestor, apuração de irregularidades e recomendações que contribuam para melhoria da implementação de programas".

---

[3] Esse entendimento é comungado por acadêmicos e estudiosos do problema (FRIEDRICH, 1972; JOHNSTON 2005; BRACKING, 2007) e tem por base a natureza da corrupção e a forma com que ela se apresenta, ou seja, por ato humano decorrente de condições favoráveis. O ato e as condições são passíveis de serem identificados, porém nem sempre se pode prever com exatidão o momento e o lugar em que essa conjugação de fatores ocorrerá.

Depreende-se dos estabelecimentos legais e do posicionamento de sua instituição tradicional uma visão ampla do CI. Não há como desvincular as ações de CI, tradicionalmente executadas pela SFC, das ações de prevenção e combate à corrupção empreendidas pela CGU, órgão do qual a SFC é parte integrante. Esse esclarecimento é importante para evitar buscas desnecessárias por separatismos institucionais. Mesmo antes do advento da CGU, importante dirigente da SFC já identificava o CI como peça importante no combate à corrupção administrativa no Brasil (PESSOA, 1998). Sendo assim, da estratégia anticorrupção brasileira faz parte o CI, cujo órgão central é a CGU.

O interesse direto do CI é a boa e regular aplicação dos recursos públicos, assim entendida a aplicação dos dinheiros públicos no interesse e em benefício da sociedade. A partir do momento em que esse direcionamento é comprometido, no caso da existência de corrupção em níveis elevados, por exemplo, o próprio objetivo do CI deixa de ser atingido, não necessariamente por sua falha, mas porque os instrumentos disponíveis para a prevenção e combate do problema não foram suficientes o bastante para evitar/corrigir a sua ocorrência. Assumindo que a corrupção compromete o atingimento dos objetivos/missão do CI, realça a sua necessária vinculação ao Arcabouço Institucional Anticorrupção. Em outras palavras, o CI está presente na proposta não porque é mais uma instância de controle, mas porque é seu direito e dever na luta contra a corrupção.

O conhecimento interno dos órgãos e entidades, peculiaridade essencial quando se trata e considera a corrupção de forma abrangente com atuação ramificada, é um atributo específico do CI. Esse atributo pode contribuir com razoabilidade para o mapeamento do contexto organizacional e onde se darão as ações de prevenção e combate à corrupção, identificando formas prevalentes do problema e possível característica dos atores envolvidos. A experiência interna específica pode apresentar inclusive iniciativas de vanguarda que, por seu aspecto localizado, deixam de ser disseminadas oportunamente em outras esferas e níveis de governo.

O diagrama da FIG. 1 apresenta o CI estrategicamente na posição de interação com organismos de âmbito federal, estadual e municipal. Ao CI, leia-se no diagrama CGU, compete inclusive avaliar a capacidade de o município fazer parte do arcabouço como integrante de uma cooperação ou de uma parceria. Essa *competência* vai depender da experiência da instituição em interações anteriores com o município — por exemplo, na forma de fiscalizações e de ações de prevenção — e da própria estrutura administrativa local. Evidente que não se pretende diminuir o papel local, essencial também no processo, mas apenas adequar a forma de interação dentro do arcabouço anticorrupção. A realidade das Administrações Públicas municipais é demais sabida pelos organismos de controle; dessa forma não há como exigir das municipalidades aquilo que não estão preparadas para oferecer. A preparação aqui diz respeito basicamente à estrutura pública local como a existência de órgão de CI, independência e capacitação do seu pessoal, qualidade do seu funcionamento e produtos apresentados, assim como a interação dessa estrutura com a comunidade local. Como comentado anteriormente, alguns municípios brasileiros já possuem estruturas de controle solidificadas, com a presença inclusive de Tribunal de Contas Municipal; porém, são eles uma amostra não significativa da população de mais de 5000 municípios brasileiros.

O dinamismo proposto para o arcabouço anticorrupção permite, inclusive, que o referido processo de avaliação da capacidade local seja compartilhado com as outras instituições dos diferentes níveis e esferas, com base nos trabalhos que elas desenvolveram em nível local. Por exemplo, com base nas ações da Controladoria-Geral da União em seu programa de fiscalização nos municípios por sorteio público; nas fiscalizações e avaliações de programa de governo de ações locais pelo Tribunal de Contas da União; nas operações da Polícia Federal e Ministério Público que envolvam ações em municípios. Não apenas instituições estatais contribuiriam, mas também a sociedade civil organizada com trabalhos sobre a percepção local, como foi o caso emblemático da Amarribo.[4] A interação com o setor não estatal a partir do estímulo do controle social traz dividendos não apenas para a consecução dos objetivos estabelecidos para o CI, mas também para a própria instituição como um todo, uma vez que a propaganda positiva que essa interação gera quebra barreiras *naturalmente construídas* ao longo de anos por conta da autoridade estatal, aproxima a sociedade e transforma o antes desestimulado cidadão em ator proativo no processo anticorrupção.

Após a localização do CI no arcabouço anticorrupção, com destaque para o seu aspecto dinâmico e proativo, cabe agora discutir aspectos práticos operacionais dessa atuação. Isso será feito no capítulo seguinte que trata dos instrumentos de prevenção e combate a ser utilizados pelo CI no cumprimento de sua missão institucional.

---

[4] "A Amigos Associados de Ribeirão Bonito (Amarribo) é uma organização não governamental (ONG), sem fins lucrativos, que atua em sinergia com a sociedade civil, a Administração Pública, lideranças políticas e a iniciativa privada, para acompanhar a gestão dos bens públicos e a preservação dos valores e do patrimônio cultural da cidade de Ribeirão Bonito, São Paulo" (<http://www.amarribo.org.br>).

4 Categorizando as ações – Instrumentos de prevenção e combate

Operacionalizar as ações anticorrupção, como já foi lembrado neste trabalho, requer organização. Da mesma maneira em que o problema e seus *operadores* buscam cada vez mais aperfeiçoamento para fazer frente às restrições impostas pela legislação e pela redução da tolerância, as instituições do arcabouço anticorrupção devem redobrar o seu potencial, por meio de forma de atuação mais eficiente e dinâmica, objetivando a efetividade das ações. A organização das ações anticorrupção é tradicionalmente feita consoante as duas formas de agir contra o problema, quais sejam: prevenção e combate. Mesmo admitindo a conectividade entre ambas as formas e com a suposição de que o sucesso de uma depende do mesmo sucesso da outra ou que na prática muitas vezes as duas aconteçam ao mesmo tempo em uma dada ação de controle ou fiscalizatória, é importante para efeitos de planejamento que o CI estabeleça essas duas formas de ação e as organize separadamente. Não se trata aqui de subverter a segregação de funções, mas apenas de fomentar a especialização das ações, as quais devem estar em conformidade com um plano geral e devem ser aderentes às competências da instituição a que fazem parte. Da mesma forma, não se tomará partido aqui a respeito da precedência de uma forma sobre a outra, na oportunidade recomenda-se a leitura do artigo de Abramo (2004) que testa um modelo nesse sentido. O presente capítulo apresenta, de forma não exaustiva, uma categorização das ações, partindo-se da sugestão tradicional (prevenção e combate), porém com foco nas funções de cada forma. As categorias sugeridas são a educativa-informativa e a de inteligência-fiscalizatória.

4.1 Categoria educativa-informativa

Com as ações vinculadas à categoria educativa-informativa, o objetivo da instituição de controle é a redução da ocorrência dos atos de corrupção por meio de mecanismos de transparência e conscientização. A transparência promovida pela instituição de controle tem como alvo os organismos e agentes públicos por ela fiscalizados e a sua própria atuação como unidade da Administração Pública. O beneficiário direto da transparência é a sociedade que encontra nessa ferramenta informativa não apenas detalhes financeiros dos órgãos e políticas públicas, mas também os meios de conhecer as operações, atos e objetivos. Por meio da transparência, a instituição do arcabouço institucional anticorrupção pode *prestar contas* das suas iniciativas voltadas à prevenção e ao combate do problema e manter em destaque permanente a sua importância. No caso dos mecanismos de conscientização fomentados pela instituição de controle, o alvo primeiro é a sociedade, sendo ela também a principal beneficiária. A essência dos mecanismos de conscientização está na premissa de que as instituições do estado têm *poderes* e capacidade limitados e de que a luta contra a corrupção não é feita de forma isolada. Mais do que isso, conscientizar revela à instituição do arcabouço anticorrupção a importância da sociedade e a mesma sociedade se descobre como elemento vital nas ações anticorrupção. Como se vê, transparecer e conscientizar são peças de um significado maior no processo de luta contra a corrupção, ou seja, quer dizer compartilhar responsabilidades (ver FIG. 2, abaixo). Assim, o ganho é sempre maior quando é coletivo. A seguir são apresentados os instrumentos da categoria educativa-informativa com os quais o CI pode se valer para a consecução das suas competências no âmbito da prevenção da corrupção.

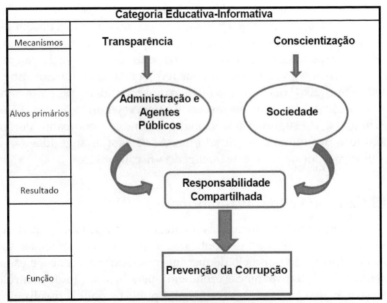

FIGURA 2 - Fluxo das ações na categoria educativa-informativa

No Brasil existem bons exemplos de instrumentos educativo-informativos que atualmente são utilizados pelas instituições que compõem o Arcabouço Institucional Anticorrupção, visando à prevenção da corrupção. A não implementação formal das formas de interação descritas na seção anterior pode ser um dos motivos para a limitação de boa parte desses instrumentos ao âmbito dos seus idealizadores. São instrumentos hoje em uso o Portal da Transparência,[5] capitaneado pela CGU desde 2004, com a divulgação e o livre acesso a qualquer cidadão, pela internet, dos gastos realizados pelo governo federal por categoria de despesa, beneficiário e órgão, além dos recursos transferidos para estados e municípios. Foi por conta do Portal da Transparência e do seu livre acesso que a sociedade teve conhecimento de gastos indevidos com o uso de cartões corporativos do governo federal e por conta dele a própria sociedade, pelos mecanismos legítimos, cobrou providências. As providências foram oportunamente implementadas pela CGU (controle interno) com ações de controle específicas, tendo os seus resultados devidamente divulgados. O exemplo foi seguido pelo Estado da Bahia com a implantação, em 2007, do Portal Transparência Bahia (<www.senhaaberta.ba.gov.br>) onde, por acesso também livre, a sociedade pode acompanhar a execução das despesas por órgão e por beneficiário.

Quando a realidade local impuser certas restrições que dificultem a divulgação pela própria municipalidade/órgão das informações de execução financeira, e isso tende a ser mais a regra do que a exceção, o CI deve garantir o direito cidadão. Essa garantia pode ser efetivada por meio de relatório eletrônico resumido da execução das contas que recebe para análise. Não se trata aqui apenas do relatório de avaliação de gestão ou de auditoria de contas, e sim de informativo com os grandes agregados de despesas locais/regionais com detalhamento sobre a sua execução e identificação dos principais beneficiários, vinculados por programa/política pública. A tarefa, à primeira vista, se mostra hercúlea, particularmente considerando o número de municipalidades/órgãos, a força de trabalho disponível e os prazos sempre escassos, porém necessária para o benefício da sociedade. O resultado dessa divulgação é tornar o controle interno uma referência de consulta regular para o cidadão. A informação a divulgar terá valor maior se for acompanhada, quando possível, de avaliação da efetividade do gasto, dentro dos conceitos já pertencentes à *cartilha* do controle: eficiência, eficácia, economicidade e efetividade, ressaltando não apenas as questões financeiras, mas também aspectos de resultado.

Em termos de conscientização a ferramenta primordial é o controle social, ou seja, a busca da participação do cidadão como agente

---

[5] <http://www.portaldatransparencia.gov.br>.

proativo no processo de prevenção da corrupção. Com o pressuposto de que a onipresença da instituição de controle ainda é um sonho e ressaltando o resultado previsto para a categoria educativa-informativa da forma como é descrito na FIG. 2, ou seja, compartilhamento de responsabilidades, a conscientização visa a ressaltar que o problema corrupção é responsabilidade de todos, afetando cada cidadão em diferentes níveis. A questão que se impõe é como efetivamente despertar e trazer para o lado do controle essa sociedade que por bons motivos deixa de acreditar na existência de uma *solução* para o problema. Não há, mais uma vez, fórmula mágica para isso, posto que fatores históricos e grandes desapontamentos concorrem para a manutenção de um estado, pelo perdão da palavra, de letargia de boa parte da sociedade brasileira, ou para utilizar um termo que está em voga nas ciências sociais, o baixo nível de seu *capital social*.[6] O primeiro passo, portanto, é não aceitar e demonstrar a não aceitação dessa condição como permanente. E esse papel o CI pode desempenhar muito bem por conta da sua prerrogativa e da sua abrangência.

A atração da sociedade e a efetividade do controle social somente são obtidos quando canais permanentes de interação são estabelecidos; portanto, não cabe a apenas um dos atores o papel de condutor do controle social. No caso particular, o CI deve criar, divulgar e manter os canais, tais como: ouvidoria, portal de denúncias, publicações, caravana itinerante, palestras, programa de portas abertas, parcerias com a sociedade civil organizada (tal como mostrado na FIG. 1). Não há novidades nessas sugestões, o que se clama é que essas atividades sejam frequentes e permanentes e apresentadas de forma a que a sociedade seja atraída para o convívio da atividade de controle. Essa atração somente se consegue quando o CI responde com presteza e oportunidade aos chamados da sociedade. No exemplo do portal de denúncias, efetivo ele será quando essas denúncias tiverem o devido tratamento e o denunciante for mantido informado do seu andamento durante todo o tempo. As demais ações de cunho educativo servem para estabelecer uma posição do CI e divulgar os próprios canais de interação disponíveis. A apresentação de satisfações tem o condão de

---

[6] O termo capital social designa as relações e o nível de organização e potencialidade de associação dos cidadãos, seja na forma de clubes, conselhos, partidos e sindicatos. Esse nível de capital depende de vários fatores, dentre eles destacam-se as questões históricas e de confiança. Para maiores detalhes sugere-se a consulta a Bourdieu (1986); Coleman (1990); Putnam (1993) e, para o caso brasileiro, Baquero (2003) e Santos (2009).

demonstrar a relevância da participação do cidadão e despertar nele a esperança quase perdida. O controle social decorre ainda da confiabilidade entre as partes, dessa forma os instrumentos/canais disponíveis devem ser confiáveis na medida em que confiança é obtida quando se age de acordo com suas limitações e se obtém aquilo que foi ofertado, nem mais, nem menos. A prevenção é favorecida com o controle social porque desestimula o cidadão, antes cético, a tolerar os atos de corrupção e o impulsiona a utilizar os canais de interação, transformando-se em parceiro da instituição de controle.

4.2 Categoria inteligência-fiscalizatória

Esta categoria engloba ações vinculadas a procedimentos cuja aplicação é mais direta contra os atos de corrupção, ou contra atos ou formalidades onde o histórico de incidência do problema é elevado. Aqui são contempladas funções tradicionais da ação do controle, ou seja, a identificação, caracterização e punição dos atos de corrupção e de seus autores. Por isso é que a essa categoria cunhou-se o termo de inteligência-fiscalizatória. A inteligência provém da obtenção e do uso oportuno de informações; e a fiscalização, das ações também tradicionais das auditorias e ações congêneres. Por conta da natureza dessa categoria a interação com a sociedade é indireta, cabendo nesse caso um permanente aperfeiçoamento do pessoal da instituição de controle.

O realce da ação de inteligência foi dado por Aguiar (2005), para quem

> [A] ação contra a fraude e a corrupção no serviço público requer cada vez mais o processamento de informações de diferentes fontes [...] provenientes ou não de sistemas informatizados. (AGUIAR, 2005, p. 19)

Essas informações em boa parte já são existentes, são sistemas e bancos de dados tais como, em nível federal, o SIAFI e o CNPJ/CPF, que possuem registros cuja relevância para o controle são imensuráveis, porém possuem utilização aquém das suas possibilidades pela inexistência de uma interação abrangente entre as instituições que compõem o Arcabouço Institucional Anticorrupção. A sugestão da forma de interação inteligência-cooperação, no modelo proposto na FIG. 1, vai ao encontro dessa lacuna ao permitir que por meio desse instrumento as diferentes instituições do arcabouço se beneficiem dos sistemas, observando obviamente as competências e restrições legais. Os benefícios sugeridos são o mapeamento mais apurado de, por exemplo, os fluxos financeiros de uma operação corrupta, e a possibilidade de se desenvolver classificações de risco a partir do conhecimento de como as referidas operações se processam. Nesse processo o revezamento das instituições proposto na seção 2 é mais que oportuno, uma vez que as competências para o acesso e administração de sistemas e banco de dados são e devem continuar sendo restritas. Cabe ressaltar ainda que o desenvolvimento da inteligência é um processo dinâmico, portanto toda a informação recebida deve necessariamente ser tratada e a ela adicionados outros dados para a devida geração de mais informações e por fim, a formação do conhecimento. Dessa forma, o funcionamento do sistema no modelo do arcabouço anticorrupção faz sentido.

Ao CI o uso da inteligência permitirá identificar as operações que extrapolam as suas fronteiras regionais/locais, com origem ou fim em sua jurisdição, tornando mais oportuna e eficiente a punição e o ressarcimento. A inteligência possui caráter educativo ao fomentar a interação e a troca de experiências entre os profissionais das instituições que compõem o arcabouço anticorrupção. Em adição, é importante ressaltar que o desenvolvimento da inteligência não requer grandes investimentos fora do alcance do CI, em muitos casos a tecnologia existente já permite esse uso. Desde que seja possível e permitido resumir a questão da interação por inteligência entre as instituições anticorrupção, esse resumo seria a troca institucional de informações (experiências), não apenas existentes em meio informatizado, com a finalidade de gerar conhecimento suficiente para contribuir no combate à corrupção. Quanto ao volume e à relevância de informações nesse sentido não há dúvidas de que o CI, sobretudo no âmbito federal, os tem.

No tocante à atividade tradicional fiscalizatória, ação por meio da qual o CI é mais conhecido, o nível do seu benefício será tanto maior quanto maiores forem os investimentos realizados nos instrumentos previamente discutidos. A ação fiscalizatória se beneficia de uma sociedade mais participativa e esclarecida, uma vez que às informações prestadas pelo cidadão muito se deve o desenvolvimento das constatações. Os mecanismos de transparência são inclusive ferramentas para a ação fiscalizatória, com os dados para o desenvolvimento dos procedimentos sendo obtidos previamente, potencializando tempo, recursos humanos e materiais. Da inteligência obtém-se informações para o mapeamento e gerenciamento de riscos, imprescindíveis para a racionalização das ações e evitar o comprometimento dos objetivos das organizações públicas (SEABRA, 2007).

Não se pode deixar de ressaltar o fator humano como preponderante no desenvolvimento das ações, ferramentas e interações promovidas pelo CI. Nesse sentido o aperfeiçoamento profissional permanente dos auditores é ferramenta também aliada no combate e prevenção à corrupção, tarefa que aqui foi comentada como uma das consequências da interação entre as instituições do Arcabouço Institucional Anticorrupção. Em linha com os conceitos e relevos da interação, é ainda importante registrar que a fiscalização *moderna* a cargo do CI não mais permite ações que partem de presunção de culpa; assim, a parceria vale para os próprios fiscalizados na medida em que podem contribuir para o desenvolvimento da instituição e da ação fiscalizatória.

5 Conclusão

Por muitos consideradas tarefas ingratas, por supostamente prometerem muito e realizarem pouco, as diferentes ações anticorrupção no Brasil carecem de uma interação que envolva efetivamente as instituições de prevenção e combate à corrupção. Partindo-se do pressuposto de que a corrupção é fenômeno complexo, que há muito deixou de ter fronteiras locais e expande-se por meio de verdadeiras redes, faz-se necessária a interação entre os organismos de combate à corrupção por meio de um sistema denominado Arcabouço Institucional Anticorrupção. A oportunidade do referido sistema está na abrangência, ao prever a participação de instituições de controle, de aplicação coercitiva da lei e de organizações da sociedade, e nas formas de interações entre esses organismos. O CI, função constitucional, é parte crucial no arcabouço e assim sendo deve ser entendido de forma abrangente, não se limitando à pura verificação do planejado.

Para operacionalizar o arcabouço sugere-se a interação entre instituições estatais, por meio de inteligência e cooperação, e entre as estatais e organismos da sociedade por meio de confiança e parceria. A interação traz benefícios para as instituições como um todo, sobretudo no aspecto de atingimento das suas missões institucionais no que se refere à prevenção e combate à corrupção e no aperfeiçoamento de sua estrutura de pessoal e técnica com os benefícios advindos da troca de informações e experiência. O funcionamento do sistema favorece o desenvolvimento do controle social, ao permitir e valorizar a atuação conjunta da sociedade e ao prever que dessa interação informações importantes serão adicionadas, as quais de outra forma não seriam obtidas por conta da impossibilidade de onipresença das instituições de controle.

As ferramentas de controle contra a corrupção podem ser agrupadas em duas categorias que obedecem a tradicionalmente estabelecida dualidade entre prevenção e combate. Nesse sentido, a categorização das ferramentas em educativa-informativa e de inteligência-fiscalizatória permite um planejamento oportuno e consequentemente a especialização da prevenção e do combate no âmbito das instituições anticorrupção, no geral, e no âmbito do controle interno, em particular. Na categoria educativa-informativa o objetivo é a transparência e a conscientização, com ênfase no controle social. Já para a categoria inteligência-fiscalizatória o que se ressalta são os objetivos tradicionais do controle como a fiscalização, a identificação do problema e a punição dos seus autores.

Referências

ABRAMO, Claudio Weber. Prevenção x punição para o controle do setor público. *Revista do Tribunal de Contas da União*, Brasília, v. 35, n. 101, p. 7-12, jul./set. 2004.

AGUIAR, Ubiratan. Tribunais de Contas e as Estratégias para Reduzir o Risco de Corrupção. *Revista do Tribunal de Contas da União*, Brasília, v. 35, n. 105, p. 17-28, jul./set. 2005.

AMARRIBO BRASIL. Disponível em: <http://www.amarribo.org.br/>. Acesso em: 20 mar. 2013.

BANFIELD, Edward C. Corruption as a feature of governmental organization. *The Journal of Law and Economics*, Chicago, v. 18, n. 3, p. 587-605, 1975

BANCO INTERAMERICANO DE DESENVOLVIMENTO – BID. *Documento do Projeto. Programa de Modernização do Controle Externo de Estados e Municípios – PROMOEX.* Washington: BID, 2004.

BAQUERO, Marcello. Construindo uma outra sociedade: o capital social na estruturação de uma cultura política participativa no Brasil. *Revista de Sociologia e Política*, Curitiba, n. 21, p. 83-108, nov. 2003.

BOURDIEU, Pierre. The forms of capital. *In*: RICHARDSON, John G. (Ed.). *Handbook of theory and research for the sociology of education*. New York: Greenwood Press, p. 241-258, 1986.

BRACKING, Sarah. *Corruption and Development*: the anti-corruption campaigns. Hampshire: Palgrave MaCmillian, 2007.

BRASIL. Constituição (1988). *Constituição da República Federativa do Brasil*. Brasília, DF: Senado, 1988.

BRASIL. Controladoria-Geral da União – CGU. *Convênios e Parcerias*. 2008. Disponível em: <http://www.cgu.gov.br/AreaPrevencaoCorrupcao/ConveniosParcerias>. Acesso em: 20 mar. 2013.

BRASIL. *Lei nº 9883*, de 7 de dezembro de 1999. Institui o Sistema Brasileiro de Inteligência. Brasília, DF, 1999.

COLEMAN, James S. *Foundations of Social Theory*. Cambridge: The Belknap Press of Harvard University Press, 1990.

DELLA PORTA, Donatella. Social Capital, beliefs in government, and political corruption. *In* PHARR, Susan J.; PUTNAM, Robert D. (Ed.). *Disaffected Democracies:* what's troubling the trilateral countries? Princeton: Princeton University Press, 2000. p. 202-228.

DELLA PORTA, Donatella; VANNUCCI, Alberto. The resources of corruption: some reflections form the Italian case. *Crime, Law and Social Change*, Boston, v. 27, n. 3-4, p. 231–254, 1997.

DELLA PORTA, Donatella. The 'Perverse Effects' of Political Corruption. *Political Studies*, London, v. 45, n. 3 p. 516-538, 1997b.

DI PIETRO, Maria Sylvia Zanella. *Direito Administrativo*. 14. ed. São Paulo: Atlas, 2002.

DOIG, Alan; THEOBALD, Robin (Ed.). *Corruption and Democratisation*. London: Frank Cass, 2000.

FERREIRA, Aurélio Buarque de Holanda. *Novo Dicionário Aurélio da Língua Portuguesa*. 2. ed. São Paulo: Nova Fronteira, 1986.

FIESP-DECOMTEC. *Relatório. Corrupção*: custos econômicos e propostas de combate. São Paulo: FIESP, 2006.

FLEISCHER, David. Political Corruption in Brazil. *Crime, Law and Social Change*, Boston, v. 25, n. 4, p. 297-321, 1997.

FRIEDRICH, Carl J. *The Pathology of Politics*: violence, betrayal, corruption, secrecy, and propaganda. New York: Harper and Row Publishers, 1972.

GARDNER, John. Defining Corruption. *In*: HEIDENHEIMER, Arnold J.; JOHNSTON, Michael (Ed.). *Political Corruption*: concepts & contexts. 3. ed. New Brunswick: Transaction Publishers, 2002. p. 25-40.

HEIDENHEIMER, Arnold J.; JOHNSTON, Michael (Ed.). *Political Corruption*: concepts & contexts. 3rd ed. New Brunswick: Transaction Publishers, 2002.

HOLMES, Leslie. Corruption and the crisis of the post-communist state. *Crime, Law and Social Change*, Boston, v. 27, n. 3-4, p. 275-297, 1997.

HORS, Irène. Fighting Corruption in the Developing Countries. *OECD Observer*, Paris, n. 220, p. 43-45, Apr. 2000.

HUBERTS, Leo. Western Europe and public corruption: expert views on attention, extent and strategies. *European Journal on Criminal Policy and Research*, v. 3, n. 2, p. 7-20, 1995.

HUTCHCROFT, Paul D. The Politics of Privilege: assessing the impact of rents, corruption, and clientelism on third world development. *Political Studies*, London, v. 45, n. 4, p. 639-658, 1997.

JOHNSTON, Michael. Right and Wrong in American Politics: Popular Conceptions of Corruption. *Polity*, v. 18, n. 3, p. 367-391, 1986.

JOHNSTON, Michael. *Syndromes of Corruption*: wealth, power, and democracy. Cambridge: Cambridge University Press, 2005.

KAUFMANN, Daniel; KRAAY, Aart. *Governance and Growth*: causality which way? Evidence for the world in brief. 2003. Disponível em: <http://www.worldbank.org/wbi/governance/wp-corruption.html>. Acesso em: 20 mar. 2013.

LANCASTER, Thomas D.; MONTINOLA, Gabriella R.. Toward a methodology for the comparative study of political corruption. *Crime, Law and Social Change*, Boston, v. 27, n. 3-4, p. 185-206, 1997.

LEYS, Colin. What is the Problem about Corruption? *The Journal of Modern African Studies*, Cambridge, v. 3, n. 2, p. 215-230, 1965.

MÉNY, Y.; RHODES, M. Illicit Governance: corruption, scandal and fraud. *In*: RHODES, M.; HEYWOOD, P. M.; WRIGHT, V. (Ed.). *Developments in West European Politics*. London: Macmillan, 1997.

MINISTÉRIO DO PLANEJAMENTO, ORÇAMENTO E GESTÃO. *Programa de modernização do sistema de controle externo dos estados e municípios brasileiros*: Promoex. Disponível em: <http://www.tce.ma.gov.br/publicacoes/documento/arquivos/Manual_Execucao_Promoex.pdf>. Acesso em: 20 mar. 2013.

NOGUEIRA, Ricardo Augusto Panquestor. Integração dos órgãos de controle e combate à corrupção. *In*: TRIBUNAL DE CONTAS DA UNIÃO. *Auditoria interna e controle governamental*. Brasília: Tribunal de Contas da União, 2011. p. 303-308.

NORTH, Douglass C. *Institutions, Institutional Change and Economic Performance*. Cambridge: Cambridge University Press, 1990.

NYE, J.S. Corruption and Political Development: A Cost-Benefit Analysis. *The American Political Science Review*, Washington, DC, v. 61, n. 2, p. 417-427, 1967.

OLIVEIRA, Rita de Cássia. Análise comparativa entre as atuações da Controladoria-Geral da União e do Tribunal de Contas da União no acompanhamento de obras públicas. *In*: TRIBUNAL DE CONTAS DA UNIÃO. *Auditoria interna e controle governamental*. Brasília: Tribunal de Contas da União, 2011, p. 309-320.

ORGANIZAÇÃO DAS NAÇÕES UNIDAS. *Convenção das Nações Unidas Contra a Corrupção*. Nova York: ONU, 2003.

PEREIRA, Ricardo Martins. *O controle social na gestão pública*: as funções de fiscalização e ouvidoria dos tribunais de contas do Brasil. 2003. Dissertação (Mestrado Profissionalizante)–Universidade Federal de Pernambuco, Recife, 2003.

PESSOA, Mário Falcão. O controle interno no Brasil e combate à corrupção administrativa. *Foro Iberoamericano sobre el Combate a la Corrupción*: Santa Cruz de la Sierra – CLAD. 1998. Disponível em: <http://unpan1.un.org/intradoc/groups/public/documents/clad/clad0035405.pdf>. Acesso em: 20 mar. 2013.

PETERS, R. G. *Institutional Theory in Political Science*: the new institutionalism. London: Pinter, 1999.

PHILP, Mark Conceptualizing Political Corruption. *In*: HEIDENHEIMER, Arnold J.; JOHNSTON, Michael, (Ed.). *Political Corruption*: concepts & contexts. 3rd ed. New Brunswick: Transaction Publishers, 2002. p. 41-57.

PUTNAM, Robert D. *Making democracy works*: civic traditions in modern Italy. Princeton: Princeton University Press, 1993.

REVISTA VEJA. *Caso dos sanguessugas entra para a Rede de Escândalos*. 2012. Disponível em: <http://veja.abril.com.br/noticia/brasil/caso-dos-sanguessugas-entra-para-a-rede-de-escandalos>. Acesso em: 20 mar. 2013.

ROSE-ACKERMAN, S. Redesigning the State to Fight Corruption: transparency, competition, and privatization. *Private Sector*, Washington, DC, n. 75, Apr. 1996.

ROSE-ACKERMAN, S. *Corruption and Government*: causes, consequences and reform. Cambridge, UK: Cambridge University Press, 1999.

RUNDQUIST, Barry S., STROM, Gerald S.; PETERS, John G. Corrupt politicians and their electoral support: some experimental observations. *The American Political Science Review*, Washington, DC, v. 71, n. 3, p. 954-963, 1977.

SANTOS, Romualdo Anselmo dos. *Controle Social da Política de Saúde no Brasil*. 1999. Dissertação (Mestrado em Ciência Política)–Universidade de Brasília, Brasília, 1999.

SANTOS, Romualdo Anselmo dos. A Lei de Responsabilidade Fiscal e o desenvolvimento do Capital Social. *Revista Controle*, v. 7, n. 1, p. 31-40, abr. 2009.

SCOTT, James C. *Comparative Political Corruption*. Englewood Cliffs: Prentice-Hall, 1972.

SEABRA, Sérgio Nogueira. Gerenciamento de riscos em organizações públicas: uma prática efetiva para controle preventivo e melhoria dos gastos públicos no Brasil? *Revista da CGU*, v. 2, n. 3, p. 38-49, dez. 2007.

SILVA, Francisco Carlos da Cruz. Controle Social: reformando a administração para a sociedade. *In*: *Prêmio Serzedello Corrêa 2001*: perspectivas para o controle o controle social e a transparência da Administração Pública. Brasília: Tribunal de Contas da União, 2002. p. 21.

SILVA, Marcos Fernandes Gonçalves da. A economia política da corrupção. *Estudos Econômicos da Construção*, São Paulo, n. 2, 1996.

SPECK, Bruno Wilhelm. Mensurando a corrupção: uma revisão de dados provenientes de pesquisas empíricas. *Cadernos Adenauer*, São Paulo, n. 10, p. 7-46, dez. 2000a.

SPECK, Bruno Wilhelm. O papel das instituições superiores de controle financeiro-patrimonial nos sistemas políticos modernos: pressupostos para uma análise dos Tribunais de Contas no Brasil. *Conjuntura Política*, Belo Horizonte, jun. 2000b.

STEINMO, Sven; THELEN, Kathleen; LONGSTRETH, Frank (Ed.). *Structuring Politics*: historical institutionalism in comparative analysis. Cambridge: Cambridge University Press, 1994.

TRANSPARÊNCIA BAHIA. Disponível em:<www.senhaaberta.ba.gov.br.>. Acesso em: 20 mar. 2013.

WORLD BANK. *World Bank Institute Report*. ITAR-TASS, Dec. 2004. Disponível em: <http://web.worldbank.org/WBSITE/EXTERNAL/WBI/EXTWBIGOVANTCOR/0,,contentMDK:20787573~menuPK:1857785~pagePK:64168445~piPK:64168309~theSitePK:1740530,00.html>. Acesso em: 20 mar. 2013.

Informação bibliográfica deste texto, conforme a NBR 6023:2002 da Associação Brasileira de Normas Técnicas (ABNT):

SANTOS, Romualdo Anselmo dos. Integração e inteligência: instrumentos do controle interno no arcabouço institucional anticorrupção. *In*: BRAGA, Marcus Vinicius de Azevedo (Coord.). *Controle interno*: estudos e reflexões. Belo Horizonte: Fórum, 2013. p. 125-149. ISBN 978-85-7700-789-9.

O MOMENTO DE ATUAÇÃO DO CONTROLE INTERNO NO ÂMBITO DO PODER EXECUTIVO FEDERAL
REFLEXÕES ACERCA DAS PROPOSTAS DO ANTEPROJETO DE LEI ORGÂNICA DA ADMINISTRAÇÃO PÚBLICA FEDERAL E ENTES DE COLABORAÇÃO

RUITÁ LEITE DE LIMA NETO

1 Introdução

Na literatura internacional vem sendo conferido um destaque cada vez maior ao papel dos órgãos de controle interno no aperfeiçoamento da gestão pública. Historicamente menosprezados, em comparação com o controle externo, os referidos órgãos vivem uma nova fase de valorização, em função, sobretudo, da crescente demanda social por maior transparência nas ações do governo e pelo aperfeiçoamento da *accountability* (DIAMOND, 2002).

No Brasil, esse fenômeno também ganhou força nos últimos anos. Coube à Constituição Federal de 1988 iniciar esse movimento de valorização, ao definir que em todos os entes federativos os Poderes devem manter, de forma integrada, um sistema de controle interno. No âmbito do Poder Executivo federal, por sua vez, foi o surgimento e o fortalecimento da Controladoria-Geral da União (CGU), na primeira década do século XXI, que inaugurou uma nova era no controle interno brasileiro, marcada por uma atuação mais independente, abrangente e com maior visibilidade perante a sociedade.

Entretanto, apesar do sistema de controle interno no país estar consagrado hodiernamente pela Carta Cidadã, é importante compreender que sua organização e suas competências passaram e ainda vêm passando por profundas transformações ao longo dos últimos anos, em virtude de inúmeras questões, tais como mudanças de regime, alternância de governos, cultura de controle e tendências internacionais. Esse sistema ainda encontra-se, portanto, em fase de construção, estando o debate acerca de suas perspectivas em pleno auge.

Um dos instrumentos que vem fomentando a discussão acerca dos rumos do sistema de controle interno brasileiro é o Anteprojeto de Lei Orgânica da Administração Pública Federal e Entes de Colaboração. Trata-se de uma proposta de nova estrutura orgânica para a Administração Pública Federal e de suas relações com entes de colaboração, resultante do trabalho de comissão de juristas, instituída pela Portaria do Ministério do Planejamento, Orçamento e Gestão (MPOG) nº 426, de 06.12.2007. O resultado final desse trabalho, elaborado com autonomia científica, foi apresentado em julho de 2009 e, desde então, encontra-se em fase de discussão pública.

No que tange ao controle, esse anteprojeto de lei orgânica reservou seção específica, com inúmeras propostas de mudanças tanto de abordagem, como de organização. Dentre todas essas proposições, entretanto, uma delas se destacou pelos acentuados debates que gerou. Trata-se da diretriz a ser observada pelos órgãos controladores (inclusive pelo controle interno) quanto ao seu momento de atuação, qual seja: "controle *a posteriori*, constituindo exceção o controle prévio ou concomitante". De um lado, seus defensores afirmam que a mesma evitará uma atuação intrusiva do controle nas ações dos gestores públicos e permitirá uma administração mais ágil e com foco nos resultados. De outro lado, seus críticos questionam os resultados potenciais e efetivos trazidos pelo controle *a posteriori* em comparação com as ações de controle prévias e concomitantes, bem como a adequação do estabelecimento de um tempo de atuação prioritário único para diferentes tipos de entidades controladoras.

Diante, pois, dessa polêmica e da ocasião propícia para o debate dos rumos do controle governamental no Brasil, o presente capítulo objetiva refletir acerca do tempo de atuação ideal para os órgãos de controle interno e avaliar a contribuição da diretriz defendida pelo Anteprojeto de Lei Orgânica da Administração Pública Federal e Entes de Colaboração para o fortalecimento do sistema de controle interno brasileiro, em especial no âmbito do Poder Executivo federal. Para tanto, além da realização de uma revisão da literatura sobre o tema, será explorada a percepção dos servidores da Controladoria-Regional da União no Estado de Pernambuco (CGU/Regional-PE) sobre a inovação proposta pelo referido anteprojeto de lei orgânica.

2 Momentos de atuação dos órgãos de controle

A *International Organization of Supreme Audit Institutions* (Intosai), organização que reúne as entidades fiscalizadoras superiores de todo o mundo, defende, conforme a *Declaración de Lima sobre las líneas básicas de la fiscalización*, a existência de dois grandes momentos para a atuação dos órgãos controladores: prévio e posterior. Para a referida organização, se o controle ocorre antes da realização das operações financeiras ou administrativas controladas trata-se de um controle prévio; do contrário tem-se um controle posterior (INTOSAI, 2009).

Ainda de acordo com o referido documento, se por um lado o controle prévio tem como vantagem permitir que a ocorrência de um prejuízo seja impedida antes que ocorra, por outro tem como desvantagens o trabalho excessivo que exige e a falta de definição clara no direito público acerca das responsabilidades. No tocante ao controle posterior, a Intosai restringiu-se a mencionar que o mesmo destaca a responsabilidade do órgão culpável, pode levar à indenização do prejuízo produzido e é apropriado para impedir a repetição de infrações.

Entretanto, apesar da importância das diretrizes estabelecidas pela Intosai, a classificação mais frequente na literatura acerca do tempo para o exercício do controle governamental destaca a existência de três e não dois grandes momentos. São eles: (i) prévio ou *a priori*, (ii) concomitante e (iii) posterior ou *a posteriori*.

O controle prévio é usualmente definido como aquele que antecede a realização do ato controlado. De caráter orientador, traz consigo a possibilidade de impedir que seja praticado ato ilegal ou contrário ao interesse público. Importante salientar que o termo "controle prévio", no âmbito do presente capítulo, não é sinônimo de um tipo de controle, outrora vigente no Brasil, que condicionava a eficácia de determinados atos administrativos à apreciação e à validação preliminar por um órgão controlador.

O controle concomitante, por sua vez, é normalmente conceituado como aquele que acompanha a atuação administrativa no momento em que ela acontece, verificando a regularidade do ato em sua formação. Assim como o prévio, tem caráter orientador e propicia a correção de situações indesejadas antes que se concretizem. Thomé (2005), entretanto, destaca que o controle concomitante tem aspectos preventivos e repressivos, a depender do andamento da atividade administrativa.

O controle *a posteriori*, por fim, é corriqueiramente caracterizado como aquele que ocorre após a conclusão do ato controlado. Pretende rever os atos já praticados, para corrigi-los, desfazê-los ou apenas confirmá-los. Silva (2009) destaca como exemplo típico desse tipo de controle o julgamento anual das contas dos gestores públicos pelos Tribunais de Contas. Para Thomé (2005), o controle posterior apresenta pouca utilidade ao atendimento dos objetivos do controle, tendo em vista que na hipótese de necessidade de ajustes das ações os fatos já estariam consumados e, em muitos casos, sem condições de correção.

Observa-se, com base nos referidos conceitos, que a definição do tipo de controle, quanto ao momento, tem como referência o estágio do ato (processo de gestão) controlado. Em linhas gerais, se por ocasião da atuação do órgão controlador o ato ainda não tiver sido iniciado, tem-se um controle prévio; se o ato estiver em formação, controle concomitante; e se o ato já estiver concluído, controle posterior. Vale salientar que é também recorrente na literatura a caracterização do tempo do controle em função da realização ou não da despesa. Apesar de igualmente correto, não consideraremos esse entendimento no presente capítulo, por achá-lo mais limitado.

Para facilitar o entendimento da taxonomia aqui adotada, utilizemos como exemplo simplório uma ação de controle cujo escopo seja a averiguação da regularidade da construção de uma escola pública. Se o órgão controlador atuar ainda na fase licitatória, com a verificação da adequação do projeto e dos preços de referência, tem-se um controle prévio. Se atuar ao longo da execução da obra, com a verificação do cumprimento do projeto e do cronograma pelo contratado, tem-se um controle concomitante. Se atuar após o termo de recebimento da obra pelos gestores públicos, com a verificação do cumprimento total do projeto, tem-se um controle *a posteriori*.

A partir dos casos acima explicitados, percebe-se com mais clareza o maior potencial dos controles prévio e concomitante para detectar e, em especial, prevenir a ocorrência de situações indesejadas. Por exemplo, a verificação da adoção de preços de referência inconsistentes ainda na fase licitatória evitaria que a contratação ocorresse com prejuízos ao erário. De forma semelhante, a constatação de que os materiais utilizados na obra não atendem ao projeto, ainda durante a construção da escola, permitiria o imediato ajuste, evitando o indevido recebimento da obra (importante observar que, após a conclusão de obras, é, certas vezes, inviável a verificação do cumprimento das especificações técnicas). Haja vista essa característica, portanto, os controles prévio e concomitante são por vezes tratados como "controles preventivos", em contraposição ao controle *a posteriori* frequentemente designado como "controle corretivo".

3 Existe um momento ideal de atuação para os órgãos de controle interno?

A definição acerca do momento de atuação do controle é apontada na literatura como um dos aspectos importantes para a obtenção de bons resultados em suas ações. Os teóricos clássicos da administração, por exemplo, já defendiam que a eficácia do controle dependia da sua realização em tempo útil. Entendiam que a tempestividade se fazia necessária para que potenciais mudanças de rumo fossem executadas, bem como para que fosse possível ocorrer a responsabilização de agentes, quando necessário. Não se pode olvidar também que o momento em que o controle é exercido influencia, sobremaneira, os custos transacionais que incidem sobre os programas governamentais (ALVES; CALMON, 2008).

É consenso, pois, que o momento do controle é fundamental na qualidade de seus resultados. No entanto, desse postulado decorre a seguinte questão: existe um momento ideal para atuação das entidades controladoras?

No âmbito do controle externo, que já possui uma literatura mais consolidada em comparação com o controle interno, a Intosai não defende um momento ideal a ser replicado em todas as situações e locais. Sua única diretriz, conforme a *Declaración de Lima sobre las líneas básicas de la fiscalización*, é a de que o controle posterior é uma função indispensável para os órgãos de controle externo, independentemente do exercício do controle prévio (INTOSAI, 2009). É interessante observar, contudo, que a despeito da tradicional e consolidada atuação *a posteriori* das cortes de contas, é crescente a defesa, pela academia e por elas mesmas, do incremento do desempenho de ações de controle de caráter preventivo por essas entidades. No caso brasileiro, o próprio Tribunal de Contas da União (TCU) vem se pronunciando nesse sentido, conforme se observa em manifestações como a Decisão nº 931/2000 – Plenário.

No tocante ao momento ideal para atuação do controle interno governamental, escopo desse capítulo, a literatura brasileira também não afasta nenhum dos tempos, todavia, costuma enfatizar a importância de sua atuação prévia e/ou concomitante. Defende-se que os órgãos de controle interno devem atuar preferencialmente de maneira preventiva, avaliando e propondo o aperfeiçoamento dos controles primários das entidades controladas. No caso do julgamento das contas, este tipo de abordagem garantiria a regularização de vícios ou deficiências, antes mesmo da atuação dos órgãos de controle externo (FERNANDES, 2003; LEITE, 2008).

A literatura, portanto, não afasta nenhum dos momentos de atuação dos órgãos controladores, inclusive do controle interno. Entretanto, conforme sintetizam Quintella e Peci (2009), diante das mudanças vivenciadas no papel do Estado e das novas formas de gestão pública surgidas nas últimas décadas, a "tendência" que se apresenta para as entidades de controle governamental é a migração de um modelo caracterizado pela auditoria *a posteriori*, com foco nas recomendações punitivas — ênfase no passado —, para um enfoque na auditoria concomitante, com foco nas recomendações saneadoras e nas oportunidades de melhoria — ênfase no futuro.

Posicionamento semelhante foi adotado por Pires e Nogueira (2004). Para os autores, dentre as tendências para o controle da Administração Pública (inclusive para o controle interno) encontra-se uma maior ênfase aos controles preventivos, haja vista que garantem um melhor direcionamento dos recursos públicos, evitam os dispendiosos processos de correição e reestruturação de políticas públicas e proporcionam maior estabilidade para as instituições e suas respectivas ações.

4 O Anteprojeto de Lei Orgânica da Administração Pública Federal e Entes de Colaboração e sua repercussão no momento de atuação do controle interno

O Anteprojeto de Lei Orgânica da Administração Pública Federal e Entes de Colaboração dedicou uma seção específica para a abordagem do controle governamental (Seção III do Capítulo V). De acordo com o documento final elaborado pela comissão de juristas, buscou-se a construção de um regime geral para o controle, com o objetivo de sistematizar o assunto e consolidar os tópicos doutrinária e jurisprudencialmente assentes. A partir de um diagnóstico de que os mecanismos de controle vigentes seriam formais e custosos (ineficientes e ineficazes) e que estariam assumindo aspectos da discricionariedade dos gestores, o desafio ao qual se propôs a comissão foi estruturar um sistema capaz de ser eficiente, sem, entretanto, engessar a Administração (SILVA *et al.*, 2009).

Coube ao artigo 55 do anteprojeto de lei orgânica estabelecer a estrutura do controle governamental. De acordo com a proposta, o controle sobre os órgãos e entidades estatais deve compreender o "controle público" (sob a forma de autocontrole e controle externo) e o "controle social". Preservou-se, portanto, em sentido amplo, os ambientes de controle já consagrados na literatura nacional.

Contudo, no que se refere ao controle interno, apesar de mantida sua previsão no anteprojeto de lei orgânica, foram propostas importantes redefinições conceituais. Denominado de "autocontrole" e com a finalidade de apoiar o controle externo e avaliar a ação governamental e a gestão dos administradores, passou a compreender: o "controle interno" e o "controle correcional". O primeiro é aquele a que se refere o art. 74 da Constituição Federal de 1988 e deve ser exercido por um órgão central, ao qual compete a normatização e a coordenação das atividades e por órgãos setoriais, que respondem pelas atividades constitucionais retromencionadas. Já o segundo engloba as atividades de correição *stricto sensu* e de auditoria. De caráter reativo, deve ser acionado por provocação interna ou externa aos quadros da Administração. Segundo o anteprojeto, por exemplo, os órgãos de controle correcional não podem instaurar processo de auditoria ou investigação de ofício, salvo na hipótese de verificação de indícios de irregularidades quando da análise dos relatórios anuais de atividades dos órgãos e entidades estatais.

Conforme discorre Marques Neto (2009), um dos juristas responsáveis pelo anteprojeto de lei orgânica, esse modelo foi proposto a partir da percepção de que, em virtude da realização do controle concomitante, proativo e reativo por parte da CGU, acaba havendo uma sobreposição com as demais instituições controladoras. Ademais, acredita que o modelo vigente possibilita o bloqueio de ações governamentais em virtude de uma visão autonomista e confrontadora do controle em relação aos instrumentos de ação do Estado. Sendo assim, propôs-se que à CGU deve competir o controle reativo, atuando, regra geral, apenas ao ser provocada. Diante dessa nova estrutura, portanto, no tocante ao "controle interno" a CGU atuaria como órgão central, com papel de normatização e coordenação e as funções de controle interno, propriamente ditas, ficariam a cargo de órgãos/estruturas dentro dos próprios ministérios (órgãos setoriais), nos moldes em que ocorria no tempo das Secretarias de Controle Interno (CISET). No que tange ao "controle correcional", a CGU funcionaria como uma instância centralizada de controle repressivo.

O modelo estrutural do Autocontrole defendido no anteprojeto de lei orgânica, acima sumarizado, não vem encontrando, todavia, guarida na literatura.

No que se refere ao denominado "controle interno", vem sendo questionado, por exemplo, o benefício, em comparação com o modelo atual, da proposta de desconcentração das atividades constitucionais para os ministérios. Primeiro porque esses órgãos já promovem seus próprios controles primários (os quais não se confundem com a atuação de uma unidade de controle interno). Segundo porque a implantação de órgãos setoriais nos ministérios com fim de fiscalização, além de representar gastos e esforços administrativos, não promoverá a independência funcional adequada ao controle interno, bem como trará impactos negativos para o intercâmbio de ações e informações e para a uniformidade dos entendimentos e das orientações usufruídos pela carreira de finanças e controle. Terceiro porque esse modelo é semelhante ao cenário existente no Brasil, à época das CISET, o qual já foi diagnosticado ineficiente e ineficaz por meio de auditoria operacional realizada pelo TCU, conforme Decisão nº 430/1992 – Plenário.

No que tange ao "controle correcional", além das críticas referentes à incorporação da auditoria como parte do sistema de correição, vem sendo questionada a fundamentação para a restrição da iniciativa do órgão controlador para dar início às ações de auditoria, reduzindo-a para situações eventuais. No cenário atual, marcado pela *accountability* e pelo acesso a diversas informações por meio dos sistemas institucionais e dos instrumentos de publicidade, não se vislumbram razões para restringir a iniciativa dos órgãos do autocontrole. A função controle é uma função de supervisão, logo necessita de uma atuação de ofício para ter celeridade e ser efetiva. É importante considerar que o conhecimento e vivência das unidades de controle interno representam diferenciais inquestionáveis na visualização de situações de risco e de potenciais focos de corrupção. A possível sobreposição com as demais instituições controladoras por si só não justifica tal orientação, sendo necessário apenas combater a sua causa, qual seja, a fragilidade dos instrumentos de integração dessas unidades.

Além das mudanças na organização estrutural do controle interno, o anteprojeto de lei orgânica defendeu alterações sensíveis no seu modo de atuação. Dentre elas, destaca-se a diretriz quanto ao momento do controle das atividades dos órgãos e entidades estatais, qual seja: "controle *a posteriori*, constituindo exceção o controle prévio ou concomitante". A referida diretriz não afasta a possibilidade dos controles prévio e concomitante, mas enfatiza o seu exercício reativo/posterior, ou seja, após a conclusão do ato controlado. Aplica-se tanto ao autocontrole quanto ao controle externo, no entanto ganha ainda mais ênfase no primeiro ambiente, em virtude do caráter reativo definido para o "controle correcional", conforme já tratado aqui.

Na contramão das tendências para o controle governamental e das características típicas dos órgãos de controle interno defendidas pela literatura, essa defesa do controle *a posteriori* vem sendo o ponto mais sensível nos debates relativos ao tratamento dado pelo anteprojeto de lei orgânica ao controle interno.

Torres (2010), por exemplo, entende que a diretriz atinente ao tempo do controle restringe a atuação do sistema de controle interno do Poder Executivo federal, no exercício de suas atribuições constitucionais. Por meio da exposição de casos concretos de ações já realizadas pela CGU, em conjunto com decisões do TCU acerca do tema, demonstra que o controle realizado de forma extemporânea produz efeitos negativos na gestão dos planos e projetos deflagrados com recursos públicos, bem como que a adoção prioritária do controle *a posteriori* gera não somente riscos de a Administração Pública alocar mal os recursos públicos de que dispõe, mas, sobretudo, o de não atingir suas finalidades. Defende, portanto, a prática dos controles prévio e concomitante, por trazerem resultados positivos tanto na defesa do patrimônio público quanto na retroalimentação do planejamento da gestão pública.

A própria CGU também questionou formalmente o tratamento dado pelo anteprojeto de lei orgânica ao momento de atuação do controle interno, por meio da Nota Conjunta nº 1/2009 SFC/ASJUR, de 27.11.09, elaborada conjuntamente pela Secretaria Federal de Controle Interno e pela Assessoria Jurídica do órgão. De acordo com o referido documento, o texto proposto contraria a concepção já consagrada na Controladoria, de que a atuação prévia/concomitante faz parte da própria essência do controle interno e é a única capaz de evitar a prática de atos contrários ao interesse público (NAVES FILHO, 2011).

Em resposta aos apontamentos formalizados pela CGU, foram apresentadas pela comissão de juristas as seguintes justificativas para o seu entendimento:

> a) evitar um controle intrusivo, que acabe por utilizar seus apontamentos como forma de ingerência nas decisões discricionárias que cabem ao gestor; b) impedir que o controle perca a condição de controlador e passe a ser partícipe na atividade estatal, vez que sua atuação passaria a ser parte na elaboração das políticas públicas. (NAVES FILHO, 2011, p. 76)

As referidas justificativas reforçam que todo o modelo estrutural do controle proposto no anteprojeto de lei orgânica, parte do diagnóstico de que se vivencia no Brasil um processo de "autonomização do controle", no qual os órgãos controladores seriam uma espécie de instância autônoma de governo, dotada de enorme poder, sem a correspondente responsabilização pela ineficácia da atividade-fim. Para Marques Neto (2009), essa autonomização vem acompanhada de problemas como déficit de responsividade (controle apegado à verificação legal, em detrimento da efetividade dos resultados); multiplicidade de instâncias de controle; captura de políticas públicas pelo controlador; deslocamento da discricionariedade do gestor para o controlador; falta de uniformidade das orientações; judicialização das políticas e apropriação coorporativa da pauta de controle.

Esse dilema acerca dos limites entre a "gestão" e o "controle" é outro aspecto polêmico do anteprojeto de lei orgânica, tendo sido alvo de diversos questionamentos, tanto na mídia quanto nos Ciclos de Debates Direito e Gestão Pública, promovidos, entre agosto e dezembro de 2009, pelo MPOG e pela Associação Nacional dos Procuradores da República, com o fito específico de debater as proposições do documento (LAMEIRÃO, 2011). De um lado, os pronunciamentos públicos de autoridades e técnicos dos órgãos controladores demonstram uma preocupação quanto à revisão de regras e procedimentos de controle, com a restrição de prerrogativas de atuação dessas instituições. De outro, os gestores apoiam as mudanças propostas, haja vista que responsabilizam os órgãos de controle por dificultarem o crescimento do país, ao paralisarem obras públicas e cobrarem padrões procedimentais inaplicáveis, numa conduta apegada à avaliação de conformidade com a lei e a norma e sem considerar a razoabilidade (SALGADO; FERNANDES, 2011).

O fenômeno da "autonomização do controle", todavia, está longe de ser um fato consensual, especialmente no âmbito do controle interno. Para Naves Filho (2011), por exemplo, a defesa de que uma atuação preventiva implica ingerência e a arbitrariedade mostra-se exagerada. O controle interno existe para auxiliar o gestor e não substituí-lo, de modo que, ao invés de combatida, tal abordagem deve ser incentivada.

De fato, em consonância com o defendido por Naves Filho (2011), é preciso lembrar que o controle interno caracteriza-se pelo fato de que o agente do controle integra a estrutura organizacional da entidade controlada, logo gestor e controlador têm o mesmo objetivo, qual seja: garantir que a entidade cumpra sua missão, dentro do ordenamento jurídico vigente, de forma eficiente, eficaz e efetiva. Ademais, as deliberações dos órgãos de controle interno têm, em regra, caráter de recomendação (não de determinação) e são usualmente precedidas do diálogo e da construção conjunta e corresponsável. As políticas públicas e as decisões a elas relativas continuam sendo de responsabilidade dos gestores e, em última instância, das autoridades máximas dos órgãos controlados.

Entende-se nesse sentido que muitos problemas que vêm causando essa recente tensão entre gestores e controladores são resultantes do fortalecimento institucional dos órgãos de controle, que conseguem cumprir suas competências de uma forma que antes não tinham condições, quando, por outro lado, a gestão não se desenvolveu de forma proporcional. Trata-se, portanto, de uma questão que merece ser debatida, de modo que se alcance um modelo de controle público equilibrado, isto é, que cumpra suas funções de fiscalização e avaliação, sem comprometer a capacidade de ação dos órgãos executores de políticas públicas (PIRES; CARDOSO JÚNIOR, 2011). Este equilíbrio, no entanto, não deve passar pela restrição à atuação dos controladores que o predomínio do controle posterior tende a causar.

Diante de toda essa polêmica acerca do momento de atuação dos órgãos de controle, Lameirão (2011, p. 97) relata que durante as discussões acerca do anteprojeto de lei orgânica, ocorridas nos Ciclos de Debates Direito e Gestão Pública, um dos seus autores acabou por fazer uma ressalva de que "talvez o termo 'exceção' [referente ao emprego das formas de controle prévio e concomitante no processo administrativo] tenha sido um pouco drástico". A intenção da comissão, segundo esse jurista, não era de que o controle *a posteriori* negligenciasse a atuação dos órgãos controladores. O objetivo esperado seria o inverso, ou seja, alavancar sua atuação. Ainda de acordo com o discurso desse jurista, em nenhum momento o documento determinou que "tudo pode ser feito desde que a obra, o serviço ou o programa sejam executados".

Conclui-se, portanto, que a forma pela qual foi abordado o tempo de atuação dos órgãos de controle carece de aperfeiçoamento, de modo a evitar resultados negativos para o controle da coisa pública.

5 Estudo de caso – Percepção dos servidores da CGU/Regional-PE acerca das contribuições do Anteprojeto de Lei Orgânica da Administração Pública Federal e Entes de Colaboração para o fortalecimento do sistema de controle interno do Poder Executivo federal, no que se refere ao momento do controle

Lima Neto (2012) realizou estudo de caso, por meio da aplicação de questionários, com o fito de avaliar a percepção dos servidores da CGU/Regional-PE acerca das contribuições das propostas do Anteprojeto de

Lei Orgânica da Administração Pública Federal e Entes de Colaboração para o fortalecimento sistema de controle interno do Poder Executivo federal, notadamente no que se refere ao momento do controle.

Os referidos questionários foram aplicados apenas com servidores efetivos e em exercício da CGU/Regional-PE, ocupantes dos cargos de analista e de técnico de finanças e controle (carreira típica do controle interno do Poder Executivo federal) e independentemente do exercício ou não de função de direção, chefia ou assessoramento. Desta feita, o universo da pesquisa foi formado por 50 servidores, totalidade dos funcionários que atendiam aos critérios estabelecidos à época da aplicação do questionário (novembro de 2011 a janeiro de 2012). Foram obtidas 46 respostas, o que representa um percentual de 92% dos funcionários enquadrados no perfil previamente definido.

Na referida pesquisa, com o objetivo de identificar a percepção dos servidores da regional pernambucana da CGU acerca do momento ideal para a atuação do controle interno, foram apresentadas aos funcionários públicos opções de diretrizes que combinavam os três principais tempos do controle (prévio, concomitante e *a posteriori*) e estabeleciam grau de importância entre eles. Em seguida, foi requerida a escolha de apenas uma delas para caracterizar aquela que entendiam como a ideal. As referidas opções de diretrizes, com a finalidade de facilitar a análise, foram posteriormente agrupadas pelo pesquisador em três grandes grupos: (i) predomínio do controle prévio (incluindo atuação prévia e concomitante) — denominado "controle prévio"; (ii) predomínio do controle *a posteriori* — denominado "controle posterior" e (iii) atuação em todos os momentos, sem predomínio (ou seja, coexistência homogênea) — denominado "controle tempestivo". Além do caráter didático, essa classificação levou em conta o entendimento clássico da Intosai que defende apenas dois grandes momentos de atuação.

A partir da tabulação dos dados relativos a esse questionamento, observou-se que 63% dos respondentes entenderam que o controle interno deve ser tempestivo, ou seja, atuar de forma prévia, concomitante e *a posteriori*, de acordo com o ato a ser controlado. 37% deles defenderam que deve ser enfatizada uma atuação prévia ou concomitante, ou seja, antes da conclusão do ato controlado. Nenhum dos servidores participantes do estudo defendeu o predomínio do controle *a posteriori*.

A maior parte dos servidores da CGU/Regional-PE, portanto, acredita que o controle interno deve atuar em diversos momentos, a depender da situação. Nas razões apresentadas pelos respondentes para justificar essa escolha prevaleceu, em regra geral, o entendimento de que a decisão do tempo do controle não pode ser restritiva e predeterminada.

Para os funcionários públicos, o controle interno deve dispor de um eficaz planejamento das suas ações, capaz de definir o momento mais apropriado para atuação em cada caso, a partir de parâmetros como: materialidade, criticidade e relevância das despesas; características da unidade fiscalizada/auditada (orçamento, programas de governo que executa, histórico de ações de controle etc.); custos e impacto na gestão das ações de controle; e capacidade operacional do órgão controlador. Interessante observar que para os atos e/ou fatos mais críticos e relevantes esse grupo defendeu a priorização de uma atuação prévia e/ou concomitante das entidades de controle interno. O controle posterior, por sua vez, foi apontado como mais adequado para ações avaliativas, rotineiras e demais casos em que os custos e a capacidade operacional das unidades controladoras não permitissem e/ou justificassem uma atuação prévia ou concomitante.

Por outro lado, com relação ao grupo que defendeu a prevalência da atuação prévia, as justificativas apresentadas destacaram o potencial de orientação, de correção de rumos e de minimização de prejuízos que esse momento proporciona. Foram apresentados exemplos da vivência profissional que demonstraram maior retorno à Administração trazido por esse modelo, em especial no tocante à correção de atos e ao ressarcimento ao erário ou geração de economias.

O posicionamento dos servidores da CGU/Regional-PE acerca do momento ideal para a atuação do controle interno, portanto, está na direção oposta ao que preconiza o anteprojeto de lei orgânica, para o qual a diretriz é o controle *a posteriori*, constituindo exceção o controle prévio ou concomitante. Interessante observar que nenhum dos 46 servidores que responderam ao questionário defendeu esse modelo como ideal. Os funcionários da unidade pernambucana da CGU, tanto os que defenderam o controle tempestivo quanto controle prévio, se alinharam ao posicionamento da literatura, que não desprestigia a importância da atuação de forma prévia e concomitante por parte do controle interno.

Ainda sobre os achados do estudo de caso de Lima Neto (2012), no que se refere ao momento de atuação do controle interno, é interessante destacar o que segue:

    a) constatou-se que nos trabalhos empreendidos pelos servidores participantes da pesquisa nos últimos dois anos (2010 e 2011) houve uma tendência de maior ênfase ao controle *a posteriori*, em conflito com o modelo ideal preconizado por eles. Por outro lado, apesar de na prática o controle interno ainda ter uma forte atuação *a posteriori*, 54,2% dos servidores da CGU/Regional-PE entendem que houve uma mudança no perfil da atuação da CGU desde o ingresso deles no sistema de controle interno até os últimos dois anos (2010 e 2011) no sentido de valorizar a atuação prévia e concomitante. Essa alteração foi qualificada como positiva por 92% desse grupo;

b) no que se refere ao grau de importância conferido pelos servidores da CGU/Regional-PE ao "momento de atuação" para o alcance dos objetivos do controle interno, verificou-se que 82,6% dos respondentes entendem-no como "muito importante" e 13% como "importante". Essa avaliação está em consonância com o entendimento preconizado na literatura de que a definição acerca do momento do controle é um dos aspectos fundamentais para a obtenção de bons resultados;

c) 69,6% dos respondentes defenderam o mesmo tempo de atuação para os controles interno e externo, enquanto 30,4% apoiaram uma atuação temporal diferenciada entre os dois órgãos. Para esse grupo que defendeu tempos de atuação diferentes competiria ao controle interno uma abordagem prévia/concomitante e ao controle externo uma ação posterior.

6 Conclusões

O Anteprojeto de Lei Orgânica da Administração Pública Federal e Entes de Colaboração trouxe o tema do momento de atuação dos órgãos de controle para o centro dos debates acerca das perspectivas do controle governamental brasileiro. Ao entender que se vivencia no país um processo de "autonomização do controle", defendeu o predomínio do controle *a posteriori* como uma das soluções para acabar com a intromissão dos órgãos controladores nas decisões discricionárias dos gestores públicos e, consequentemente, para alavancar os resultados do setor governamental.

Esse cenário vislumbrado pelos juristas responsáveis pelo anteprojeto de lei orgânica e, em especial, a solução proposta para resolvê-lo não vem encontrando, no entanto, respaldo no meio acadêmico e entre os profissionais que trabalham com controle governamental.

A visão de que existe uma espécie de captura das políticas públicas pelos órgãos controladores, associada com uma falta de responsabilização dessas entidades pela ineficácia da gestão, mostrou-se supervalorizada. Os órgãos de controle não se confundem com a própria Administração (sequer teriam capacidade operacional para tanto). Cada qual tem o seu papel constitucional no que se refere à execução das políticas públicas e responde pelo exercício de suas competências.

Eventuais excessos por parte dos controladores, quando efetivamente demonstrados, estão sujeitos às sanções pertinentes. Não se pode, no entanto, de forma genérica e apriorística, responsabilizar o controle, no exercício de suas atribuições, pelas deficiências da gestão pública.

A proposta do predomínio do controle *a posteriori*, por sua vez, vai de encontro ao que vem sendo defendido como tendência para o controle governamental. Ao invés desse olhar para o passado e com caráter repressivo, o futuro das entidades controladoras passa por uma atuação prévia e/ou concomitante, com foco nas possibilidades de melhoria dos controles primários e, consequentemente, dos resultados da gestão pública. O aspecto preventivo do controle é o que vem ganhando força, sem ser confundido com um controle prévio autorizador e burocrático.

No âmbito do controle interno, a atuação com caráter preventivo se reveste com importância ainda maior, tendo em vista que faz parte da sua própria essência. Afinal, não se pode esquecer que, nesse caso, controlador e gestor fazem parte da mesma organização, logo atuam conjuntamente para o alcance da mesma missão. É essa postura, inclusive, que vem sendo valorizada, de forma crescente no âmbito do sistema de controle interno do Poder Executivo federal brasileiro. Apesar de sua atuação percorrer os três grandes momentos de atuação de um órgão de controle, nos últimos anos vem sendo buscado um foco mais proativo, com ações prévias e concomitantes, capazes de orientar os gestores e evitar desvios de rumo.

Vale salientar que a defesa do predomínio de uma atuação *a posteriori* do controle interno também foi refutada pelos servidores da CGU, cujo posicionamento foi manifestamente divergente daquele defendido pela comissão de juristas. Para os funcionários públicos da regional pernambucana da CGU, participantes de um estudo de caso, o controle interno deve dispor de um eficaz planejamento das suas ações, capaz de definir o momento mais apropriado para atuação em cada caso. O privilégio de um único tempo de atuação foi visto como restritivo. Ademais, ainda que fosse estabelecido algum momento para ser destacado, esse seria o prévio/concomitante, pela sua capacidade de orientar, corrigir desvios e evitar danos.

Conclui-se, portanto, que da forma como está posta no Anteprojeto de Lei Orgânica da Administração Pública Federal e Entes de Colaboração a diretriz quanto ao momento de atuação dos órgãos de controle não contribui para o fortalecimento do sistema de controle interno no país, inclusive no âmbito do Poder Executivo federal. Deve, pois, ser discutida e reformulada, de modo que se atinja um modelo de controle governamental capaz de garantir o atendimento do interesse público. Tal modelo, ao menos no que tange ao controle interno, passa pela ênfase na atuação preventiva, bem como pela adoção de criterioso e adequado planejamento de suas ações.

Referências

ALVES, Maria Fernanda Colaço; CALMON, Paulo Carlos Du Pin. Múltiplas Chibatas? Governança da Política de Controle da Gestão Pública Federal. *In*: ENCONTRO DE ADMINISTRAÇÃO PÚBLICA E GOVERNANÇA, 3., 2008, Salvador. *Anais eletrônicos*... Salvador: ANPAD, 2008. Disponível em: <http://www.anpad.org.br/download_pdf.php?cod_edicao_trabalho=9915&cod_evento_edicao=41>. Acesso em: 14 abr. 2012.

BRASIL. Controladoria-Geral Da União. *Nota Conjunta nº 1/2009 SFC/ASJUR*. Brasília, 2009.

BRASIL. Tribunal De Contas Da União. *Decisão nº 430* - Plenário. Brasília, 1992. Disponível em: <http://www.tcu.gov.br>. Acesso em: 15 abr. 2012.

BRASIL. Tribunal De Contas Da União. *Decisão nº 931* - Plenário. Brasília, 2000. Disponível em: <http://www.tcu.gov.br/>. Acesso em: 05 mar. 2013.

DIAMOND, Jack. The role of internal audit in government financial management: an international perspective. *IMF Working Papers*, Washington, n. 2/94, May, 2002.

INTERNATIONAL ORGANIZATION OF SUPREME AUDIT INSTITUTIONS – INTOSAI. *Declaración de Lima sobre las líneas básicas de la fiscalización*. Viena: INTOSAI, 2009.

JACOBY FERNANDES, Jorge Ulisses. *Tribunais de Contas do Brasil*: jurisdição e competência. Belo Horizonte: Fórum, 2003.

LAMEIRÃO, Camila Romero. O debate sobre a Proposta de Lei Orgânica da Administração Pública: uma síntese das apresentações em cinco rodadas de debates direito e gestão pública. *In*: CARDOSO JÚNIOR, José; PIRES, Roberto. (Org.). *Gestão Pública e desenvolvimento*: desafios e perspectivas. Brasília: IPEA, 2011. p. 67-101. (Diálogos para o desenvolvimento; v. 6).

LEITE, Adailton Amaral Barbosa. Controle interno nos municípios: constrangimentos e conseqüências. *Revista da CGU*, Brasília, v. 3, n. 5, p. 10-21, dez. 2008.

LIMA NETO, Ruitá Leite. *Sistema de controle interno no anteprojeto de Lei Orgânica da Administração Pública Federal*: percepção dos servidores da Controladoria-Regional da União no Estado de Pernambuco. 2012. 136 f. Dissertação (Mestrado Administração Pública)– Centro de Formação Acadêmica e Pesquisa, Escola Brasileira de Administração Pública e de Empresas, Fundação Getulio Vargas, Rio de Janeiro, 2012.

MARQUES NETO, Floriano de Azevedo. Os grandes desafios do controle da Administração Pública. *In*: MODESTO, Paulo. (Coord.). *Nova organização administrativa brasileira*. Belo Horizonte: Fórum, 2009. p. 195-226.

NAVES FILHO, Gilberto Batista. Aspectos polêmicos acerca do controle interno. *Revista da CGU*, Brasília, v. 6, n. 9, p. 73-83, jun. 2011.

PIRES, Maria Coeli Simões; NOGUEIRA, Jean Alessandro Sena Cyrino. Controle da Administração pública e tendências à luz do Estado Democrático de Direito. *Revista do Tribunal de Contas do Estado de Minas Gerais*, Belo Horizonte, v. 51, n. 2, p. 79-148, abr./jun. 2004.

PIRES, Roberto; CARDOSO JÚNIOR, José. Dilemas entre controle e autonomia de gestão: alternativas e possibilidades de superação. *In*: CARDOSO JÚNIOR, José; PIRES, Roberto. (Org.). *Gestão pública e desenvolvimento*: desafios e perspectivas. Brasília: IPEA, 2011. p. 243-255. (Diálogos para o desenvolvimento; v. 6).

QUINTELLA, Luciano; PECI, Alketa. O controle das relações entre o Estado e organizações da sociedade civil sob o prisma da teoria da explosão da auditoria. *In*: ENCONTRO DA ASSOCIAÇÃO NACIONAL DE PÓS-GRADUAÇÃO E PESQUISA EM ADMINISTRAÇÃO, 33., 2009, São Paulo. *Anais eletrônicos*... São Paulo: ANPAD, 2009. Disponível em: <http://www.anpad.org.br/download_pdf.php?cod_edicao_trabalho=10297&cod_evento_edicao=45>. Acesso em: 15 abr. 2012.

SALGADO, Valéria Alpino; FERNANDES, Ciro Campos. Ciclos de debates direito e gestão pública: os limites da autonomia e do controle do Poder Executivo em debate. *In*: CARDOSO JÚNIOR, José; PIRES, Roberto (Org.). *Gestão pública e desenvolvimento*: desafios e perspectivas. Brasília: IPEA, 2011. p. 19-31. (Diálogos para o desenvolvimento; v. 6).

SILVA, Almiro do Couto *et al*. *Resultado Final* Anteprojeto de Lei Orgânica da Administração Pública Federal: Anteprojeto de Lei Orgânica da Administração Pública Federal e entes de colaboração. Brasília: Comissão de juristas constituída pela Portaria MPOG nº 426/2007, 2009.

SILVA, Pedro Gomes da. *Controle interno na gestão pública municipal*: modelo de um sistema de controle interno para municípios de pequeno porte do Estado da Bahia. 2009. 159 f. Dissertação (Mestrado em Contabilidade)–Faculdade de Ciências Contábeis, Universidade Federal da Bahia, Salvador, 2009.

THOMÉ, Valmir Alberto. *Controle interno na gestão pública municipal*: uma análise da contribuição da Controladoria nos vinte maiores municípios do Paraná. 2005. 126 f. Dissertação (Mestrado em Ciências Contábeis)–Centro de Ciências Sociais Aplicadas, Universidade Regional de Blumenau, Blumenau, 2005.

TORRES, Jorge Ricardo G. C. *Restrições ao controle dos gastos públicos sob a perspectiva do anteprojeto da nova lei de organização administrativa*. 2010. 41 f. Monografia (Graduação em Direito)–Centro de Ciências Jurídicas, Universidade Federal de Pernambuco, Recife, 2010.

Informação bibliográfica deste texto, conforme a NBR 6023:2002 da Associação Brasileira de Normas Técnicas (ABNT):

LIMA NETO, Ruitá Leite de. O momento de atuação do controle interno no âmbito do Poder Executivo Federal: reflexões acerca das propostas do Anteprojeto de Lei Orgânica da Administração Pública Federal e entes de colaboração. *In*: BRAGA, Marcus Vinicius de Azevedo (Coord.). *Controle interno*: estudos e reflexões. Belo Horizonte: Fórum, 2013. p. 151-167. ISBN 978-85-7700-789-9.

PROJETOS GOVERNAMENTAIS DESCENTRALIZADOS
O QUE A GERÊNCIA DE RISCOS PODE CONTRIBUIR PARA A QUALIDADE DOS SERVIÇOS PRESTADOS NESSE MODELO?

MARCUS VINICIUS DE AZEVEDO BRAGA

1 Introdução

Como dizia o título de uma canção do saudoso compositor Vinícius de Moraes, "são demais os perigos desta vida", relembrando a verdade que, na vida pessoal e na administrativa, os problemas existem e são prováveis, demandando de nós preparo e precaução para enfrentá-los, de forma eficaz e eficiente, e essa não pode se dar apenas pelo improviso e pela intuição.

O presente artigo procura, a partir dessa premissa, analisar em que medida a gestão de riscos contribui para a eficácia e a eficiência de projetos descentralizados, ligados à execução de políticas públicas. No caso em tela, com um recorte na área social, de forma a produzir conhecimento sobre um segmento ainda pouco explorado nas políticas públicas, que é a gestão de riscos, como uma ferramenta necessária, mas ainda bastante ausente do cenário de discussões no âmbito brasileiro.

O artigo fará uma abordagem sobre o federalismo no contexto brasileiro, seguido de uma análise sobre a maneira pela qual os riscos afetam os projetos descentralizados. Por fim, tratar-se-á do uso e dos benefícios da gestão de riscos em intervenções estatais dessa natureza.

A relevância deste estudo dá-se pelo seu ineditismo no campo acadêmico, bem como pelas possibilidades de suas asserções contribuírem, no paradigma descentralizador das políticas sociais vigentes no país, para o desenvolvimento de políticas públicas voltadas, efetivamente, para a promoção de direitos dos cidadãos beneficiários, com o padrão de excelência desejado.

Desse modo, o artigo traz à discussão o tema da gestão de riscos associada à descentralização no contexto federativo, em ações pontuais de desenvolvimento de projetos, na busca de produzir conhecimento atual e relevante, para a melhoria dos processos da gestão pública.

2 Descentralização, federalismo e políticas públicas

2.1 Descentralização no contexto brasileiro

O presente tópico, na análise do modelo de descentralização construído na relação federativa brasileira, procura responder de que forma se enquadram os projetos descentralizados nesse contexto.

A centralização e a descentralização de atividades administrativas, tema que abrange a gestão de políticas públicas, são tipos ideais, em um dizer weberiano, extremos com seus defensores fervorosos e com aspectos positivos e negativos na sua adoção, dependendo do contexto e do ponto de vista do beneficiado/prejudicado.

Segundo Giambiagi e Alem (2008), os defensores da descentralização alegam que a proximidade entre a gestão e os eleitores traz mais eficiência, pois reforça o envolvimento e a participação, além de promover a transparência, o que diminui os entraves burocráticos na condução de tarefas.

Por seu turno, os defensores da centralização exaltam os benefícios da economia de escala e a melhor coordenação de esforços do setor público na realização dos objetivos nacionais nesse modelo, permitindo o equilíbrio entre as diferenças regionais, na função alocativa do Estado, conforme assinalam Giambiagi e Alem (2008). Esse posicionamento alega que a descentralização traz o risco da dispersão dos recursos e também a responsabilização dos atores, como pontuam Cohen e Franco (2007).

Na década de 1990, no contexto das reformas promovidas, que tiveram como marco ideológico o Plano Diretor da Reforma do Estado (1995), em um desenho já apontado no escopo da Constituição Federal de 1988, fortaleceu-se o paradigma de descentralização no federalismo brasileiro, oposto à centralização típica do governo militar. Cabe registrar que, apesar da defesa de paradigmas comuns de descentralização, as forças e os movimentos que impulsionaram a Reforma do Estado e a Constituição Federal de 1988 tinham, em sua grande maioria, atores e objetivos diversos.

A Reforma defendia a adoção de uma execução descentralizada, pela sua possibilidade de fortalecimento das unidades subnacionais, pelo equilíbrio das contas do governo central e pela busca de uma alocação eficiente de recursos, na visão de Giambiagi e Alem (2008), possibilitando, ainda, a introdução de mecanismos de mercado (COHEN; FRANCO, 2007), como forma de estimular a concorrência e de favorecer a avaliação.

Nesse contexto de descentralização, conforme Abrúcio (2010), a União permaneceu predominante nos processos decisórios, modelares e na distribuição de recursos. Há apenas descentralização quanto ao caráter executivo, associada a uma centralidade política e financeira. Na fala de Bento (2003), nota-se uma visão de subsidiariedade, em que um Ente complementa o outro nas lacunas e nas omissões, no chamado federalismo de cooperação, com atribuições comuns, convivendo com superposições.

Em mais uma das alternâncias do Estado brasileiro, o desenho descentralizado se faz presente no período seguinte ao governo militar e de forma mais acentuada nas políticas sociais, em que coube à União, de forma geral, um papel complementar, nas dimensões técnicas e financeiras, mas também diretivo de elaboração de políticas, normas gerais e modelos de execução, o que, em um quadro de desigualdade estrutural dos municípios, alçados à condição de Ente pela Constituição Federal de 1988, gera cenários díspares de adesão absoluta ou de ilhas de autonomia em relação a programas e projetos conduzidos pelo governo central.

2.2 Desenhos e tensões no federalismo pátrio

Conforme defendido por Martins (2011), no processo de formação de alguns países, como os Estados Unidos, o federalismo se fez por agregação, na ideia de se centralizar grupos. No Brasil, em oposição ao centralismo imperial, nasceu a federação sob a égide da descentralização, da divisão de poderes e atribuições. Esse histórico influenciou o desenho da federação brasileira, por uma dependência do poder central, simbólica, legislativa e financeira, com acentuados graus de desigualdade nos eixos norte/sul e litoral/interior e uma autonomia relativa dos entes subnacionais.

Uma das questões cruciais em uma relação de cooperação de sucesso é a coordenação de ações, de modo que a falta desta gera a compartimentalização, ou seja, cada nível de governo procura seu papel específico e não o compartilhamento de tarefas, nas dificuldades naturais de um processo no qual o poder é disperso. No dizer de Silva (2010), no caso brasileiro, a tradição centralista conduz ao entendimento de que uma associação mais promissora resulta quando orquestrada pelo governo central, dada a incipiência dos arranjos locais, como os consórcios públicos envolvendo municípios, positivados somente na Lei nº 11.107 de 6 de abril de 2005.

Nesse quadro de federalismo compartimentalizado, o processo de descentralização pode afetar negativamente o resultado das políticas públicas, pela dependência de articulação dos entes federados (ABRÚCIO, 2010). A experiência de articulação ainda demanda exercício, tendo como pioneira a criação do Sistema Único de Saúde (SUS), por força da Reforma Sanitária na década de 1980-1990, bem como a recente criação do Sistema Único de Assistência Social (SUAS), em 2011, e a discussão sobre a criação de um sistema nacional de educação, como aponta Cury (2010), entre outras apresentadas no contexto da Conferência Nacional de Educação em 2010. Mas, ainda assim, os cidadãos sofrem pelos problemas de falta de coordenação dos Entes na execução de competências concorrentes e comuns definidas no corpo do texto constitucional.

A mágica da coordenação de esforços entre os parceiros esbarra em entraves jurídicos, no jogo político e nas desigualdades regionais, e nos problemas de priorização, já que o adotado como estratégia pela União pode não ter o mesmo *status* na administração de outros Entes. O processo de integração sofre problemas de governança, nos limites federativos da responsabilização de parceiros faltosos e do ressarcimento dos recursos utilizados indevidamente.

Esse quadro de relação matricial entre os atores com alto grau de hierarquização e dependência, associado a um desequilíbrio de financiamento, de atribuições e de capacidade técnico-estrutural, com lacunas e dificuldades de responsabilização, em uma cooperação compartimentalizada, caracteriza o federalismo brasileiro, tendo como resultados ações capitaneadas pelo governo central, reguladas e financiadas por este, na execução de objetivos em comum com os Entes. Esse quadro gera uma necessidade de se desenvolver mecanismos de governança efetivos, à luz de um contexto de desigualdades regionais e de cobrança por resultados no âmbito nacional.

Assim, o processo descentralizado da Constituição Federal de 1988 e da Reforma do Estado, construídos por motivações distintas, mas baseados nos mesmos paradigmas, necessita de tecnologias sociais para a construção dessas ações em parceiras, mormente na área social, que permitam, no plano concreto, a materialização da ação estatal, construindo direitos para os cidadãos.

2.3 Projetos descentralizados – Uma realidade

Projetos, para efeitos desse estudo, são ações temporárias, vinculadas a uma política, e implementadas em parceria com outros Entes. Nós realizamos projetos diariamente, pequenos ou grandes, no trabalho, em casa, na vida em comunidade. Projeto é um "esforço temporário empreendido para criar um produto, serviço ou resultado único", no texto de Fabra, Mendes e Valle (2009, p. 18), o que significa que é uma ação com início, meio e fim e que produz algo singelo, específico, particular.

Projeto, segundo Cohen e Franco (1999),é um empreendimento planejado, que consiste em um conjunto de atividades inter-relacionadas e coordenadas, dentro de um limite orçamentário e temporal, na geração de produtos e no atendimento de uma demanda.

Assim, uma das características do projeto é a sua customização. Por ser algo único, singelo, traz em si uma incerteza maior, da criação do novo, pois o conhecimento de seu comportamento cresce com a sua execução. Destaque-se que é possível se aprender com projetos similares, na busca da regularidade na diversidade.

Projetos descentralizados surgem no contexto da atuação inovadora da União, na produção de ações de impacto, de modificações estruturais em problemas comuns a diversos Entes, alguns históricos, solucionando-os pela geração de um produto padronizado, até onde esse conceito permite harmonizar as necessidades de customização.

O orçamento federal contempla ações orçamentárias do tipo "projeto", que resultam em bens e serviços limitados no tempo, para atingir o objetivo de um programa temático, qualificado em etapas e quantificado em metas. Nos termos do Manual Técnico de Orçamento do Ministério do Planejamento, projeto é um:

> Instrumento de programação utilizado para alcançar o objetivo de um programa, envolvendo um conjunto de operações, limitadas no tempo, das quais resulta um produto que concorre para a expansão ou o aperfeiçoamento da ação de governo. (BRASIL, 2011, p. 39)

Podemos citar diversos exemplos de ações orçamentárias na área social, utilizadas no orçamento de 2012, realizadas de forma descentralizada e que se enquadram como projetos, tais como as seguintes, listadas somente para exemplificar a concretude da discussão aqui proposta: 12KU – Implantação de escolas para a Educação Infantil (Ministério da Educação); 12L5 – Construção e ampliação de Unidades Básicas de Saúde – UBS (Ministério da Saúde); 11V1 – Acesso à água para consumo humano na zona rural (Ministério do Desenvolvimento Social) e 1056 – Apoio à melhoria das condições de habitabilidade de assentamentos precários (Ministério das Cidades).

O processo de formulação e implementação de políticas sociais e de enfrentamento da questão social depende de ações temporais e de impacto, consubstanciadas nos projetos, o que demanda, nesse contexto de descentralização, o estudo de mecanismos de governança, como a gestão de riscos, bem como o desenvolvimento de *expertise* na aplicação destes, não somente na fase de elaboração desses projetos, mas também nos processos de execução e avaliação, no enfrentamento de problemas inerentes ao desenvolvimento das políticas.

Desse modo, os projetos descentralizados enquadram-se no escopo da ação do governo central em parceria com os entes federados, em ações de impacto, na resolução de problemas, trazendo em sua execução a gama de contradições do processo de descentralização adotado no federalismo brasileiro.

3 Riscos objetivos e percebidos nas políticas descentralizadas

3.1 Riscos e projetos

O presente tópico trata da discussão vigente na literatura sobre riscos e de como eles podem afetar a execução de projetos descentralizados, procurando relacionar as peculiaridades dos projetos que tem efeito no processo de construção das hipóteses de risco a eles inerentes.

A temática do risco no Brasil encontra-se de forma segregada aos setores de segurança e de finanças da Administração Pública, distante das funções executivas do Estado. Esse quadro não é de todo desanimador, visto que, no mundo, a relação do risco com a gestão pública ainda é um assunto recente, como exemplificado pelos avanços do COSO (2007), apresentados somente no presente século.

Razões culturais ligadas a heranças de estruturas autoritárias com fortes laços tradicionais inibem uma prática de lidar com a incerteza na gestão, em matrizes deterministas. Pode ser que isso decorra da pujante influência religiosa na sociedade, em um conjunto de fatores ainda carente de estudos mais detalhados sobre o que dificulta a inserção do componente risco na cultura gerencial pública brasileira. A gestão de riscos é uma questão cultural, de visão de mundo e de futuro, e não apenas a construção de mapas e sistemas informatizados. Está posto o desafio.

A norma ISO 31000 (2009) considera que o risco é efeito da incerteza nos objetivos e que a sua mensuração fundamenta-se em dois eixos principais: a probabilidade de ocorrência do evento que interfere nos objetivos e a magnitude dessa ocorrência em relação aos mesmos objetivos. Um risco relevante é provável e causa grande impacto, impactos sempre vinculados aos objetivos.

O risco precisa ser gerenciado. Gerenciar o risco é lidar com o imprevisível, é uma abordagem sistemática voltada para o estabelecimento da melhor via possível diante das incertezas, nas linhas de Dinsdale e Hill (2003). Mediante identificação das ameaças e o dimensionamento de seu impacto e probabilidade, é possível a construção de medidas de mitigação desse risco. Risco é uma discussão estratégica, de se pensar a organização no futuro.

Nos processos de descentralização, de articulação de entes autônomos entre si, de interdependência na execução de uma tarefa, existe um processo natural de delegação entre atores, na composição de uma rede de contratos mútuos, que podem ser rompidos a cada momento, em um paradigma similar à delegação prevista na teoria do principal e do agente apresentada na obra de Slomski (2009).

A interdependência na execução de um objetivo, como os elos de uma corrente, tem o seu risco medido pelo seu elo mais fraco. O conhecimento das fraquezas e das forças de uma rede é um processo de comunicação, de circulação de dados na busca de identificar tendências que apontam fragilidades que precisam ser tratadas, pois o tempo pode torná-las insolúveis.

Assim, processos de gestão de políticas públicas em rede, descentralizadas, têm como risco inerente a própria interdependência do processo. Da mesma forma, projetos, ainda que padronizados no ambiente da rede, têm o seu risco aumentado por conta da customização de cada local de implantação e da singularidade dessa ação temporária, em seu caráter inovador, sem referências anteriores, o que traz lacunas de informações que dificultam o dimensionamento dos riscos.

Entretanto, o gerenciamento de riscos de projetos, a identificação e o estabelecimento de medidas de mitigação de riscos, à luz do apetite de riscos de cada organização, como discussão precípua desse trabalho, deve ser precedida da discussão fundamental de riscos vigente na literatura, que é a divisão em duas grandes teorias: a visão objetiva, empírica do risco, e o risco na percepção das pessoas.

Tem-se que, segundo Adams:

A maioria da literatura sobre o risco insiste na distinção entre o risco "real" e "objetivo" e o risco "percebido". O risco objetivo é o domínio de especialistas, em geral estatísticos e atuários, ao passo que o risco percebido é aquilo em que o resto da população acredita. Mas "risco" é uma palavra que se refere ao futuro, e este só existe na nossa imaginação. Todo risco é percebido, e a percepção se baseia em crenças. (2009, p. 14)

Apresenta-se mais uma discussão de extremos, cuja contextualização no âmbito das políticas públicas descentralizadas se faz necessária, para que se possa, efetivamente, analisar a instrumentalização da gestão de riscos em projetos nesse sentido. Fugir dessa discussão, dos tipos de riscos que predominam nas análises, impedirá a identificação no planejamento de projetos do que é medido e do que é percebido, de forma que as componentes sociológicas, indissociáveis, possam ser delimitadas e consideradas, e não ignoradas.

3.2 Os riscos percebidos e seus efeitos na gestão

Apesar de todo risco ser uma construção, um acontecimento na mente dos indivíduos, essa ideia tem reflexos no mundo real, quando se materializa por meio de discursos e ações. As ameaças são identificadas em função da crença das pessoas, das informações que elas recebem e que ajudam a compor um quadro subjetivo do que é arriscado, e do que é seguro. Desse modo, muitas decisões relevantes na gestão pública por vezes são adotadas, basicamente, fundamentando-se em riscos percebidos.

A incerteza cotidiana nos povoa de medo. Medo do que já aconteceu, do que pode acontecer, medo do que já vimos e sentimos. Doenças que têm sinais mais evidentes (manchas, coceiras etc.) causam mais preocupação às pessoas, assim como deixamos inadvertidamente de tomar o antibiótico quando desaparecem os sintomas. Acidentes de maior impacto geram mais possibilidade de modificação dos procedimentos do que a soma de pequenos acidentes. No texto de Adams (2009), tem-se a visão do "Iceberg de gravidade", conceito que indica que a confiabilidade de dados de um evento é diretamente proporcional à sua relevância, o que oculta riscos de eventos de pouca relevância, mas que ocorrem de forma recorrente e crescente.

Em uma sociedade que valoriza o espetáculo, interligada por meios de comunicação, como é a atual, a percepção do risco se faz de forma minoritária pelo que é objetivo, carregada de eventos bombásticos e estrondosas estatísticas que fortalecem o risco construído e, consequentemente, guiam as organizações nos processos de construção de suas medidas de mitigação de risco, como exemplificado pela euforia Maia do fim do mundo em 2012 e as consequências dos ataques às torres gêmeas de 2001.

É comum a detecção de riscos, *a posteriori*, do clímax de seus efeitos, o que gera comoção, revolta e indignação na comunidade, com a adoção de soluções desproporcionais e emotivas na contenção dos efeitos da materialização dos riscos. O adágio popular assevera que, depois de arrombada a porta, compramos o cadeado, na ilustração de que se percebem os efeitos de um risco materializado quando ele vem à tona. Fica-se traumatizado e ignoram-se proposições racionais, supervalorizando o percebido, em um curioso processo senoidal de valorização extrema e de rápido esquecimento, dado que a memória do senso comum é fugaz, e os escândalos na gestão pública chamam a atenção momentaneamente, nos periódicos e nas rodas de conversa, em uma busca de se punir os culpados do momento em detrimento da construção de soluções para o futuro da ação prejudicada. Nesse sentido, após escândalos na gestão de unidades de execução de políticas públicas, muitos governos apressam-se em extingui-las ou em mudar a sua denominação, na busca de dissociar esse risco, em demolições de prédios que mantêm os problemas de pé.

Em um projeto realizado em parceria entre entes, conduzido de forma protagonista pelo Ente federal, são fundamentais as informações relevantes que vêm ao público sob a finalidade e execução do projeto, assim como é fundamental o modo como essas informações são percebidas no processo de construção de riscos, considerando-se a especificidade, seu aspecto inovador, e, ainda, as possibilidades de associação daquele "novo" projeto com outros "velhos", alguns deles fracassados, arrastando seu risco percebido para o projeto, ainda que as fontes de risco já tenham sido tratadas.

Assim, faz-se necessário a identificação dos riscos percebidos *ex ante*, aliando o fator subjetivo dos atores consultados com os riscos medidos pelas metodologias próprias, pois na materialização do risco na gestão, na ocorrência de dissabores durante a execução de um projeto, a força da conjuntura política e da pressão popular, tomados de uma miríade de informações e percepções, torna muito mais complexa a identificação de riscos e as suas fontes.

No campo dos projetos descentralizados, objeto deste estudo, um dos riscos percebidos mais presentes nos discursos é a questão do patrimonialismo, arraigado em nossa cultura, no risco de que a transferência de poder para os níveis subnacionais não se traduza em promoção da democracia, mas em um reforço das oligarquias locais, conforme Cohen e Franco (2007), nos fenômenos fartamente noticiados e verificados, na casuística de coronelismos e clientelismos políticos.

Por seu turno, a carência de corpo técnico nas esferas de execução das políticas e a falta de estrutura administrativa para a gestão de recursos apresentam-se como riscos percebidos pela população, que, diariamente, amarga as dificuldades de se necessitar do serviço público, e constrói, em um processo de difícil modificação, os conceitos de riscos na interação cotidiana com servidores e estruturas do governo.

Por fim, no ambiente de cooperação, de ações interdependentes, é difícil a responsabilização, seja pelos atos de sucesso, dos quais sobram heróis, ou nos momentos de fracasso, em que não se apresentam os vilões. Isso dificulta a percepção dos riscos e das boas práticas, no sentido de identificação do que realmente acontece e não pode acontecer mais, no famoso sistema de culpabilização mútua de atores e da exaltação de causas diversas, algumas até aleatórias, o que pouco contribui com as melhorias dos processos de gestão.

Essa questão do risco percebido faz-se presente de forma acentuada no processo de elaboração, execução e avaliação dos projetos, de maneiras diversas. Tais riscos podem se manifestar, por exemplo, por meio de declarações polêmicas de autoridades acerca descasos de repercussão geral pela sua atipicidade, perdas de vidas humanas e patrimônio e imagens negativas de projetos similares. Questões como essas se sobrepõem a análises mais objetivas dos riscos envolvidos e as suas fontes, demonstrando que essa dimensão subjetiva deve ser considerada nos projetos.

Entretanto, isso não invalida o fato de que o risco pode, de alguma forma, ser medido e categorizado, como uma referência que permite a atuação sobre ele, no desenvolvimento de técnicas e saberes na sua mitigação, que podem ser aperfeiçoadas na busca de se tornarem mais efetivas, sem cair na armadilha de julgar que apenas as medidas objetivas de risco bastam.

3.3 Riscos objetivos – Uma medição pelo sorteio de municípios

Segundo Adams (2009), o risco objetivo é o mundo dos especialistas. Não se trata de uma certeza científica, e sim de uma questão de aferição, de utilização de metodologias para se medir o risco, muitas vezes baseadas em curvas de comportamentos anteriores ou de experiências similares, na tentativa de quantificar e de qualificar algo intangível. O risco, por si só, é uma abstração, mas a ideia do risco objetivo nos permite dimensioná-lo, ainda que por estimativas, na busca de compor matrizes decisórias.

Ainda que o risco seja algo inerentemente dinâmico e a composição do risco se faça, por vezes, com fontes, "players" que reagem e se adaptam às medidas de mitigação adotadas, é possível, e esse estudo partirá disso como uma premissa, estabelecer regularidades, estruturas de identificação-respostas que permitam a atuação sobre os riscos, mesmo que esses não sejam conhecidos integralmente, mas apenas por meio de janelas, de categorias que permitam a instrumentalização dessas avaliações e a importação de sínteses de outras experiências.

Para exemplificar essa instrumentalização aqui exposta, utilizou-se um modelo de categorias para adoção na gestão de projetos descentralizados, construído a partir dos resultados das ações de fiscalização da Controladoria-Geral da União (CGU) no Programa de fiscalização a partir de sorteios públicos,[1] nas suas edições de número 33 a 35,[2] utilizando apenas os programas da área social,[3] conforme disposto no quadro síntese do (ANEXO A).

As categorias levantadas na síntese do sorteio de municípios indicam, em linhas gerais, os tipos de riscos objetivos dos processos descentralizados de gestão pública, pela análise das irregularidades encontradas, classificadas em tipologias quanto às práticas, estruturais, que prejudicam o alcance dos objetivos propostos, em um processo de mapeamento dos riscos.

A análise dos dados foca-se nas deficiências dos sistemas municipais que influenciam os programas, dado que as fragilidades dos ministérios e as peculiaridades de cada programa constituem duas categorias customizadas de cada programa, que, somadas a essas do panorama da gestão municipal, permitem a construção matricial das principais

---

[1] Conforme disposto no site da CGU (BRASIL, 2012), o Programa de fiscalização a partir de sorteios públicos utiliza o mesmo sistema de sorteio das loterias da Caixa Econômica Federal para definir, de forma isenta, as áreas municipais a serem fiscalizadas quanto ao correto uso dos recursos públicos federais, sendo definido a cada sorteio 60 municípios, dentre aqueles com até 500 mil habitantes.

[2] 33º Sorteio (2010) analisando a gestão de 2009/2010 e 34º/35º sorteios (2011) analisando a gestão de 2010/2011.

[3] Programas descentralizados do Ministério da Educação (MEC), Saúde (MS) e Desenvolvimento Social (MDS), conforme relatórios disponibilizados no site da CGU (BRASIL, 2012).

ameaças em projetos dessa natureza, que pode ser utilizado como referência em projetos descentralizados, aliando a padronização e a customização (ANEXO B).

Então, ter-se-iam oito categorias para auxiliar os processos de identificação de riscos, a construção de respostas e o monitoramento dos mecanismos adotados. A peculiaridade de cada projeto e as fragilidades de cada ministério constituem duas categorias, que se somam às seis listadas no ANEXO A, afetas à gestão no âmbito municipal.

Essas ferramentas podem ser acrescentadas/suprimidas de acordo com a especificidade de cada projeto e com o seu nível de delegação de atividades aos parceiros, permitindo condensar sínteses e aprendizados de outros projetos. Por exemplo, tipologias na gestão de processos de liquidação de despesas ocorridas em uma gestão acrescentam pontos de discussão na categoria despesa e a criação de um projeto novo pode considerar esses fatos na sua construção de hipóteses de risco, na fase de elaboração, já que uma liquidação deficiente pode afetar a entrega efetiva de bens e serviços vitais para os objetivos do projeto.

No próximo tópico, esse assunto será inserido na sistemática de gestão de riscos, associado à questão do risco percebido. Buscou-se, no presente, definir e avaliar o risco na visão objetiva e o risco percebido, além da forma como essas discussões afetam a construção das hipóteses de riscos nos projetos.

4 Medidas preventivas – O alvo, a direção e a intensidade da flecha

4.1 Identificação de risco – Enxergando o alvo

O tópico final deste trabalho procura analisar de que forma a gestão de riscos pode contribuir para a eficácia e para a eficiência dos projetos descentralizados, apresentando as etapas clássicas do gerenciamento de riscos e suas peculiaridades no que tange a projetos. Será utilizada uma estrutura similar a ISO 31000 (2009) no processo de avaliação, tratamento e revisão dos riscos.

Gerenciar riscos é visto por alguns gestores apenas como mais uma burocratização ineficaz, mas essa opinião precisa ser cotejada com as visões em momentos de crise, ou mais, quando do dimensionamento das falhas e perdas ocultas. Gestão de riscos é lembrar as dificuldades quando na zona de conforto.

A identificação e a qualificação dos riscos é o primeiro passo para gerenciá-los. O risco, em que pese a sua mutabilidade, não tem as suas alterações, na maioria dos casos, em saltos abruptos, mas em movimentos que são processuais e passíveis de serem acompanhados.

Para se identificarem os riscos, existem dois caminhos básicos, conforme Dinsdale e Hill (2003): modelar o futuro ou trabalhar com séries históricas. Modelar o futuro é trabalhoso, exige uma análise das forças e dos atores envolvidos e isso nem sempre é possível ou exequível. Por sua vez, a sedutora opção de olhar as ocorrências passadas como fonte de inferência dos riscos futuros, dependendo da estabilidade das ações, permite descobertas interessantes sobre os riscos do processo.

O fato é que se faz necessário olhar para trás, para o que já ocorreu, mas também é preciso identificar os atores envolvidos, suas possibilidades e motivações, na busca de compor o movimento das fontes de risco. Não é uma questão de encher uma sala de pessimistas catastróficos, e sim, no dizer do PMI/PMBOK(2004), de reconhecer que gerenciar riscos é um processo que atua na probabilidade e no impacto de eventos, aumentando os favoráveis e diminuindo os indesejáveis.

Nesse processo de análise de dados anteriores ou similares e de *brainstorming* com especialistas descritos por Fabra, Mendes e Valle (2009), na busca de se analisar as forças envolvidas, é possível identificar os riscos em relação a um projeto. A matriz no ANEXO B, construída em função dos achados nos sorteios dos municípios da CGU, pode servir como uma referência norteadora nesse processo, acumulando lições na arte de gerir riscos.

À luz dos objetivos do projeto é possível, também, escalonar os riscos levantados em função da sua probabilidade e impacto. Esse processo de avaliação de riscos complementa a identificação, qualificando as situações ali encontradas. Desse modo, é possível equilibrar os dois valores fundamentais do risco, o que tem chance de acontecer com o que pode prejudicar o projeto, identificando, de modo sistemático, o que deve preocupar o gestor, em uma taxonomia.

Entretanto, resgatando-se a discussão do risco percebido, verifica-se que todo risco é calcado na crença dos atores envolvidos e que a percepção desse processo subjetivo permite mediá-lo com as informações objetivas sobre os riscos obtidos, utilizando-se o melhor das duas abordagens. Ou seja, é preciso filtrar e identificar o percentual de risco percebido nas mediações objetivas, ponderando os resultados e medições.

Uma vez identificados e avaliados os riscos do projeto, antes da sua efetiva implementação, surge a necessidade de se definir o apetite de risco para aquele projeto, ou seja, quais e quantos riscos o promovedor da política está disposto a aceitar. O apetite de riscos é uma medida de quanto o gestor quer abrir mão da celeridade em função de mecanismos garantistas. Essa medida deve ser discutida e sopesada, no ponto ideal dos extremos de somente querer transferir os recursos aos Entes municipais em relação ao extremo de um emaranhado de normas e restrições que impedem qualquer ação em parceria.

As categorias enumeradas auxiliam na identificação e na avaliação dos riscos, bem como na definição do apetite ao risco, diante dos efeitos que esses riscos, se materializados, podem causar. Existem efeitos diretos, sobre os objetivos, que são primordiais. Mas existem efeitos colaterais, sobre a imagem do órgão promovedor da política, ações transversais e sobre a credibilidade da ação estatal naquela comunidade, em situações que não comprometem os objetivos do projeto, mas sim outros objetivos correlatos dos interessados.

Dessa forma, a identificação de cada risco, sua probabilidade e o efeito gerado produzirão um mapa de riscos enumerando aqueles que se deseja enfrentar, recebendo a ação de mecanismos de mitigação. Esse mapeamento dá a orientação dos caminhos a serem seguidos nos processos de mitigação de riscos. Sem essa vinculação, a gestão providenciará controles ensimesmados, pouco efetivos e onerosos.

A introdução de uma cultura de gerenciamento de riscos, de identificação prévia de ameaças no momento do desenho de um projeto tem o condão de resolver problemas antes que eles surjam, evitando, assim, ações corretivas, geralmente mais onerosas, e que, apesar de resolverem os problemas, afetam a imagem do promotor da política.

No caso do projeto, a matriz do ANEXO B permite segregar os riscos no órgão promotor da política e suas dificuldades de monitoramento e correção de falhas, assim como separar aquelas inerentes ao projeto, e ainda os riscos dos municípios, mapeados e categorizados em função de experiências similares. A matriz permite que a organização aprenda com os outros e ensine para experiências futuras. Os riscos percebidos, oriundos de outros projetos similares, nesse momento devem ser considerados, dentro das categorias próprias, reforçando esse processo de aprendizado, com o comedimento de sopesar a força subjetiva do risco percebido.

Por fim, a identificação de riscos deve ignorar a responsabilidade pelas etapas, enxergando, como nível de governança do processo, este de forma "una", já que o processo de interdependência trará óbices aos objetivos como um todo e esses riscos devem ser mapeados, independentemente de quem tenha competência para mitigá-los, uma decisão de outra natureza e de um outro momento na gestão do projeto descentralizado.

4.2 Medidas preventivas – Direcionando a flecha

Uma vez que se tenha à mão um portfólio de riscos do projeto, resta a complexa missão de se construírem medidas eficientes de mitigação, com as ferramentas possíveis no desenho do projeto e as limitações do pacto federativo, de logística e, ainda, de estrutura dos parceiros. Mais complexo do que identificar os riscos, é o processo de elaborar respostas eficientes.

O desenvolvimento dessas tecnologias de controle também pode se apoiar na matriz do ANEXO B, aproveitando-se os conhecimentos adquiridos na mitigação de riscos daquelas categorias, adaptando-as ao novo projeto. Controlar é uma arte que pode ser aprendida e desenvolvida.

Das soluções previstas no COSO (2007) para o enfrentamento dos riscos, tem-se: 1) a redução do risco, que busca diminuir a sua probabilidade e impacto; 2) evitar o risco, de modo a descontinuar atividades que o geram; 3) compartilhamento do risco para outros atores; e 4) aceitação do risco, no qual não se toma nenhuma medida para afetar esse risco.

As principais medidas possíveis em um projeto atuam na redução e na busca de se evitarem os riscos e podem ser classificadas como Controle, Transparência e Controle Social. São classificações específicas do setor público, já vulgarizadas nas discussões de participação popular e acesso a informações, amadurecidas no contexto posterior à Constituição Federal de 1988.

No campo do controle, pode-se atuar diante dos riscos na melhoria da responsabilização presente nas normas, na segregação de funções, na criação de mecanismos de verificação do gestor, bem como na capacitação e no treinamento em procedimentos específicos, no universo dos chamados controles internos ou controle interno administrativo.

No que tange a transparência, permite-se a redução da assimetria informacional nos processos, na circulação efetiva do fluxo de informações, de modo a tornar possível a aferição das entregas efetivas pelos atores envolvidos e a sua comparação com o proposto, à luz dos estudos de Braga (2012).

O controle social, como conjunto de ações individuais e coletivas que a sociedade realiza de forma cotidiana no acompanhamento da gestão pública, nas definições de Braga (2011c), depende do fluxo de informações da transparência e possibilita a sistematização das ações de acompanhamento e o acolhimento das demandas populares em relação aos produtos do projeto, funcionando o controle social como mediador de soluções. A participação popular faz-se de forma organizada, mas também por meio de denúncias e manifestações.

Essa trinca de ações de mitigação de riscos, típicas da gestão pública, em especial em um modelo descentralizado, sofre todo tipo de customização e de combinação na composição de uma estratégia de enfrentamento de riscos, à luz do mapeamento destes. Problemas de ausência de controles do gestor demandam capacitação. Riscos de certificação de despesas e de fiscalização de contratos demandam transparência, controle social e normatização. A composição de ações constitui as estratégias de mitigação de riscos. Cada risco demanda ações customizadas no seu enfrentamento, com as ferramentas disponíveis, considerados os custos envolvidos.

A questão posta é: dado que as respostas ao risco são pensadas em um plano teórico, com limitações de custo e autonomia, em um momento de conforto quando o apetite ao risco cresce, como compensar essa situação diante do risco real? Somente o monitoramento dessas respostas dará uma ideia maior da efetividade dessas medidas, reforçando a noção de aprendizado contínuo na gestão de riscos, com a utilização de categorias objetivas, que acumulem informações sobre os riscos e suas tipologias, oriundas de outros momentos.

4.3 Controle na medida do risco – A força da flecha

Na gestão de riscos, podemos adotar o seguinte axioma: quanto mais utilizamos mecanismos de controle, mais lentos se tornam os processos. Isso se dá pelo fato de os mecanismos de resposta ao risco, em linhas gerais, envolverem verificações adicionais e processos secundários de certificação, paralelos àqueles diretamente envolvidos na execução dos objetivos. Mesmo a tecnologia de informação em tempo real, na transparência, propicia a interrupção de fluxos para o esclarecimento de situações anômalas.

Essa visão contrapõe-se ao difundido pelo senso comum, de que "quanto mais controle, melhor", quando, de fato, importa o melhor controle, aquele que seja efetivo frente aos riscos. Essa modificação dos controles adotados em relação aos inicialmente estabelecidos, pensados na fase de identificação de riscos, é complexa, em especial pela responsabilidade que é atribuída àquele que toma a decisão de substituir um controle por outro, que corre o risco de ser menos efetivo. Por isso, prefere-se, em geral, acumular controles. Conforme Adams (2009), na maioria dos países do mundo desenvolvido, o número de novas regulamentações é muito maior que a exclusão de regulamentações antigas, nos quais os indivíduos preferem caminhos mais conservadores, na busca de se evadir da responsabilidade.

Nesse mesmo sentido, McNamee (1997) indica que importa olhar o processo de gestão como um ambiente de riscos, e não um sistema de controles, colocando o risco no foco e não os controles. Os controles são técnicas para se tratarem os riscos e precisam ser medidos quanto à sua eficácia, pois, a cada controle adicionado ao sistema, esse tem mais custos para operar, gerando camadas sobrepostas de controle, como uma cebola, o que contribui mais para seu descrédito do que para a sua efetividade.

Assim, faz-se necessário o monitoramento dos controles estabelecidos como resposta ao risco. O monitoramento contínuo pelos envolvidos é mais eficaz que as avaliações independentes, pela visão do COSO (2007), ainda que essas últimas interajam sobre o primeiro, tornando-os mais eficazes, o que implica pensar desde o processo de implementação do projeto nas respostas ao risco, levando em consideração que estas serão posteriormente monitoradas.

A avaliação das respostas ao risco estabelecidas são parte da avaliação da execução do projeto, pois o processo de gerência de riscos é intrínseco à gestão. De nada adianta avaliar resultados sem se deter nos mecanismos que conduziram a esses resultados. E, ainda, o monitoramento permite produzir conhecimento não só sobre aquele projeto, mas sobre outros similares que venham a ser criados, em um processo contínuo de aprendizagem organizacional.

O resultado do projeto não pode ser dissociado de seu processo de gestão de riscos. Encontrar medidas mais eficazes não é uma tarefa de improviso, e sim de validação, complementando as discussões, muitas teóricas, da fase de identificação de riscos. Um ciclo se instaura na identificação dos riscos, na construção de mecanismos de mitigação e no monitoramento desses mesmos mecanismos, avaliando a sua eficácia frente à materialização dos riscos, com retificações na busca de respostas mais efetivas.

Baseando-se nos estudos de Braga (2011a, 2011b, 2011d), para uma ação eficaz dos mecanismos de resposta ao risco, é preciso conhecer as suas possibilidades e limitações. A transparência tem gradações, que exigem uma elaboração da informação e uma capacidade de interpretação do receptor, assim como o controle social pode ser restringir a um papel burocrático-formal, esvaziado da força de seu caráter representativo, que lhe dá legitimidade e capilaridade. Os mecanismos de controle primário do gestor, de normas e verificações, têm como características aumentar as etapas dos processos, tornando-os mais morosos. É preciso, nesse sentido, considerar os ganhos e as perdas das ações sobre os riscos, nessas dimensões.

O estudo do projeto, a sua gênese, deve computar como processo de trabalho a gestão de riscos, em especial no contexto descentralizado, no atendimento de grande quantidade de cidadãos, como se dá em projetos da área social, analisando os riscos e prevendo já no desenho do projeto medidas de mitigação.

O ganho gerencial e político de um processo de gestão de riscos é enorme, frente aos custos por ele demandados. A gestão de riscos busca aumentar os benefícios e reduzir os custos das atividades cujos resultados são incertos, gerenciando, de fato, não o risco, mas as atividades que o geram, atuando sobre a sua probabilidade de ocorrência e o seu impacto, conforme Dinsdale e Hill (2003). Por meio dessa atuação sobre o risco, é possível aumentar a eficácia dos projetos, pela garantia razoável de alcance dos objetivos, mas também se pode melhorar a sua eficiência, por permitir a redução de controles e custos, fazendo mais com menos.

Conforme apresentado por Pickett (2006), gerenciar riscos não é simplesmente instalar um *software* de gestão de riscos e solicitar aos usuários que o alimentem. É uma questão cultural, de olhar para frente, de lidar com a incerteza. E essa cultura apresenta-se nas normas, procedimentos e artefatos. Eis o desafio, pois as mudanças culturais são lentas e, por vezes, onerosas, apontando um longo caminho a se trilhar na gestão pública brasileira em relação ao trato dos riscos, para além de mercado de capitais e desastres naturais.

O ônus do projeto envolve a sua execução e os mecanismos de garantia razoável para que esse projeto tenha sucesso. Em um desenho descentralizado, em que dispomos de vários atores, interdependentes, em projetos peculiares, inovadores, a gestão de riscos, com categorias que permitam aprender e ensinar, são medidas razoáveis para a superação desse cenário.

Como em Braga (2012), os paradigmas extremos de controle burocrático e de controle por resultados podem ser superados na utilização da gestão de riscos, sendo preventivo, com os ônus e bônus da análise prévia e processual, nos pontos nos quais importa ser, e aprendendo com os resultados, retornando conhecimento útil para a melhoria da gestão.

No caso da União, pelo seu protagonismo nesse desenho federalista, sobre ela recai a maior parte dos méritos, mas também a maior quota de responsabilização percebida no fracasso, o que reforça a necessidade de mecanismos de gestão de risco patrocinados pelos modeladores das políticas públicas, reforçando a governança do processo.

Desse modo, o tópico indicou que a gestão de riscos pode contribuir para a eficácia e a eficiência de projetos descentralizados, por meio da consideração do risco na gestão, oferecendo a ele o tratamento adequado, diante do apetite de risco, em um processo que deve ser monitorado e melhorado permanentemente, produzindo conhecimento sobre aquele projeto e outros similares.

5 Conclusão

O artigo apresentou como contribuição da gestão de riscos para os projetos descentralizados a possibilidade de se identificar riscos e atuar sobre eles, em um contexto de governança de políticas públicas em rede, utilizando o ferramental de categorias que permitam combinar a customização com a padronização, o percebido e o medido, aproveitando-se também de outras experiências e produzindo conhecimentos para projetos futuros.

Contextualizou-se os projetos no cenário do federalismo brasileiro, destacando o protagonismo técnico, financeiro e modelador das políticas sociais desempenhado pela União, com um desenho de execução centralizada nos municípios e alto grau de hierarquia e dependência do governo central na rede instaurada, com situações de arranjo compartimentalizado, em um processo de articulação entre as esferas que depende sobremaneira das diretrizes da esfera federal.

Nesse contexto, desenvolvem-se projetos vinculados a políticas sociais, gestados no plano federal para atender problemas que exijam uma ação temporária e intensiva, e que para seu desenvolvimento a contento necessitam de ações de governança na estrutura da rede montada entre os entes federativos, de forma que a gestão de riscos desponta como um valoroso instrumento de eficácia e eficiência nesse cenário.

No artigo, o conceito de riscos foi diferenciado em risco objetivo e risco percebido, sendo o segundo ratificado como uma abordagem que não pode ser dissociada da gestão de riscos, na busca de se compatibilizar no processo metodologias que considerem o risco objetivo, medido, e aquele percebido, de caráter subjetivo.

Identificou-se no texto o patrimonialismo, a carência de corpo técnico e as dificuldades de responsabilização como riscos percebidos nos projetos e no que tange ao risco objetivo, indicou-se um modelo de categorias que permite o aproveitamento de experiências e saberes de análise de riscos em projetos diferentes, no desenvolvimento de técnicas de controle em determinados tipos de gestão, que desenvolvem tecnologias aproveitáveis em outros projetos, mediando à customização e a padronização.

O último tópico trata do ciclo de risco, na identificação, análise, tratamento e monitoramento do risco, como modelo de atuação desde a gênese do projeto descentralizado, que permite adotar medidas preventivas na medida em que não engessam a eficiência requerida da atuação estatal.

O controle exercido pelo gestor, o controle social e a transparência são apresentados como ferramentas preventivas típicas do setor público no contexto de projetos descentralizados, e que podem ser combinados como mecanismos de resposta ao risco, inserindo a gestão de riscos como processo vinculado a gestão de um projeto descentralizado.

Assim, em um cenário de descentralização, de políticas sociais em rede, com a intensa participação dos municípios nesse processo, a gestão de riscos desde a elaboração do projeto atua como forma de garantir o atingimento dos objetivos, na busca da eficácia, e na redução de custos e direcionamento de ações de controle, na obtenção da eficiência.

Avançar no caminho da gestão de riscos é fundamental, mas para isso fazem-se necessárias mudanças culturais e a construção de tecnologias de controle que possibilitem um gerenciamento mais efetivo das incertezas, para que os projetos atinjam seus objetivos, diante de cenários de múltiplos parceiros e execuções descentralizadas, propiciando aos cidadãos serviços públicos de qualidade.

Referências

ABRÚCIO, Fernando Luiz. Desafios contemporâneos para a reforma da administração pública brasileira. *In*: PETERS, B. Guy; PIERRE, Jon. *Administração Pública*: coletânea. Brasília: Unesp/ENAP, 2010. p. 537-548.

ADAMS, John. *Risco*. São Paulo: Senac, 2009.

ASSOCIAÇÃO BRASILEIRA DE NORMAS TÉCNICAS. *Norma ISO 31000:* gestão de riscos. Rio de Janeiro, 2009.

BENTO, Leonardo Valles. *Governança e governabilidade na reforma do Estado*: entre eficiência e democratização. Barueri, SP: Manole, 2003.

BRAGA, Marcus Vinicius de Azevedo. A auditoria governamental como instrumento de promoção da transparência. *Jus Navigandi*, Teresina, v. 16, n. 2900, jun. 2011b. Disponível em: <http://jus.com.br/>. Acesso em: 22 jul. 2012.

BRAGA, Marcus Vinicius de Azevedo. A auditoria governamental na avaliação do controle primário. *Jus Navigandi*, Teresina, v. 16, n. 3022, out. 2011d. Disponível em: <http://jus.com.br/revista/texto/20173>. Acesso em: 26 jul. 2012.

BRAGA, Marcus Vinicius de Azevedo. Controle Social: avanços e perspectivas no cenário brasileiro. *Prestando Contas*, Rio de Janeiro, v. 18, n. 92, p. 6-7, out./dez. 2011c. Disponível em: <http://www.rio.rj.gov.br/dlstatic/10112/2310215/DLFE-239309.pdf/PC_9.2.WEB.pdf>. Acesso em: 22 jul. 2012.

BRAGA, Marcus Vinicius de Azevedo. Gestão de riscos, transparência e controle social no contexto dos projetos governamentais: eficiência aliada à democracia. *In*: CONGRESSO CONSAD DE ADMINISTRAÇÃO PÚBLICA, 5., 2012, Brasília. *Anais eletrônicos...* Disponível em: <https://bvc.cgu.gov.br>. Acesso em: 26 jul. 2012.

BRAGA, Marcus Vinicius de Azevedo. *O controle social da educação básica pública*: a atuação dos conselheiros do Fundeb. 2011. 176 f. Dissertação (Mestrado em Educação)–Faculdade de Educação, Universidade de Brasília, Brasília, 2011a. Disponível em: <http://biblioteca. fe.unb.br/>. Acesso em: 22 jul. 2012.

BRASIL. Controladoria-Geral da União. *Relatórios de fiscalização do Programa de Sorteios de municípios*. 2012. Disponível em: <http://www.cgu.gov.br>. Acesso em: 26 jul. 2012.

BRASIL. Ministério do Planejamento, Orçamento e Gestão. Secretaria de Orçamento Federal. *Manual técnico de orçamento - MTO*. Versão 2012. Brasília, 2011.

COHEN, Ernesto; FRANCO, Rolando. *Avaliação de projetos sociais*. 3. ed. Petrópolis: Vozes, 1999.

COHEN, Ernesto; FRANCO, Rolando. *Gestão social*: como obter eficiência e impacto nas políticas sociais. Brasília: ENAP, 2007. 292 p.

COMMITTE OF SPONSORING ORGANIZATIONS OF THE TREADWAY COMMISSION – COSO. *Gerenciamento de riscos corporativos*: estrutura integrada: sumário executivo e estrutura. Jersey City: AICPA, 2007. 2 v. Versão em português. Disponível em: <http://www.coso.org>. Acesso em: 22 jul. 2012.

CURY, Carlos Roberto Jamil. Os desafios da construção de um sistema nacional de educação. *In*: BRASIL. Ministério da Educação. *Coletânea de textos da CONAE*: tema Central e colóquios. Brasília: CONAE/MEC, 2010.

DINSDALE, Geoff; HILL, Stephen. *Uma base para o desenvolvimento de estratégias de aprendizagem para a gestão de riscos no serviço público*. Traduzido por Luís Marcos B. L. de Vasconcelos. Brasília: ENAP, 2003. 80 p. (Cadernos ENAP, 23).

FABRA, Marcantonio; MENDES, João Ricardo Barroca; VALLE, André Bittencourt do. *Gerenciamento de projetos*. Rio de Janeiro: FGV, 2009. (Cademp).

GIAMBIAGI, Fábio; ALEM, Ana. *Finanças públicas*: teoria e prática no Brasil. 3. ed. Rio de Janeiro: Elsevier, 2008.

MARTINS, Paulo de Sena. *Fundeb, federalismo e regime de colaboração*. Campinas, SP; Brasília, DF: Autores Associados; Faculdade de Educação da UnB. 2011.

MCNAMEE, David. Risk-based auditing. *Internal Auditor*, Flórida, v. 54, Aug. 1997. Disponível em: <http://www.theiia.org/intauditor/>. Acesso em: 22 jul. 2012.

PICKETT, K. H. Spencer. *Enterprise Risk Management* : a manager's journey. New Jersey: John Wiley & Sons, 2006.

PROJECT MANAGEMENT INSTITUTE - PMI. *A guide to the project management body of knowledge*: (PMBOK Guide). 3rd ed. Newtown Square: Project Management Institute, 2004.

SILVA, Virgílio Afonso da. Federalismo e articulações de competências no Brasil. *In*: PETERS, B. Guy; PIERRE, Jon. *Administração Pública*: coletânea. Brasília: Unesp/ENAP, 2010. p. 549-570

SLOMSKI, Valmor. *Controladoria e governança na gestão pública*. São Paulo: Atlas, 2009.

ANEXO A – Consolidação de constatações do programa de sorteios de municípios

CATEGORIA	DESCRIÇÃO	%[4]	%[5]
CONTROLE	Mecanismos de controle social não implementados ou com atuação deficiente	6,60	19,32
	Falhas na prestação de contas das despesas realizadas	5,40	
	Problemas nos controles internos administrativos no âmbito municipal	7,32	
PROGRAMA	Objeto do programa não foi executado ou foi executado com deficiência	4,56	17,88
	Problemas de pessoal vinculado ao programa	6,60	
	Problemas de enquadramento de beneficiários nos critérios do programa	1,32	
	Desvio de finalidade e despesas inelegíveis na gestão do programa	5,40	
GESTÃO	Ausência ou insuficiência de contrapartida financeira ou de estrutura	6,22	34,12
	Descumprimento de formalidades documentais e recolhimento de tributos	3,24	
	Deficiências na gestão do programa no âmbito municipal	24,66	
CONTÁBIL	Irregularidades na gestão de saldos e movimentações financeiras	5,06	5,75
	Fraudes em documentos e processos	0,69	
DESPESA	Irregularidades de liquidação e certificação de despesas	3,24	7,48
	Problemas de pagamentos e saques indevidos	4,24	
AQUISIÇÃO	Irregularidades de execução e fiscalização de contratos	1,29	15,46
	Irregularidades em licitações, sobrepreço e compras governamentais	12,54	
	Deficiências na gestão de obras e serviços de engenharia	1,63	

[4] Percentual de constatações (falhas graves e médias) encontradas nas fiscalizações do 33º, 34º e 35º Sorteio de municípios.
[5] Percentual consolidado por categoria.

ANEXO B – Mapa de riscos por categoria

Categoria	Identificação de riscos no projeto (Probabilidade x Impacto)	Respostas ao risco propostas	Avaliação das respostas ao risco adotadas	Lições aprendidas
Fragilidades do órgão promotor da política				
Peculiaridades do projeto				
Controle				
Programa				
Gestão				
Contábil				
Despesa				
Aquisição				

Informação bibliográfica deste texto, conforme a NBR 6023:2002 da Associação Brasileira de Normas Técnicas (ABNT):

BRAGA, Marcus Vinicius de Azevedo. Projetos governamentais descentralizados: o que a gerência de riscos pode contribuir para a qualidade dos serviços prestados neste modelo? *In*: BRAGA, Marcus Vinicius de Azevedo (Coord.). *Controle interno*: estudos e reflexões. Belo Horizonte: Fórum, 2013. p. 169-191. ISBN 978-85-7700-789-9.

REFLEXÃO SOBRE O CONTROLE INTERNO DA ADMINISTRAÇÃO FEDERAL DIRETA SOB A PERSPECTIVA DE PIERRE BOURDIEU

LEICE MARIA GARCIA

1 Introdução

Este artigo visa trazer uma reflexão diferenciada sobre as características da área de controle interno da Administração Pública Federal Direta,[1] fundamentada na perspectiva da sociologia relacional de Pierre Bourdieu,[2] para contribuir no enfrentamento de alguns de seus desafios. Não há pretensões prescritivas ou definições de relações causa-efeito entre quaisquer variáveis identificadas como relevantes, pois a abordagem tem caráter puramente interpretativo. Trata-se de compreender as características essenciais da área a partir do processo sócio-histórico que possibilitou sua emergência.

Aplicar essa teoria à área de controle interno apresenta justificativas prática e teórica. A justificativa prática é que os integrantes da carreira de Finanças e Controle estão, há décadas, enfrentando dilemas complexos de identidade profissional, inclusive com reflexos nas relações que estabelecem com os gestores federais.

---

[1] Exceto os órgãos Presidência da República, Ministério da Defesa e Ministério das Relações Exteriores, cujas competências de controle interno são exercidas pelas respectivas Secretarias de Controle Interno (CISET).

[2] Reflexão desenvolvida durante a elaboração de tese apresentada pela autora como requisito parcial à obtenção do título de Doutora em Administração, em 2011.

Do ponto de vista exclusivamente normativo, o art. 74 da Constituição Federal de 1988, regulamentado no âmbito federal pela Lei nº 10.180/2001 e pelo Decreto nº 3.591/2000, define que o Sistema de Controle Interno (SCI) tem a finalidade de avaliar o cumprimento das metas previstas nos planos plurianuais e a execução de programas e orçamentos da União, de comprovar a legalidade e os resultados da gestão dos administradores públicos federais ou da aplicação de recursos públicos por entidades de direito privado, controlar operações de crédito, avais e garantias, direitos e haveres da União e apoiar o controle externo no exercício de sua missão institucional. Complementarmente, o art. 7º do Decreto nº 3.591/2000 afirma que, preferencialmente, as atividades do Sistema destinam-se a subsidiar o exercício da direção superior da Administração Pública Federal, a cargo do Presidente da República, a supervisão ministerial, sob a responsabilidade dos ministros e o aperfeiçoamento da gestão das políticas públicas, a cargo de gestores federais, nos aspectos de formulação, planejamento, coordenação, execução e monitoramento.

Dessa breve exposição normativa, pode ser identificado certo risco de dualidade funcional. A finalidade do Sistema é de fiscalizar a Administração Federal, em sentido similar à competência do controle externo,[3] ou de apoiar os gestores federais no aperfeiçoamento da gestão das políticas públicas? É possível conjugar a finalidade de fiscalizar com atividades de apoio ao gestor? Afinal, qual a identidade funcional dos integrantes da carreira Finanças e Controle no âmbito do SCI?

Do ponto de vista acadêmico, verifica-se, nos últimos anos, que especialmente a Contabilidade, a Economia, as Ciências Políticas e a Administração contribuíram com relevantes estudos sobre a área de "controle interno" no setor público brasileiro,[4] majoritariamente alinhados ao paradigma funcionalista,[5] Esses trabalhos têm em comum

---

[3] Essa similaridade também é encontrada na definição da competência do Congresso Nacional para fiscalizar a União trazida pelo art. 70 da Constituição Federal/1988: "A fiscalização contábil, financeira, orçamentária, operacional e patrimonial da União e das entidades da administração direta e indireta, quanto à legalidade, legitimidade, economicidade, aplicação das subvenções e renúncia de receitas, será exercida pelo Congresso Nacional, mediante controle externo, e pelo sistema de controle interno de cada Poder".

[4] Vieira, 2001; Sanches, 2006; Olivieri, 2008; Wassally, 2008; Balbe, 2010.

[5] Trabalho seminal de Burrrel e Morgan, em 1979, constituiu um esquema analítico para classificar o estudo da teoria social e da teoria das organizações em quatro distintos paradigmas. O paradigma funcionalista, altamente dominante na academia, encontra-se firmemente enraizado na *sociologia* da regulação e aborda o sujeito de um ponto de vista objetivista e os fenômenos sociológicos de forma realista, positivista, determinista (BURREL; MORGAN, 1979). No paradigma interpretativo, utilizado neste trabalho, ao contrário da visão do paradigma anterior, o mundo social é visto como construção subjetiva dos seres humanos que,

o acolhimento do sentido de controle interno próprio do ordenamento jurídico brasileiro, *in verbis*:

> [...] todo o [controle] realizado pela entidade ou órgão responsável pela atividade no âmbito da própria administração. Assim qualquer controle efetuado pelo Executivo sobre seus serviços ou agentes é considerado interno, como interno será também o controle do Legislativo ou Judiciário por seus órgãos de administração, sobre seu pessoal e os atos administrativos que pratique. (MEIRELLES, 2000, p. 615)

Olivieri (2008) complementou essa referência ao referir-se à definição da Lei nº 4.320/1964,[6] que instituiu o dever de o próprio Poder Executivo exercer o acompanhamento da execução orçamentária, de forma prévia e concomitante, visando garantir a efetividade da despesa pública, por meio do controle da execução física dos programas de governo e do controle da legalidade dos atos dos administradores.

Como esses trabalhos utilizaram a visão de "controle interno" dominante na Administração Federal, ignorando o processo sóciohistórico de sua construção, a pergunta do mundo prático sobre as características que distinguem o controle interno na Administração Federal Direta brasileira permaneceu tendo relevância acadêmica.

2 Proposta de compreensão da concepção de controle interno na Administração Federal Direta fundamentada na perspectiva de Pierre Bourdieu

Micele (2004), ao apresentar a obra de Pierre Bourdieu, ensina que o importante não é a disputa de ideias, mas a clareza sobre o saldo a ser aproveitado das diferentes concepções de realidade social, com atenção para a forma como elas almejam transformar o existente. Assim, sem questionar a importância de outras perspectivas, esta proposta indaga sobre a especificidade identitária do controle interno da Administração Federal Direta.

---

pelo desenvolvimento e uso da linguagem comum e da interação do dia a dia, podem criar e sustentar um mundo social de significados compartilhados intersubjetivamente.

[6] A Lei nº 4.320/1964 utilizou, pela primeira vez no ordenamento jurídico brasileiro, o termo controle interno. O seu Capítulo III se denomina *Do Contrôle Interno* e estabelece, no art. 76, que o Poder Executivo, sem prejuízo das atribuições do Tribunal de Contas, ou equivalente, também deve exercer o controle da legalidade dos gastos em seu âmbito, da fidelidade funcional de seus agentes e, também, do cumprimento do programa de trabalho expresso na equivalência entre recursos e objeto. Estabelece, ainda, no art. 77, que o controle da legalidade da execução orçamentária será prévio, concomitante e subsequente (BRASIL, 1964).

A perspectiva escolhida propõe um método de aproximação do mundo real, como forma de conhecê-lo. Bourdieu (1996a) defende a formação relacional (estrutura-agente) do mundo social, alertando que a ignorância dessa condição faz com que atividades/preferências próprias de determinado momento particular sejam percebidas como essência do mundo social. A abordagem desse autor radicaliza a concepção da reflexividade estrutura e agente como relação instituidora do mundo social.

Essa relação, segundo Ortiz (1983), busca a mediação entre o agente social e as estruturas sociais, como método de compreensão e objetivação de espaços sociais específicos. Nela, não são adotados conceitos fixos relacionados a um modelo teórico a ser testado na realidade empírica (BOURDIEU; PASSERON; CHAMBOREDON, 2010). Os conceitos campo, capital, *habitus, illusio, doxa* e *hexis* são utilizados como instrumentos metodológicos, de caráter fundamentalmente heurístico (BOURDIEU, 2010a; 2007; 1996a; WACQUANT, 2002; THIRY-CHERQUES, 2006).

Campo significa o espaço social de interesse. Os limites não são fixos, variando de acordo com o objetivo do pesquisador (EMIRBAYER; JOHNSON, 2008; THIRY-CHERQUES, 2006; WACQUANT, 2006). As configurações só se mostram completas, inclusive ao pesquisador, na medida em que fiquem evidenciados o princípio gerador das práticas dos agentes, os elementos que compõem esse princípio e as formas de distinção e de interesse pelas disputas próprias do campo (BOURDIEU, 2010a).

Habitus[7] representa o princípio gerador das práticas dos agentes que integram o campo. Significa disposições inscritas nas estruturas objetivas dos espaços sociais e que, internalizadas pelo corpo e mente dos agentes, definem tendências duradouras para as práticas e as percepções vigentes. Os agentes adquirem essas disposições pelo aprendizado implícito ou explícito a que tem acesso em suas histórias pessoais, incluindo família e grupos. Por meio do *habitus*, os agentes agem sem se valerem, *a priori*, do cálculo racional, pois as práticas resultam da mediação da reflexividade existente entre estrutura social (nível macro) e ação individual (nível micro) (BOURDIEU, 1996a; 2002; 2010a).

A despeito de risco de imprecisão, Pierre Bourdieu se utiliza da metáfora de jogos (que nada tem em comum com a teoria dos jogos)

---

[7] Trata-se de conceito originado da noção de *hexis* de Aristóteles que pode ser traduzido como disposições incorporadas pelos agentes sociais, na forma de estruturas internas, conscientes e inconscientes, que dão unidade de sentido à prática social (BOURDIEU, 1996a; THIRY-CHERQUES, 2006; WACQUANT, 2006).

para explicitar, mais didaticamente, o que fundamenta a sua forma de compreender as práticas sociais. A lógica é simples. Em qualquer jogo, os jogadores aprendem as regras com anterioridade à ação e, no momento de jogar, as aplicam para criar seus movimentos. Quanto mais o jogador tenha internalizado o sentido do jogo, melhor condição consegue para se posicionar no campo e sobressair na competição. Na prática social, algo bem próximo se sucede. Em cada contexto social, as práticas dos agentes não se constituem nem como ações calculadas, nem como meras repetições das regras vigentes. Elas são concebidas pelo agente, a partir de princípios internalizados, originados no grupo social, em processo coletivo que elege o conjunto de práticas aceitas como possíveis para os agentes que integram o campo (BOURDIEU, 1996a; 1996b; 2004; 2007).

Além da lógica que direciona as práticas dos agentes, os campos também se caracterizam por apresentar mecanismos de distinção de seus agentes, fundamentados em capitais acumulados. Esses capitais podem ser econômico (recursos financeiros ou ativos imobilizados), cultural (diplomas, saber formal, história familiar), social (rede, influência), técnico (experiência, *expertise*) ou simbólico (representação, prêmios). A entrada ou a permanência do agente em um campo exige que ele demonstre ter internalizado em seu processo histórico recursos específicos. Quanto mais capitais específicos acumulados, compatíveis com os capitais valorizados, maiores as possibilidades de entrar no campo e de ocupar as posições de maior influência.

A *illusio*, por sua vez, representa o encantamento que retém o interesse dos agentes e os aprisiona ao campo. Reflete a cumplicidade ontológica que se estabelece entre as estruturas objetivas do campo e as estruturas subjetivas dos agentes, que faz com que eles não percebam que integram um processo de construção social. Presos ao jogo, os agentes naturalizam suas práticas e percepções alinhadas ao *habitus* do campo.

De maneira similar, os agentes ficam dominados por crenças tomadas como verdades no campo, que funcionam de forma autoevidente e subconsciente. É o que Bourdieu (1996a) denomina de *doxa*. Consiste de um conjunto de crenças, princípios fundamentais e habilidades adquiridas que são únicas para cada campo. Trata-se de ponto de vista particular que a visão dominante impõe como universal.

Complementa esse conjunto de conceitos a noção de *hexis*, que se refere ao efeito dessa construção sócio-histórica na postura e no corpo dos agentes, por meio, por exemplo, da adoção de atitudes, vestimentas ou linguagem próprias dos integrantes do campo.

Além dos conceitos, a abordagem bourdieuana também exige a utilização de uma metodologia específica para vencer etapas importantes de aproximação com o objeto de interesse, de forma a realizar a ruptura com crenças e concepções naturalizadas que escondem a realidade. A ruptura ocorre por meio de duas operações concomitantes. Pelo levantamento da gênese do campo fica evidenciado que a realidade de interesse resultou do enfrentamento de muitas possibilidades defendidas por agentes distintos e que apenas uma permaneceu na construção histórica. Essa reconstrução retira o efeito da amnésia coletiva que tem papel central na desnaturalização do fenômeno social e demonstra o efeito da subjetividade na instituição do mundo social. Por outro lado, pela análise das práticas, valores e crenças atuais do campo que emergiu do processo sócio-histórico pode ser alcançada a compreensão de como as estruturas objetivas influenciaram a subjetividade dos agentes.

Para aplicar os conceitos e a metodologia de Pierre Bourdieu para compreender a área de controle interno da Administração Federal Direta brasileira, as normas relativas ao controle de gastos públicos no Brasil foram identificadas como estruturas estruturantes e as instituições ou agentes que participaram das disputas para definição das competências e atribuições institucionais foram consideradas estruturas estruturadas.

O levantamento da gênese do campo, apresentado a seguir, tomou como percurso histórico o período que transcorreu da chegada da família real ao Brasil, em 1808, à criação da SFC, em 1994. O objetivo foi descrever as referências constituídas no campo, por meio da identificação do *habitus*, do *capital específico* e da matriz de significados, traduzidos pela *doxa* e pela *illusion*, que afeta e motivam os agentes a investirem na área.

3 A gênese do campo "controle interno da Administração Federal Direta"

Para compreender a gênese do campo de interesse e localizar a lógica interna que justificou sua diferenciação, foi feito um levantamento da evolução das lutas/disputas para definir as estruturas normativas sobre controle de gasto público no Brasil ao longo da história. O primeiro registro de estrutura normativa de controle financeiro, ainda no Brasil Colônia, foi o Alvará Real, de 28.06.1808, que constituiu o Erário Régio e o Conselho da Fazenda para responderem pela administração central da Coroa (Reino Unido de Portugal, 1808). Nessa época, os agentes que dividiam o poder estatal e exerciam papel decisório na arrecadação de tributos e na realização de despesa eram os representantes da Coroa, com poder econômico e político sobre as províncias, e os ocupantes dos cargos burocráticos recém-criados. Prevaleciam condições sociais avessas ao governo central, com resistência generalizada ao monopólio estatal de arrecadação de impostos, autoritarismo de mandatários locais e corrupção generalizada nas relações institucionais (COSTA, 2010).

O Alvará se contrapôs a essa resistência e às relações de poder locais. Conforme o preâmbulo do normativo, o objetivo declarado foi constituir novas estruturas e novos mecanismos administrativos e de controle "[...] para a mais exacta Administração, Arrecadação, Distribuição, Assentamento e Expediente [...]". Segundo a norma, essas condições seriam centrais para garantir provisões de recursos adequadas à "[...] manutenção do Throno, e o bem commum dos [...] fieis vassalos [...], de forma a prevenir [...] gravissimas consequencias [...]" (REINO UNIDO DE PORTUGAL, 1808).

Com o advento do Império, houve a substituição do Erário Régio e do Conselho da Fazenda pelo "Tribunal do *Thesouro* Público Nacional", com competência para responder pela administração, arrecadação e contabilidade, juntamente com as *"Thesourarias"* e autoridades das Províncias do Império. A finalidade legal era de coordenação da execução financeira e da fiscalização dos assuntos pertinentes à receita e à despesa pública em todas as repartições da Fazenda (BRASIL, 1831). Na disputa anterior entre o poder central e os mandatários locais, ganharam força esses últimos. Trabalhos na área das ciências sociais (RAMOS, 1983; FAORO, 2000; COSTA, 2010) indicam que estruturas de controle e procedimentos oficiais, como prestação de contas ao Poder Legislativo, cuidavam da representação oficial de administrações marcadas por personalismo, despotismo e mandonismos dos poderosos locais, da burocracia e da classe política, favorecendo a lógica do formalismo, conforme conceito de Riggs (1968).[8] Os mecanismos de controle instituídos, integrando execução financeira e fiscalização, não conseguiram modificar a percepção de arbítrio na administração das finanças públicas. No final do período, os capitais político e simbólico acumulados pelo *Tribunal do Thesouro* estavam reduzidos e os grupos que defendiam a criação de um tribunal independente estavam fortalecidos.

Imediatamente após a Proclamação da República, novas estruturas foram constituídas, com vitória para o ponto de vista de agentes que lutaram contra uma estrutura que agregava administração e controle.

---

[8] Por formalismo, conforme Riggs (1968), entende-se discrepância entre condutas da Administração em relação a normas que se supõe regularem as práticas, sem que disso resultem sanções aos infratores.

Pelo Decreto nº 966-A, em 07.11.1890 foi criado o Tribunal de Contas, independente do Poder Executivo. Na exposição de motivos do Decreto, quatro ideias foram destacadas por Ruy Barbosa, então Ministro e Secretário de Estado dos Negócios da Fazenda, defensor da proposta da instituição de um tribunal independente: 1. O orçamento público deveria ser visto como instituição inviolável e soberana, voltada ao atendimento de demandas públicas com o menor sacrifício possível para os contribuintes; 2. O processo de execução da lei orçamentária deveria se constituir como sistema capaz de evitar "[...] todos os desvios, todas as vontades e todos os poderes [...]" que pudessem perturbar o seu curso normal; 3. O compromisso da "[...] fiel execução orçamentária [...]" deveria ser instalado no país e 4. O sistema de contabilidade do Thesouro Nacional, por ser "[...] defeituoso e fraco [...]", deveria ser substituído (SILVA, 1999, p. 158).

Do ponto de vista institucional, em lugar do *Tribunal do Thesouro*, emergiram dois agentes institucionais que passaram a competir para definir as estruturas objetivas de controle, quais sejam, o Tribunal de Contas e o Ministério da Fazenda, instituição que abrigava a Contadoria-Geral da República. O Tribunal de Contas, além de exercer controle prévio da despesa da União, apresentava competências de tribunal de justiça, podendo propor multas, prisões e demissões de agentes (BRAZIL, 1892).

De forma idêntica ao período imperial, essa nova conjuntura institucional não foi sinônimo de eficácia para alterar a situação de desvios e desmandos no setor público. Faoro (2000, p. 631) ensina que a ação dos liberais da República quebrou a "armadura com tendência burocrática" do Império, mas não conseguiu constituir práticas de controle autônomas e independentes por eles proclamadas. De 1891 a 1930, verifica-se que o arranjo de controle dos recursos púbicos vigente era frágil e ineficaz, até mesmo para gerar informação sobre as finanças públicas.

A Era Vargas (1930-1945), por sua vez, também não favoreceu as instituições de controle vigentes. As estruturas de controle continuaram cuidando da representação oficial de Estado legítimo, ao invés de serem mecanismos efetivos de coordenação política, no caso do Tribunal, e de coordenação das finanças, no caso da Contadoria.

Com a queda de Vargas em 1945, a Constituição Federal de 1946 restaurou a divisão entre os três poderes e ampliou consideravelmente as competências do Tribunal de Contas. Além de recuperar a competência de controle prévio, o Tribunal passou a compor o Poder Legislativo como órgão auxiliar para a fiscalização da execução financeira e orçamentária da União, alterando definitivamente a configuração das lutas e disputas para a definição de arranjos de controle na Administração Federal.

Com a complexidade crescente da administração do país, o controle prévio do Tribunal torna-se empecilho à execução das ações de governo, favorecendo a gramática do formalismo do Estado brasileiro. Como decorrência, tanto o controle do governo federal, quanto o controle político eram formalistas. No início dos anos 1960, no final do Governo Goulart, em meio a denúncias de corrupção, começa nova disputa para redefinir os mecanismos na esfera federal.

A primeira norma que emergiu desse contexto foi a Lei nº 4.320, de 17.03.1964, apresentando, pela primeira vez na história, o termo "controle interno" no ordenamento jurídico brasileiro. Essa norma, além de prever a instituição de controle interno para exercer o controle da execução orçamentária e financeira no âmbito do Poder Executivo, dispensou a competência de controle prévio do Tribunal de Contas sobre os atos do Poder Executivo. E estabeleceu alteração nas dimensões a serem controladas. Até então, as dimensões controladas eram a legalidade dos atos praticados e a fidelidade dos agentes públicos em relação aos valores e aos bens públicos geridos. Com a nova Lei, instalou-se a obrigatoriedade do controle do resultado da aplicação dos recursos orçamentários, dado que a qualquer gasto incorporou-se o dever de correspondência de realização física de bens ou serviços. Nesses termos, além do dever de controle formal, agregou-se o dever do controle do mérito da despesa, ou seja, além dos demonstrativos financeiros e contábeis, dever-se-ia também comprovar a realização física do objeto, como por exemplo de pontes, escolas, hospitais ou serviços prestados à população.

A instituição dessa previsão não se deu de forma pacificada. Enquanto agente institucional capaz de disputar para prevalecer na definição dos pontos de vistas a serem adotados na burocracia federal, o Tribunal reagiu fortemente (SILVA, 1999). Como consequência, a noção de controle interno recepcionada pela Constituição Federal de 1967 previu que o Poder Executivo manteria um sistema de controle interno visando a criar condições para a eficácia do controle externo, constituindo um elo definitivo entre as duas competências.

A burocracia federal responsável por definir as regras institucionais da gestão reagiu na direção oposta ao Tribunal, buscando viabilizar a instituição de um controle interno em seu apoio. O Decreto-Lei nº 200, de 25.02.1967, não utilizou o termo "controle interno". Instituiu um conceito de controle como processo que permeia toda a gestão, como ferramenta de coordenação administrativa dos gestores federais. Nele, está implícito que o controle a ser organizado pela Administração Federal, na forma de sistemas de administração financeira, contabilidade e auditoria, sob a responsabilidade das Inspetorias Gerais de Finanças (IGF),[9] teria a finalidade de criar condições para a supervisão ministerial e para o aperfeiçoamento da gestão. Apenas subsidiariamente, em incisos relacionados às responsabilidades dos gestores e às dos sistemas auxiliares, ficou previsto apoio ao controle externo. Assim, o Decreto-Lei instituiu a função de auditoria com dupla natureza e lhe conferiu o encargo de apoiar tanto o Tribunal, quanto o gestor federal.

Os agentes das IGF que herdaram as estruturas cognitivas dos agentes da Contadoria-Geral da União passaram a interagir no campo da Administração Federal, notadamente com os integrantes do TCU e do MF, em disputas e lutas para definir as regras de controle do gasto público. Os auditores federais, por exemplo, já nos anos 1970, reivindicaram se transferirem para a estrutura da Presidência da República, para disporem de autonomia para fiscalizarem de forma mais efetiva os órgãos federais.

Os gestores federais, por outro lado, em nenhum momento da história apresentaram qualquer projeto para instituir um controle interno como instrumento gerencial próprio, como estava surgindo no setor privado e no setor público de outros países, nos anos 1950 e 1960, voltado ao auxílio da gestão para favorecerem o alcance de metas em contexto de segurança institucional.

Esse processo de luta entre o Ministério da Fazenda, incluindo os três eixos dos sistemas auxiliares, finanças, contabilidade e auditoria, e o TCU durou mais de vinte anos a partir dos anos 1970 até a emergência da Secretaria Federal de Controle, como campo autônomo reconhecido como controle interno da Administração Federal Direta. Quatro eventos relevantes merecem ser destacados nesse período:

    a) Em 1972,[10] as Inspetorias Gerais de Finanças foram transformadas em Secretarias de Controle Interno (CISET) — significando controle interno setorial —, tendo por finalidade exclusiva executar as atividades típicas dos sistemas de administração

---

[9] As Contadorias foram transformadas em Inspetorias Gerais de Finanças (IGF), pelo Decreto nº 61.386/1967, para funcionarem como setoriais dos sistemas de administração financeira, contabilidade e auditoria.

[10] Na esteira da crise econômica e fiscal do país, Delfim Neto e Ernane Galvêas priorizaram o redesenho estrutural da máquina pública (GOUVÊA, 1994), com reforma estrutural nos Sistemas de Administração Financeira, Contabilidade e Auditoria.

financeira e de contabilidade. A auditoria foi centralizada na Secretaria Central de Controle Interno (Secin), com autonomia em relação aos órgãos setoriais, ampliando o grau de distanciamento da gestão, na direção da independência reivindicada pelos auditores federais;
b) em 1986, ocorreu a criação da Secretaria do Tesouro Nacional (STN), com o objetivo de promover a melhoria da gestão das finanças públicas do país, integrando os sistemas de programação financeira e de administração, contabilidade e auditoria para formar o Sistema de Controle Interno do Poder Executivo (SCI). Logo no início de 1987, o SCI passou a contar com o Sistema Integrado de Administração Financeira do Governo Federal (SIAFI) para controlar, em tempo real, o caixa do governo federal, gerando os balanços contábeis de forma *on line*. A lógica operacional integrava, ao mesmo tempo, programação, execução, registro e controle, utilizando, de forma inédita no mundo, as possibilidades da informatização de procedimentos contábeis (CASTRO; GARCIA, 2004). Dessa forma, havia sido estruturado um Sistema de Controle Interno do Poder Executivo Federal (SCI), nomenclatura prevista na Constituição Federal de 1967, com maior empoderamento das funções de administração financeira e contabilidade;
c) em 1987, na Assembleia Nacional Constituinte, a STN surgiu como agente com capacidade institucional para disputar, pelo MF, com o Tribunal de Contas da União, na definição do que iria ser a visão de controle a ser incorporada pela nova Constituição. Afirmando que "passam elefantes pela frente desse sistema de controle interno [...]." (BRASIL, 1994b), o Secretário da STN trouxe a visão de que o essencial do Sistema não se revelava no "papel acessório" que tinha na apresentação das contas federais ao TCU. Afirmou a importância de o Sistema mudar para colaborar com a gestão. Segundo esse discurso, o SCI do Poder Executivo federal deveria ser definido a partir da demanda da Administração Pública e não do controle externo. Já a visão defendida pelo TCU sugeria a valorização da capacidade de controle sobre Administração Pública, por intermédio dos Tribunais, ao afirmar que "controle interno é apenas para ajudar o controle externo" (BRASIL, 1994b, p. 57). A STN venceu no foco, e o TCU, na manutenção da localização da definição das finalidades do Sistema em capítulo do Poder Legislativo. A despeito de manter o alinhamento institucional

do controle interno ao externo, a Constituição Federal de 1988 concedeu maior ênfase às finalidades de avaliação da execução das metas do PPA, da comprovação da execução de programas e da avaliação da fidedignidade dos atos dos administradores federais;

d) no início da década de 1990, a crise institucional resultante do processo de *impeachment* do ex-Presidente Collor de Mello e do escândalo dos anões do orçamento no Congresso Nacional foi explicada oficialmente pela fragilidade do SCI, dado que a STN não conseguia exercer adequadamente a fiscalização da aplicação dos recursos públicos, pois tinha que privilegiar o controle da inflação e a crise econômica, problemas desafiadores para a governo federal naquele contexto. Assim, os agentes que atuavam no eixo de auditoria eram os mais bem posicionados no campo burocrático federal para assumir as novas responsabilidades exigidas pelo momento político que o país vivia. Assim, pela Medida Provisória nº 480/1994 foi criada a Secretaria Federal de Controle (SFC), para fortalecer as atividades direcionadas pela lógica internalizada pelos auditores, com foco na fiscalização da gestão e na legitimidade do Estado, como reflexo da ação do controle externo.

Assim, a SFC assumiu a coordenação do processo de fiscalização contábil, financeira, orçamentária, operacional e patrimonial e da verificação e avaliação dos resultados obtidos pelos administradores públicos (BRASIL, 1994) na Administração Federal Direta, com poderes de coerção voltados à preservação do alinhamento dos agentes públicos às diretrizes e compromissos institucionais, condicionados pelo sistema racional-legal que regula o Estado brasileiro. Para a operacionalização dessa competência, ficou prevista a utilização das técnicas de fiscalização e auditoria.

O surgimento da SFC pode ser interpretado como diferenciação de novo espaço social na Administração Federal, segundo a concepção de Pierre Bourdieu, porque a partir daquele momento, um grupo de agentes passou a deter monopólio da competência para fiscalizar e auditar os órgãos da Administração Direta, em posição de relativa independência desses órgãos para definir as suas regras de funcionamento. Os agentes conquistaram a autonomia necessária ao exercício da autoridade de legitimação de atos praticados pelos administradores federais, no âmbito do Poder Executivo, afirmando se foram ou não praticados de forma regular.

Essa competência representa o capital específico que justifica e mantém a diferenciação do campo do controle interno nessa esfera institucional, o que significa que o interesse dos agentes será de fortalecimento de todas as condições institucionais que favoreceram seu exercício.

As alterações posteriores, em 1999, em termos de competências e estruturas da STN e SFC reforçam essa afirmação. Por meio da Medida Provisória nº 1.893/67, de 29.06.1999, houve a separação do Sistema de Controle Interno, em três sistemas: dois de suporte à gestão, voltados à administração financeira e à contabilidade, e um denominado Sistema de Controle Interno, voltados à fiscalização e auditoria da gestão. Logo em seguida, pela Medida Provisória nº 1.893/70, de 24.09.1999, a cisão entre gestão e a noção de controle adquiriu formato estrutural: (1) ocorreu a extinção das Secretarias de Controle Interno dos Ministérios civis (CISET), à exceção das CISET da Presidência da República, dos Ministérios Militares e do Ministério das Relações Exteriores; e (2) criou-se o cargo de Assessor Especial de Controle Interno, com preenchimento, basicamente por ex-dirigentes das CISET extintas.

Assim, a noção de controle interno na Administração Federal Direta passou a ser identificada com as atividades previstas para a SFC[11] e ganhou um caráter definitivo de controle independente e autônomo à gestão. Tanto as estruturas objetivas da SFC, quanto as estruturas subjetivas incorporadas aos agentes que assumiram, sucessivamente, o comando da Secretaria (contadores-auditores), mostram que a lógica prevalecente no espaço social emergente é a de preservar a regularidade e a legitimidade da despesa pública por meio da fiscalização. Este é o *habitus* direcionador das práticas e percepções, derivado das práticas, valores e crenças de uma área de auditoria interna à Administração Federal que se desenvolveu subordinada a estruturas objetivas alinhadas ao controle externo.

No levantamento histórico, a identificação de uma intensa luta entre as áreas de auditoria e de fiscalização da SFC para a definição dos métodos de trabalho a serem adotados pelo campo, é elemento de convicção sobre o *habitus* do campo. O que estava em questão era definir uma nova metodologia de controle a ser utilizada pela SFC, que possibilitasse a avaliação da execução de programas de governo

---

[11] Atualmente, a identificação é com a CGU, órgão ao qual a SFC passou a estar subordinada, desde 2003, após breve período em que esteve subordinada à Corregedoria-Geral da União, órgão criado pelo Governo Fernando Henrique Cardoso, em 2001. Até 2001, a SFC permaneceu na estrutura do Ministério da Fazenda, tal como constituída em 1994.

(cumprimento de metas físicas), em adição aos exames de comprovação de conformidade legal da gestão. Duas visões[12] se enfrentaram, e essa disputa se estendeu por toda a organização durante anos, notadamente de 1995 a 1999. Na prática, ainda que as duas visões se diferenciassem nos métodos e nos resultados buscados, ambas se direcionavam com a mesma lógica, e essa lógica era de fiscalização no sentido amplo e não instrumental (GARCIA, 2011).

Dos discursos dos agentes, verifica-se que a lógica direcionadora das práticas e das percepções favoreceu a internalização de um valor fundamental relacionado ao combate ao mau uso dos recursos públicos e à identificação das práticas do campo com a defesa do interesse público, corporificado em um dever constitucional a cumprir. Os agentes assumiram o capital simbólico de defesa do bem comum, o que provoca um encantamento com a área. Essa crença revela-se a *illusion* do campo, responsável por manter o interesse dos agentes de investir na área. Dessa forma, estes agentes lutam para adquirir conhecimentos exigidos e acumular experiências e relações institucionais para, assim, poderem ocupar as posições mais valorizadas institucionalmente (GARCIA, 2011).

Por último, as entrevistas permitiram identificar que, a despeito de a construção sócio-histórica ter favorecido ao desenvolvimento de uma noção de controle interno que segrega controle e gestão, não houve superação da internalização do mandato conferido pelo Decreto-Lei nº 200/1967 de que a auditoria também deveria apoiar a gestão. Trata-se da principal *doxa* do campo, dado que essa crença persiste, ainda que em contradição com o *habitus* do campo.

---

[12] A área denominada de fiscalização entendia que o controle da SFC deveria possibilitar ao governo e ao gestor acesso a informações sobre a execução dos programas governamentais, em qualquer esfera, segundo critérios de risco elencados racionalmente pela SFC, a partir da análise do planejamento e normas de execução dos programas. Assim, à SFC competia analisar a execução da política pública, elaborar planos de trabalho, segundo metodologia própria, com definição do objeto a fiscalizar, objetivos a alcançar, operações a realizar, formas de coletar os dados para ter validade científica e formas de consolidação do resultado das fiscalizações (SFC, 2001).
A área da auditoria concebia o trabalho da SFC como aplicação de um conjunto de protocolos ou normas de auditoria geralmente aceitas, para avaliar a gestão pública ou a execução de ações do governo. Tratava-se da obtenção e avaliação objetiva de evidências a respeito da execução de ações governo e de eventos administrativos para verificação do grau de correspondência (quantitativa ou qualitativa) em relação aos critérios estabelecidos, tais como legislação, regras operacionais e especificação de produtos e serviços. Nessa visão, não se tratava de indicar para o gestor o que ele deveria fazer, mas de verificar se o gestor fez ou não aquilo que era esperado que ele fizesse, até mesmo, na fiscalização dos programas de governo. Portanto, não caberia à SFC definir plano próprio de fiscalização das políticas descentralizadas, a partir de premissas próprias, mas realizar um cotejamento entre o planejado pela gestão e o executado.

Considerações finais e a problemática do campo em estudo

A utilização da perspectiva teórica de Pierre Bourdieu permitiu avançar na compreensão das referências identitárias do controle interno da Administração Federal Direta. A lógica que direciona as práticas dos agentes emergiu de um processo sócio-histórico em que competiram a noção de um controle sob a responsabilidade do gestor, como apoio à tomada de decisão, e a de um controle sobre a gestão, exercido de forma autônoma e independente, como é próprio de controle externo e independente. Basicamente, disputaram para prevalecer nessa definição, como agentes institucionais, até os anos 1990, o Tribunal de Contas da União, o Ministério da Fazenda e os auditores federais.

Verificou-se que, a despeito da denominação de controle interno, a área que emergiu nesse processo cumpre a função de controle sobre a gestão federal, visando maximizar o alinhamento às diretrizes políticas definidas no planejamento de governo e ao sistema racional-legal vigente, mas ainda em contexto de dualidade, dado que mantém a crença de que também deve apoiar o gestor federal. No processo de luta identificado, venceu a noção de um controle interno voltado à coordenação e não de apoio ao processo gerencial, mas a força do processo histórico não eliminou o discurso de apoio à gestão.

Esse desvendamento do sentido dessa configuração específica possibilita a discussão mais qualificada de alguns dos problemas da área, tendo e vista especialmente o capital, o *habitus* e a *doxa* do campo. Isso acontece porque, em qualquer campo, a preservação da condição de espaço diferenciado e a ampliação da força na relação de poder com outros campos depende da condição dos agentes para defender, de forma relativamente autônoma, o capital específico que justificou sua emergência e de internalizar o *habitus* que o caracteriza. Qualquer fragilização na autonomia para defender seu capital específico ou de influência externa sobre o *habitus*, representa risco de fragmentação do campo, colocando em xeque a estabilidade institucional da área.

Nesse sentido, a crença identificada como *doxa*, de que a área também tem a finalidade de apoiar o gestor federal, pode representar riscos para a preservação da diferenciação do campo. Primeiro porque pode enfraquecer a independência para o exercício da legitimação dos atos dos gestores, fragilizando o *habitus* do campo. Segundo, porque dependendo da posição institucional de outros agentes com interesse na discussão do que deve ser entendido como controle interno de apoio à gestão, é possível que haja questionamento sobre a presente estrutura e disputas de interesse podem vir a prejudicar a construção já realizada pelo campo.

Para fins de preservação e evolução institucional da área, pode ser interessante que os agentes em posição de poder no campo adotem estratégias visando diminuir a dualidade das estruturas objetivas e subjetivas, e também, para identificar quais os possíveis agentes com interesse têm poder para influir nessas disputas.

Referências

BALBE, Ronald da Silva. *O resultado da atuação controle interno no contexto da Administração Pública Federal brasileira*. 2010. Dissertação (Mestrado em Administração)–Departamento de Ciência Política e Políticas Públicas do ISCTE, Lisboa, 2010.

BOURDIEU, Pierre. Esboço de uma teoria prática. *In*: ORTIZ, Renato (Org.). *Pierre Bourdieu*: sociologia. São Paulo: Ática, 1983.

BOURDIEU, Pierre. *Razões práticas*: sobre a Teoria da Ação. São Paulo: Papirus, 1996a.

BOURDIEU, Pierre. *As regras da arte*: gênese e estrutura do campo literário. São Paulo: Companhia das Letras, 1996b.

BOURDIEU, Pierre. A causa da ciência: como a história social das ciências sociais pode servir ao progresso das ciências. *Revista Política & Sociedade*, Florianópolis, v. 1, n. 1, p. 143-161, 2002.

BOURDIEU, Pierre. *Coisas ditas*. São Paulo: Brasiliense, 2004.

BOURDIEU, Pierre. *A distinção*: crítica social do julgamento. São Paulo: Edusp, Porto Alegre: Zouk, 2007.

BOURDIEU, Pierre. Introdução a uma sociologia reflexiva. *In*: BOURDIEU, Pierre. *O poder simbólico*. Rio de Janeiro: Bertrand Brasil, 2010a.

BOURDIEU, Pierre. *Meditações pascalianas*. Rio de Janeiro: Bertrand Brasil, 2010b.

BOURDIEU, Pierre; PASSERON, Jean-Claude; CHAMBOREDON, Jean-Claude. *Ofício de sociólogo*: metodologia da pesquisa na sociologia. Petrópolis: Vozes, 2010.

BRASIL. Lei de 04 de outubro de 1831. Dá organização ao Thesouro Publico Nacional e ás Thesourarias das Províncias. Rio de Janeiro: Registrada na Thesouraria-mór a fl.63 do Livro competente. Disponível em: <http:www.senado.gov.br/legislação>. Acesso em: 15 jun. 2010.

BRASIL. *Lei nº 4.320* Estatui Normas Gerais de Direito Financeiro para elaboração e controle dos orçamentos e balanços da União, dos Estados, dos Municípios e do Distrito Federal. 1964. Disponível em: <http://www.planalto.gov.br/ccivil_03/Leis/L4320.htm> Acesso em: 15 jun. 2010.

BRASIL. Constituição (1967a). *Constituição da República Federativa do Brasil*. Disponível em: <http://www.planalto.gov.br/ccivil.../constituiçao67.htm>. Acesso em: 15 jun. 2010.

BRASIL. *Medida Provisória nº 480*. Organiza e disciplina os Sistemas de Controle Interno e de Planejamento e de Orçamento do Poder Executivo e dá outras providências. 1994a. Disponível em: <http:www.senado.gov.br/legislação>. Acesso em: 30 jun. 2010.

BRASIL. Assembleia Nacional Constituinte. *Anais do Senado Federal*: Atas das Comissões. 1994b. Disponível em: <http://www.senado.gov.br/publicações/anais/asp...>. Acesso em: 20 jun. 2010.

BRASIL. *Lei nº 10.180*. Organiza e disciplina os Sistemas de Planejamento e de Orçamento Federal, de Administração Financeira Federal, de Contabilidade Federal e de Controle Interno do Poder Executivo Federal, e dá outras providências. 2001. Disponível em: <http://www.planalto.gov.br/ccivil.../constituiçao67.htm>. Acesso em: 30 jun. 2010.

CASTRO, Domingos Poubel; GARCIA, Leice Maria. *Contabilidade pública no governo federal*. São Paulo: Atlas, 2004.

COMMITTE OF SPONSORING ORGANIZATIONS OF THE TREADWAY COMMISSION – COSO. *Internal Control:* integrated framework. 2nd ed. New York, 1994.

COSTA, Frederico Lustosa. *Reforma do Estado e contexto brasileiro*: crítica do paradigma gerencialista. Rio de Janeiro: FGV, 2010.

EMIRBAYER, Mustafa; JOHNSON, Victoria. Bourdieu and organizational analysis. *Theory and society*, Madison, n. 37, p. 1-44, Jan. 2008.

FAORO, Raymundo. *Os donos do poder*: formação do patronato político brasileiro. 15. ed. São Paulo: Globo, 2000.

GARCIA, Leice Maria. *Análise do Controle Interno do Poder Executivo Federal Brasileiro sob a Perspectiva de Pierre Bourdieu*: história social como possibilidade de compreensão da produção e reprodução de práticas dos agentes. Belo Horizonte: CEPEAD/UFMG, 2011.

GOUVÊA, Gilda Portugal. *Burocracia e elites burocráticas no Brasil*. São Paulo: Paulicéia, 1994.

INTERNATIONAL ORGANIZATION OF SUPREME AUDIT INSTITUTIONS – INTOSAI. *Guidelines for Internal Control Standards for the Public Sector*. Viena, 2004.

MEIRELLES, Hely Lopes. *Direito administrativo brasileiro*. São Paulo: Malheiros, 2000.

MICELI, Sérgio. A força do sentido. *In*: BOURDIEU, Pierre. *A economia das trocas simbólicas*. São Paulo: Perspectiva, 2004. p. 7- 61.

OLIVIERI, Cecília. *Política e burocracia no Brasil*: o controle sobre a execução das políticas públicas. 2008. Tese (Doutorado em Administração Pública e Governo)–Escola de Administração de Empresas de São Paulo da FGV, São Paulo, 2008.

RAMOS, Alberto Guerreiro. *Administração e contexto brasileiro*: esboço de uma teoria geral da Administração Pública. Rio de Janeiro: FGV, 1983.

REINO UNIDO DE PORTUGAL. *Alvará Real 1808*. Leis Históricas. Disponível em: <http://www4.planalto.gov.br/legislacao>. Acesso em: 30 abr. 2010.

RIGGS, Fred. *Administração nos países em desenvolvimento*. Rio de Janeiro: FGV, 1968.

SANCHES, Oscar. *Os controles internos da Administração Pública*. 2006. Tese (Doutorado em Administração)–Departamento Ciência Política da USP, São Paulo, 2006.

SILVA, Arthur Adolfo C. *O Tribunal de Contas da União na história do Brasil*: evolução histórica, política e administrativa (1890-1998). 1999. (Monografia vencedora do Prêmio Serzedelo Corrêa, 1998)–Instituto Serzedello Corrêa do TCU, Brasília, 1999.

THIRY-CHERQUES, Hermano Roberto. Pierre Bourdieu: a teoria na prática. *Revista de Administração Pública*, Rio de Janeiro, v. 40, n. 1, p. 27-55, jan./ fev. 2006.

VIEIRA, Laércio Mendes. *O processo orçamentário brasileiro e o modelo principal-agente*: uma análise política positiva. 2001. Dissertação (Mestrado em Economia)–Departamento de Economia da UnB, Brasília, 2001.

WACQUANT, Loïq J. D. O legado sociológico de Pierre Bourdieu: duas dimensões e uma nota pessoal. *Revista de Sociologia e Política*, Curitiba, v. 19, p. 95-110, nov. 2002.

WACQUANT, Loïq J. D. Seguindo Bourdieu no campo. *Revista de Sociologia e Política*, Curitiba, n. 26, p. 13-29, 2006.

WASSALLY, Lorena Pinho M. P. *Controles internos no setor público*: um estudo de caso da Secretaria Federal de Controle Interno com base nas diretrizes do Coso e da Intosai. 2008. Dissertação (Mestrado em Contabilidade)–Departamento de Ciências Contábeis e Atuariais da UnB, Brasília, 2008.

WEBER, Max. *Economia e sociedade*: fundamentos das sociologia compreensiva. Brasília: Ed. UnB, 1999.

Informação bibliográfica deste texto, conforme a NBR 6023:2002 da Associação Brasileira de Normas Técnicas (ABNT):

GARCIA, Leice Maria. Reflexão sobre o controle interno da Administração Federal Direta sob a perspectiva de Pierre Bourdieu. *In*: BRAGA, Marcus Vinicius de Azevedo (Coord.). *Controle interno*: estudos e reflexões. Belo Horizonte: Fórum, 2013. p. 193-210. ISBN 978-85-7700-789-9.

RESULTADO SUSTENTÁVEL
UMA PROPOSTA DE AVALIAÇÃO DA QUALIDADE DO GASTO NO SETOR PÚBLICO

GIOVANNI PACELLI CARVALHO LUSTOSA DA COSTA

1 Introdução

A teoria da agência levanta a possibilidade de que os administradores (agentes) das empresas tomem decisões no dia a dia pensando na maximização do seu bem estar; decisões essas que nem sempre vão coincidir com as decisões que maximizariam o lucro dos acionistas e proprietários (os principais) que os contrataram (JENSEN; MECKLING, 1976).

No setor público a política governamental (ou planejamento estratégico) é influenciada pelo processo político e depende da organização da sociedade em grupos de pressão; dessa forma, o setor público está repleto de problemas de agência (SILVA, 1997).

Dentre os diversos processos pertencentes ao setor público sob a esfera do risco de agência, destaca-se o processo orçamentário que proporciona a alocação de recursos. A elaboração e gestão de um orçamento público se constituem ao mesmo tempo um processo técnico (contábil e financeiro) e político (WILDAVSKY, 1988). Assim, o orçamento estaria relacionado com a tradução de recursos financeiros em intenções humanas (WILDAVSKY, 1988).

Este processo orçamentário é feito e gerido por políticos e burocratas, cujos interesses estabelecidos, próprios ou representados, permeiam-no do início ao fim (SILVA, 1997).

O Brasil utiliza na elaboração de proposta orçamentária a metodologia do orçamento-programa, inserida no contexto nacional pelo

Decreto-Lei nº 200/1967. No orçamento-programa, o Programa é o ponto comum do planejamento de curto prazo com planejamento de longo prazo (Manual Técnico do Orçamento – MTO, 2011).

O atual modelo de planejamento orçamentário no nível macro estabelecido pela Constituição Federal (CF) de 1988 é composto pelos seguintes instrumentos legais: a Lei do Plano Plurianual (PPA), Lei de Diretrizes Orçamentárias (LDO) e Lei Orçamentária Anual (LOA). O Programa é o módulo integrador entre a LOA e o PPA, sendo peça fundamental na materialização das políticas públicas (MTO, 2011).

Tanto no ciclo no PPA (implementação, monitoramento, avaliação e revisão de Programas) quanto no ciclo da LOA (elaboração; discussão, votação e aprovação; execução financeira e orçamentária; controle e avaliação), existe a preocupação em se controlar e avaliar os Programas e as Ações de governo, bem como em se revisar Programas, incluir novos ou excluir aqueles que não estejam agregando valor à sociedade (Lei nº 11.653/08; GIACOMONI, 2010).

Com esta missão constitucional destacam-se os órgãos de controle externo e interno. O controle externo na esfera federal é desempenhado pelo Congresso Nacional (CN) com o auxílio do Tribunal de Contas da União (TCU). O controle interno no Poder Executivo Federal é desempenhado pela Controladoria-Geral da União (CGU).

Especificamente quanto às finalidades do sistema de controle interno previstas na Constituição Federal de 1988 destacam-se: avaliar o cumprimento das metas previstas no plano plurianual, a execução dos Programas de governo e dos orçamentos da União; e comprovar a legalidade e avaliar os resultados, quanto à eficácia e eficiência, da gestão orçamentária, financeira e patrimonial nos órgãos e entidades da Administração Federal, bem como da aplicação de recursos públicos por entidades de direito privado.

Além da eficácia e eficiência, há uma busca atual pela efetividade dos Programas e Ações de governo. Ressalta-se que a gestão do PPA observará os princípios de eficiência, eficácia e efetividade (Lei nº 11.653/08).

Na busca de aprimorar as informações sobre a eficácia, eficiência e efetividade, destacam-se as seguintes alterações no ordenamento jurídico: a Emenda Constitucional nº 19, de 1998, que instituiu o princípio da eficiência na Administração Pública; a Lei Complementar nº 101/2000 (Lei de Responsabilidade Fiscal) que explicitou no §3º, art. 50: "A Administração Pública manterá sistema de custos que permita a avaliação e o acompanhamento da gestão orçamentária, financeira e patrimonial"; a NBCT 16.2, que incluiu como subsistema de informações contábeis o subsistema de custos; e a NBCT 16.6, que incluiu a demonstração do resultado econômico (DRE) no rol das demonstrações contábeis aplicadas ao setor público.

Ressalta-se que os conceitos contemplados no resultado econômico da NBCT 16.6 são essencialmente os mesmos descritos nos trabalhos de Slomski (1996), conforme lembrado pelo mesmo em trabalhos posteriores (SLOMSKI, V. *et al.*, 2010).

Apesar da capacidade da DRE gerar informações sobre os custos no setor público e o sobre o resultado econômico que é efetivamente agregado à sociedade, ela não trata sobre o desempenho social e ambiental, também importantes para a sociedade e para o governo.

Os resultados econômicos já foram mensurados em pesquisas anteriores de Slomski, V. *et al.* (2010) e Andrade *et al.* (2010), enquanto os resultados sociais e ambientais também já foram mensurados em pesquisa anterior de Braz *et al.* (2009).

Em todas essas pesquisas foi mostrado, ainda que separadamente, o quanto de resultado econômico, social ou ambiental gerado pela aplicação de recursos públicos foi agregado para a sociedade.

No entanto, em nenhuma dessas pesquisas foi mensurado o resultado sustentável (econômico, social e ambiental simultaneamente) dentro de Ações e Programas de governo, limitando-se a analisar pontualmente uma entidade (SLOMSKI, V. *et al.*, 2010) ou ação de governo (ANDRADE *et al.*, 2010) sob o enfoque do resultado econômico; ou uma entidade sob o enfoque do resultado ambiental ou social (BRAZ *et al.*, 2009).

Baseado em tudo exposto até aqui, tem-se a seguinte questão de pesquisa: *qual o resultado sustentável agregado à sociedade em Ações de Programas finalísticos do governo federal?*

O objetivo do estudo é reconhecer, mensurar e evidenciar o resultado sustentável da Ação de Governo Manutenção de Centros de Recondicionamento de Computadores (CRC) que faz parte do Programa finalístico Inclusão Digital, possibilitando aferir a qualidade do gasto público e diminuir a assimetria de informações inerente ao processo orçamentário.

2. Referencial teórico

2.1 Teoria da agência no setor público

Jensen e Meckling (1976) definem a relação de agência como um contrato pelo qual uma ou mais pessoas (principal) contrata outra pessoa (o agente) para executar algum serviço em seu nome, que envolve delegação de alguma autoridade para a tomada de decisão do agente. Segundo os autores, se ambas as partes do relacionamento são maximizadores de utilidade, há boas razões para acreditar que o agente não agirá sempre no melhor interesse do principal.

Os mesmos autores ressaltam que o principal pode limitar as divergências de seu interesse através da criação de incentivos adequados para o agente e incorrendo em custos de controle destinado a limitar as atividades aberrantes do agente.

A teoria da agência, em conjunto com a teoria dos custos de transação, destaca-se pela sua importância. É uma teoria contratualista da organização que procura explicar o comportamento dos gestores e a forma como a assimetria de informação, influencia o equilíbrio de poderes, no seio de uma organização abrindo margem a idiossincrasias que tanto prejudicam as boas práticas administrativas (SILVA, 2009).

Na esfera pública, o governo nada mais é do que um conjunto de empreendedores inovadores (os políticos do legislativo) e de gerentes que implementam o processo produtivo (os burocratas) (SILVA, 1997). Nesse sentido, o estudo do Estado e do governo está repleto de problemas de agência, tanto do ponto de vista da relação entre os consumidores-eleitores e produtores-políticos, como da relação interna ao governo entre os empreendedores-legisladores e os gerentes-burocratas: no mercado do voto e no mercado interno do governo existem as imperfeições de mercado, como informação assimétrica e controle do(s) principal (is) sobre a ação oculta do(s) agente(s), o risco moral (SILVA, 1997).

O problema principal agente (ou agência) surge quando, no estabelecimento e fiscalização de um contrato, o contratante (principal) não possui informação perfeita que permita a avaliação do esforço ou ação empreendida pelo segundo, ação essa que afeta o bem-estar do primeiro (SILVA, 1996). Aqui o termo principal refere-se ao indivíduo ou entidade que possui a autoridade para agir enquanto o agente é aquele que atua no lugar do principal e sob a autoridade contratual desse (SILVA, 1996).

O comportamento do agente no modelo da teoria da agência ocorre devido a uma constatação já antiga de que o homem público possui racionalidade de *homos economicus* (BUCHANAN; TULLOCK, 1965).

Um bom exemplo para caracterizar o risco de agência no setor público seria a aprovação de Ações de governos voltadas para um maior número de possíveis eleitores beneficiados ainda que o resultado para a sociedade como um todo fosse negativo.

Nesse mesmo sentido, Rose-Ackerman (2004) entende não existe compatibilidade entre o comportamento individualista e maximizador de votos, uma espécie de risco moral, por parte de um agente político e políticas públicas eficientes.

Além disso, o eleitor sabe que seu voto do ponto de vista coletivo pouco conta. O risco de sua escolha ser inadequada não justifica a dispendiosa busca de informação sobre um político ou partido e, nesse sentido, o custo de oportunidade associado a uma escolha inadequada é muito pequeno. Essa falha inerente ao processo político abre espaço para as atividades ocultas, pouco transparentes, que caracterizam os processos de escolha pública, em especial a atividade *rent-seeking*, típica dos grupos de interesse (SILVA, 1997).

Diante de todo o exposto, verifica-se a necessidade de evidenciar o resultado agregado à sociedade pelas políticas públicas reduzindo assim a assimetria de informações.

2.2 O orçamento-programa e a eficácia, eficiência e efetividade dos gastos públicos

Conforme Martner (1972), o orçamento-programa consiste num sistema em que se presta particular atenção às coisas que um governo realiza mais do que às coisas que adquire. As coisas que um governo adquire, tais como serviços pessoais, previsões, equipamentos, meios de transporte etc., não são, naturalmente, senão meios que emprega para o cumprimento de suas funções. As coisas que um governo realiza em cumprimento de suas funções podem ser estradas, escolas, terras distribuídas, casos tramitados e resolvidos, permissões expedidas, estudos elaborados ou qualquer das inúmeras coisas que podem ser apontadas. O que não fica claro nos sistemas orçamentários é esta relação entre coisas que o governo adquire e coisas que realiza.

No Brasil o orçamento-programa foi instituído pelo Decreto nº 200/67, sendo este considerado o marco legal do mesmo; apesar da Lei nº 4.320/64 ter dado um suporte inicial a esta mudança (BRASIL, 2010).

O orçamento-programa que se tornou de uso obrigatório para todos os entes públicos desde 1974 é materializado atualmente na classificação programática da despesa orçamentária composta por três subdivisões: Programas, Ações e Subtítulos (GIACOMONI, 2010; BRASIL, 2011).

O Programa é o instrumento de organização da atuação governamental que articula um conjunto de Ações que concorrem para a concretização de um objetivo comum preestabelecido, mensurado por indicadores instituídos no plano, visando à solução de um problema ou o atendimento de determinada necessidade ou demanda da sociedade (BRASIL, 2011). Os Programas são classificados atualmente em dois tipos: os finalísticos, e os de apoio às políticas públicas e áreas especiais (BRASIL, 2011).

As Ações, que podem ser consideradas subdivisões dos Programas, são operações das quais resultam produtos (bens ou serviços), que contribuem para atender ao objetivo de um Programa (BRASIL, 2011). Incluem-se também no conceito de ação as transferências obrigatórias ou voluntárias a outros entes da federação e a pessoas físicas e jurídicas, na forma de subsídios, subvenções, auxílios, contribuições e os financiamentos. Elas são classificadas em: projetos, atividades e operações especiais.

A principal característica que diferencia os Programas finalísticos dos Programas de apoio às políticas públicas e áreas especiais é que os primeiros oferecem um produto diretamente para a sociedade, enquanto que os demais não. Quanto aos projetos, atividades e operações especiais, estas últimas não geram um produto sendo consideradas neutras (BRASIL, 2011).

A despeito da estrutura e dos conceitos do orçamento-programa, dentre as principais características que o diferencia de seus antecessores, destacam-se: o orçamento é o elo entre o planejamento e as funções executivas da organização; na elaboração do orçamento são considerados todos os custos dos Programas, inclusive os que extrapolam o exercício; o controle visa avaliar a eficiência, a eficácia e a efetividade das Ações governamentais (GIACOMONI, 2010).

Com a missão constitucional de controlar e avaliar os gastos públicos, o poder público conta com os órgãos de controle externo (Congresso Nacional e Tribunal de Contas da União) e interno (Controladoria-Geral da União).

Especificamente quanto às finalidades do sistema de controle interno previstas na CF/88 destacam-se: avaliar o cumprimento das metas previstas no plano plurianual, a execução dos Programas de governo e dos orçamentos da União; comprovar a legalidade e avaliar os resultados, quanto à eficácia e eficiência, da gestão orçamentária, financeira e patrimonial nos órgãos e entidades da Administração Federal, bem como da aplicação de recursos públicos por entidades de direito privado.

Além da eficácia e eficiência, há uma busca atual pela efetividade dos Programas e Ações de governo. Ressalta-se que a gestão do PPA observará os princípios de eficiência, eficácia e efetividade (Lei nº 11.653/08).

Segundo Motta (1972), almejar apenas metas de eficiência e eficácia significa, geralmente, criar instituições fortes e estáveis, mas que não promovem, com maior ênfase, os objetivos do desenvolvimento econômico-social.

Observa-se assim que o orçamento-programa pode com base em sua essência teórica ser utilizado na avaliação da eficiência, da eficácia e da efetividade dos gastos públicos necessitando de um sistema de custos como suporte.

2.3 O subsistema de informações de custos

Para um adequado controle e avaliação do orçamento, as Ações (projetos, atividades e operações especiais) desenvolvidas na realização dos seus respectivos planos de trabalho devem ter seus custos apurados.

A preocupação com os custos da Administração Pública estava presente antes mesmo da instituição formal do orçamento-programa, realizada pelo Decreto-Lei nº 200/67.

A Lei nº 4.320/64 já estabelecia em seu art. 85 que:

> Os serviços de contabilidade serão organizados de forma a permitirem o acompanhamento da execução orçamentária, o conhecimento da composição patrimonial, a determinação dos custos dos serviços industriais, o levantamento dos balanços gerais, a análise e a interpretação dos resultados econômicos e financeiros. (BRASIL, 1964)

O Decreto-Lei nº 200/67, que inseriu formalmente o orçamento-programa, estabeleceu em seu art. 79 que: "A contabilidade deverá apurar o custo dos projetos e atividades, de forma a evidenciar os resultados da gestão". Projetos e atividades são classificações das Ações orçamentárias, conforme visto no item 2.2.

Mais recente, o parágrafo 3º do art. 50 da Lei Complementar nº 101/2000 (LRF) estabelece que a Administração Pública mantenha sistema de custos que possibilite avaliar e acompanhar aspectos relacionados à gestão do ente público, enfocando a utilidade gerencial da contabilidade.

Por fim, foi normatizado na NBCT 16.2, em 2008, o subsistema de custos cuja finalidade é registrar, processar e evidenciar os custos dos bens e serviços, produzidos e ofertados à sociedade pela entidade pública.

Um dos possíveis critérios para a apuração de custos pode ser a utilização de parâmetros da classificação orçamentária, como por exemplo: *Classificação Programática – Apuração de Custos por Programa ou Ação* (por exemplo, Programa finalístico ou Ação finalística); Classificação Funcional – Apuração de Custos por Função ou Subfunção;

e Classificação Institucional – Apuração de Custos por Departamento (Órgão) (BRASIL, 2010).

Tal escolha decorre do fato da classificação orçamentária da despesa refletir o equivalente financeiro de um plano de ação do governo, possibilitando avaliação dos resultados das gestões orçamentárias, financeira e patrimonial, segundo os conceitos constitucionais da eficiência e eficácia (BRASIL 2010).

Na pesquisa de Slomski, V. *et al.* (2010) foi utilizada a apuração de custos por *Departamento*, enquanto na pesquisa de Andrade *et al.* (2010) foi utilizada a apuração de custos por *Ação*.

2.4 O resultado econômico, social e ambiental no setor público

O resultado econômico foi regulamentado pela NBCT 16.6 em 2008. No entanto, Slomski (1996) foi o pioneiro na proposição do modelo adotado. A FIG. 1 ilustra o modelo adotado pela NBCT 16.6.

Anexo 20 — Lei nº 4.320/1964		
"Ente da Federação" Demonstração do Resultado Econômico Período: --/--/---- a --/--/----		
Especificação	Exercício atual	Exercício anterior
1. Receita econômica dos serviços prestados e dos bens ou dos produtos fornecidos		
2. (–) Custos diretos identificados com a execução da ação pública		
3. Margem bruta		
4. (–) Custos indiretos identificados com a execução da ação pública		
5. Resultado econômico apurado		

FIGURA 1 - Demonstração do Resultado Econômico
Fonte: Portaria nº 665/2010 STN.

O resultado econômico conforme se observa já está ratificado pela STN (Portaria nº 665/10) e pelo CFC, porém no que diz respeito ao resultado social e ambiental não existe ainda um modelo padronizado adotado pela Administração Pública. Apesar disso, trata-se de um demonstrativo importante para o setor público, haja vista que os aspectos sociais e ambientais são em alguns Programas de governo as finalidades em si mesmas (ex.: Programa 1346 – Qualidade Ambiental e Programa 0104 – Recursos Pesqueiros Sustentáveis).

Na FIG. 2 é ilustrado o modelo de Braz *et al.* (2009). Nela os resultados ambientais e sociais foram obtidos por intermédio do reconhecimento e mensuração das externalidades positivas e negativas inseridas na sociedade pela atividade desempenhada pelo governo.

DAEP - DEPARTAMENTO AUTÔNOMO DE ÁGUA E ESGOTO	
Demonstrativo do Desempenho Social e Ambiental - DAEP/CORPE no Exercício de 2007	Valores em Reais
Receita Social (Atividades da CORPE)	392.541,55
(+) Receita de Vendas da CORPE	278.370,95
(+) Estoque de materiais do Exercício 2007 na CORPE	114.170,60
Receita Ambiental (Atividades do DAEP)	10.239,82
(+) Redução de consumo da área do aterro sanitário	871,71
(+) Economia com mão-de-obra no aterro sanitário	5.749,85
(+) Economia com maquinário no aterro sanitário	3.618,26
Resultado do Desempenho Social e Ambiental	402.781,37
(-) Custos Operacionais do DAEP com a CORPE	(183.990,86)
Resultado do Desempenho Social e Ambiental	218.790,51
QUADRO 4 – Demonstrativo do Desempenho Social e Ambiental do DAEP/CORPE – 2007	

FIGURA 2 - Demonstrativo do desempenho social e ambiental
Fonte: Braz *et al.* (2009).

As externalidades se constituem em uma das falhas de mercado. As externalidades surgem quando o consumo ou a produção de um bem gera efeitos adversos (ou benéficos) a outros consumidores e firmas, e estes não são compensados efetivamente no mercado via sistema de preços (SILVEIRA, 2006).

Ainda nessa ótica, quando os benefícios sociais são maiores que os benefícios privados, ocorre uma externalidade positiva, porém quando o custo social do consumo ou produção de um bem excede o custo privado, ocorre uma externalidade negativa (SAMUELSON; NORDHAUS, 2004).

Dessa forma, a proposta desse estudo é conciliar os demonstrativos de resultado econômico, social e ambiental, expostos nas FIG. 1 e 2, num único demonstrativo denominado, doravante, de resultado sustentável.

3 Metodologia da pesquisa

A fim de dar subsídios para futuras pesquisas tendo como enfoque a mensuração do resultado sustentável em Ações de governo, neste tópico é apresentada a metodologia utilizada na pesquisa.

3.1 Ação selecionada – Manutenção de Centros de Recondicionamento de Computadores

A Ação 8532 – Manutenção de Centros de Recondicionamento de Computadores (CRC) integra o Programa 1008 – Inclusão Digital. O Programa Inclusão Digital possui o objetivo de promover a consolidação de uma "sociedade do conhecimento" inclusiva, orientada ao desenvolvimento social, econômico, político, cultural, ambiental e tecnológico (BRASIL, 2011).

Apesar de estar sob responsabilidade do Ministério do Planejamento (MP), trata-se de um programa multissetorial, do qual participam também o Ministério da Ciência e Tecnologia e o Ministério das Comunicações (BRASIL, 2011).

A proposta principal da Ação é recondicionar computadores que são descartados pela sociedade. Porém na esteira desse propósito, surgem importantes vertentes: a vertente social e a vertente ambiental.

A vertente social se subdivide em duas formas. A primeira forma consiste na formação de jovens de baixa renda, moradores de periferias de grandes metrópoles. A segunda forma consiste na distribuição dos computadores recondicionados para comunidades carentes de todo o Brasil, que se constituíram em polos disseminadores da inclusão digital (BRASIL, 2011).

A vertente ambiental consiste na redução do desperdício de equipamentos de informática ainda passíveis de utilização pela sociedade, evitando assim que sejam alijados no meio-ambiente sem tratamento adequado (BRASIL, 2011).

A Ação 8532 – Manutenção de CRCs é executada mediante a celebração de convênios de execução direta e descentralizada, a partir de parcerias com organizações governamentais das três esferas, não governamentais, universidades e empresas, para a manutenção de CRCs ativos (BRASIL, 2010).

Os CRCs são oficinas constituídas e operadas por instituições públicas e do terceiro setor, em parceria com o governo federal. Cada CRC processa equipamentos obtidos do desfazimento de computadores provenientes do descarte por parte da Administração Pública e de outros doadores (inclusive da iniciativa privada). Os equipamentos, recondicionados por jovens de baixa renda em processo de capacitação, são distribuídos gratuitamente e em perfeitas condições de uso a escolas públicas, bibliotecas e telecentros comunitários.

Assim, os CRCs têm como objetivos: recondicionar equipamentos de informática recebidos na forma de doação para utilização em iniciativas de inclusão digital, em consonância com padrões adequados de desempenho; separar e preparar para reciclagem ou descarte equipamentos de informática inservíveis; proporcionar oportunidades de trabalho, de formação profissional e educacional e de ressocialização de jovens que atuarão nas atividades dos CRCs; captar doações, receber, armazenar e distribuir os equipamentos de informática doados para as entidades selecionadas como beneficiárias (BRASIL, 2010).

No ano de 2008 existiam quatro CRCs em atividade (MG, RS, SP e DF). Em 2009 este número aumentou para cinco com a inclusão de um CRC em PE.

3.2 Obtenção dos dados

Os dados sobre o funcionamento da Ação e sobre a execução financeira foram obtidos no SIGPLAN. Os dados sobre convenentes, valores repassados por unidade e prestação de contas (a fim de se estimar os custos diretos e indiretos) foram obtidos no SICONV (portal de convênios).

Os dados sobre o total de computadores: recebidos em doação, recondicionados e distribuídos às salas de inclusão digital; sobre as de salas de inclusão digital atendidas; e sobre os cursos oferecidos aos jovens de baixa renda foram obtidos junto à Secretaria de Logística e Tecnologia da Informação do MP responsável pela Ação 8532.

3.3 Determinação do custo de oportunidade

3.3.1 Custo de oportunidade dos benefícios econômicos

Na vertente econômica os produtos que a representam fielmente são os computadores recondicionados. Ressalta-se que caso esses computadores não fossem recondicionados, ainda que de forma indireta pelos convenentes, o Estado estaria disposto a adquiri-los diretamente do mercado por meio de licitação. Tanto que é que já o faz por intermédio da Ação 11T7 – Implantação de telecentros para acesso a serviços público. Além da Ação 11T7 e 8532, existem outras Ações que integram o Programa 1008 que consistem na disponibilização do acesso ao mundo digital às comunidades de baixa renda.

Quanto aos equipamentos recondicionados da Ação 8532, estes devem ter um padrão mínimo de *hardware* que permita a operacionalização de aplicativos educacionais, editores de textos, planilhas de cálculos, banco de dados, acessos a *e-mail*/internet, governo eletrônico, serviços bancários e comerciais de modo a atender às necessidades da comunidade como um todo.

Esse padrão de configuração varia, dependendo se a máquina é do tipo *stand-alone* (será utilizada como estação de trabalho) ou do tipo *thin-client* (será utilizada como um terminal de rede) descritos no QUADRO 1.

Apesar do padrão mínimo estabelecido pela SLTI (Secretaria de Logística e Tecnologia da Informação/MP), constatou-se na prática, em auditoria da CGU realizada em 2010, que as configurações dos computadores recondicionados são bem superiores; sendo inclusive uma das recomendações da CGU que essa configuração mínima fosse revista para mais, pois os CRC entregam computadores com configurações mais robustas que a apresentada no QUADRO 1 (BRASIL, 2010).

Independente da configuração prevista e da efetivamente entregue que se mostrou superior, buscou-se como custo de oportunidade um computador similar ao recondicionado no mercado. Não foi possível encontrar um computador idêntico nos anúncios dos fornecedores convencionais do mercado. Dessa forma optou-se por considerar como custo de oportunidade um computador com o menor preço possível, mas com funcionalidades similares. O valor encontrado no mercado foi de R$450,00.

Além dos computadores também foram recondicionados *laptops* e impressoras a jatos de tinta. Seguiu-se o mesmo critério anterior e os preços encontrados no mercado foram de R$540,00 para o *notebook* e de R$100,00 para as impressoras a jato de tinta. Ressalta-se que esses preços corresponderiam a produtos similares do mercado que poderiam ser fornecidos na mesma escala de produção de um CRC.

QUADRO 1
Configuração mínima dos computadores entregues

Modelo	Estação de trabalho	Terminal de rede
Computador	PENTIUM II OU SIMILAR/SUPERIOR	PENTIUM 100 OU SIMILAR
Processador	233 MHZ ou Superior	100 MHZ
Memória	128 MB ou Superior	32 MB
Disco Flexível	Unidade de Disco Flexível de 3 ½" 1.44MB	
Disco Rígido	10 GB ou Superior	1 GB ou Superior
CD – ROM	A partir de 32 vezes (OPCIONAL)	
Placa de Vídeo	1 MB ou Superior	
Fax/Modem	Fax-Modem padrão (OPCIONAL)	
Placa de Rede	Interface Ethernet padrão 10/100 integrada	
Gabinete	Desktop ATX ou SIMILAR	
Fonte de Alimentação	127/240V - 50/60Hz	
Teclado	Padrão ABNT ou ABNT 2	
Mouse	Serial ou BUS	
Monitor de vídeo	Color 14" ou Superior	

Fonte: SLTI/MP, 2010.

3.3.2 Custo de oportunidade dos benefícios sociais

Na vertente social, os produtos que a representam são os cursos ofertados e as salas de inclusão digital em operação. Quanto aos cursos ofertados ressalta-se que não existe um padrão definido pela SLTI do tipo de curso a ser oferecido por cada CRC. Quanto ao custo de oportunidade dos cursos oferecidos buscou-se inicialmente cursos no mercado com mesmo nome, duração e região. Tal busca mostrou-se infrutífera. Durante a busca observou-se que vários dos cursos oferecidos por CRC correspondiam a módulos dos cursos do mercado com maior duração. Assim, optou-se por calcular o valor da hora dos cursos com maior diversidade de módulos. O menor valor encontrado foi do curso do SENAC cuja hora do curso é de R$7,00. O QUADRO 2 ilustra os valores dos custos de oportunidade dos cursos por nome, duração e CRC.

QUADRO 2
Custo de oportunidade dos cursos ofertados por CRC

Código	Nome do curso	Duração (H)	CRC	Valor
Tipo I	Capacitação de jovens em tecnologia da informação e comunicação	160	BH	1.120
Tipo II	Hardware	100	RS	700
Tipo III	Periféricos	70	RS	490
Tipo IV	Sistema	70	RS	490
Tipo V	Servidores e embalagem	70	RS	490
Tipo VI	Robótica	20	RS	140
Tipo VII	Testes e almoxarifado (oficina)	70	RS	490
Tipo VIII	Grafite (oficina)	40	RS	280
Tipo IX	Linux Terminal Server Project (LTSP)	30	RS	210
Tipo X	Gestão de Projetos	08	RS	56
Tipo XI	I Mostra de Tecnologias Sociais	06	RS	42
Tipo XII	Congresso Aprender na Diversidade	16	RS	112
Tipo XIII	Administrando e Configurando o Tribox 2.0 PABX Free	40	RS	280
Tipo XIV	Fundamentos em ITIL v2/v3	32	RS	224
Tipo XV	Linux Profissional – Conceitos, Instalação e Administração	40	RS	280
Tipo XVI	Linux Profissional – Serviços de Internet v.11.	40	RS	280
Tipo XVII	Implementação e Infraestrutura de Segurança e Firewall	40	RS	280
Tipo XVIII	Workshop de virtualização – Xen, VMWare, HyperV	8	RS	56
Tipo XIX	Workshop LDAP	8	RS	56
Tipo XX	Outros	30 min	RS	4
Tipo XXI	Hardware	400	SP	2.800

Fonte: Elaborada a partir de pesquisas de preços, dez. 2010.

Quanto ao cálculo do custo de oportunidade das salas de inclusão (*COSalasInclusão*) digital abertas ao público, foi considerada a quantidade entidades beneficiárias de salas atendidas por CRC e a quantidade de computadores disponibilizados por sala. Em regra uma entidade beneficiária recebe equipamentos para 12 estações e 1 terminal.

Considerando um cenário pessimista em que algumas regiões as salas podem estar acessíveis apenas por meio período (4 horas), considerando o valor de um real (R$1,00) a hora logado, considerando o mês com 20 dias úteis, considerando o ano com 12 meses, tem-se na equação 1 o custo de oportunidade por CRC das salas de inclusão digital.

$$COSalasInclusão = (\sum Cdistribuídos) \times R\$1{,}00 \times \frac{4horas}{dia} \times \frac{20dias}{mês} \times \frac{12meses}{ano} \div 2 \quad \textbf{(1)}$$

O valor do custo de oportunidade foi dividido por 2 devido a nem todas as salas entrarem em funcionamento no início do ano. Assim supôs-se que aquelas salas que iniciaram seu funcionamento no início do ano, compensaram as salas que iniciaram o funcionamento ao final do ano.

Apesar da quantidade de entidades beneficiárias ser importante para o controle da execução da Ação, no momento do cálculo considerou-se a quantidade de computadores distribuídos (*Cdistribuídos*) à sociedade, pois no mercado o valor de R$1,00 (um) hora é cobrado por máquina e não pelo ambiente. Por fim, partiu-se das premissas de que não houve interrupção do sinal ou queda de energia nas 4 horas em que o computador esteve disponível e de que efetivamente às salas estavam disponíveis para o público.

3.3.3 Custo de oportunidade dos benefícios ambientais

Na vertente ambiental as externalidades positivas oriundas da Ação consistem na redução: do consumo de água e energia; da emissão de poluição; e da geração de resíduos.

Ressalta-se que na fabricação de um computador 94% dos componentes utilizados são recuperáveis, sendo 40% de plástico, 37% de metais, 5% de dispositivos eletrônicos, 1% de borracha e 17% de outros (KUEHR; VELASQUEZ; WILLIAMS, 2003). Além disso, na fabricação de um computador com monitor de 17 polegadas são liberados cerca de 1,3 toneladas de CO_2 e gastos 1800kg de produtos naturais, 240kg de combustíveis fósseis, 22kg de produtos químicos e 1500l de água (KUEHR; VELASQUEZ; WILLIAMS, 2003).

Um computador comum pesa 24 quilos em média, e emprega ao menos dez vezes o seu peso em combustíveis fósseis, contribuindo desta forma para o gasto de energia e, consequentemente, para o aquecimento global (KUEHR; VELASQUEZ; WILLIAMS, 2003). Esta relação supera, proporcionalmente, por exemplo, a dos automóveis, que utilizam, no máximo, duas vezes o seu peso em matéria-prima e insumos (KUEHR; VELASQUEZ; WILLIAMS, 2003).

No cálculo do custo de oportunidade dos materiais economizados foi considerado apenas a economia de água (*COEconomiaÁgua*) utilizada no processo de fabricação dos computadores. Utilizou-se como referência o sistema tarifário das companhias de abastecimento de água do respectivo CRC. A equação 2 evidencia a forma de cálculo.

$$COEconomiaÁgua = (\sum Crecondicionados) \times \frac{R\$}{m3} \, água \times 1,5m3 \quad (2)$$

Quanto à gestão responsável de resíduos sólidos, considerou-se a redução dos componentes não biodegradáveis expostos ao meio ambiente. A Lei nº 12.305/10 estabelece que a gestão sustentável de resíduos sólidos eletroeletrônicos é de responsabilidade de outros agentes além do poder público:

> Art. 33. São obrigados a estruturar e implementar sistemas de logística reversa, mediante retorno dos produtos após o uso pelo consumidor, de forma *independente do serviço público* de limpeza urbana e de manejo dos resíduos sólidos, os fabricantes, importadores, distribuidores e comerciantes de: [...]
> VI - produtos eletroeletrônicos e seus componentes. (BRASIL, 2010)

Partiu-se inicialmente de um cenário otimista, em que todos os cidadãos, cientes da legislação, levariam seus computadores a descartar para um local disponibilizado pelos comerciantes ou distribuidores:

> §4º Os *consumidores deverão efetuar a devolução após o uso*, aos comerciantes ou distribuidores, dos produtos e das embalagens a que se *referem os incisos I a VI* do caput, e de outros produtos ou embalagens objeto de logística reversa, na forma do §1º. (BRASIL, 2010)

Ainda no mesmo cenário otimista, este local seria adequado e suficiente para comportar a mesma quantidade de computadores que foram recebidos em doação e que não foram possíveis de serem recondicionados. Neste último caso considerou-se como custo de oportunidade um aluguel de um galpão com capacidade para acondicionar todos os computadores recebidos anualmente. Os menores valores encontrados por m² nos classificados dos jornais locais nas cidades de Belo Horizonte, Recife, Guarulhos, Porto Alegre e Gama foram respectivamente de R$10; R$8,75; R$7,00; R$10,00 e R$6,50. Observa-se que em um CRC este local possui em média 300m². Não se consideraram os custos com a locomoção e com a guarda do material.

Quanto às externalidades positivas relacionadas à redução do volume de CO_2, apesar de ser factível o seu reconhecimento, não foi possível a sua mensuração.

3.4 Métodos e procedimentos

Após a definição das premissas e das formas de determinação dos custos de oportunidade nas vertentes econômica, social e ambiental, foi realizada a tabulação e codificação dos dados extraídos do SICONV e obtidos junto à SLTI.

4 Apresentação e análise dos resultados

4.1 Demonstração do resultado econômico

A partir dos dados colhidos junto à SLTI e extraídos do SICONV e considerando o custo de oportunidade determinado no item 3.3.1, formularam-se as TAB. 1, 2, 3, 4 e 5.

TABELA 1
Receita econômica dos computadores em 2008 e 2009 por CRC

CRC	Computadores recondicionados 2008	Computadores recondicionados 2009	Custo de oportunidade do computador	Receita Econômica 1 2008 (R$)	Receita Econômica 1 2009 (R$)
MG	754	1532		339.300	689.400
RS	1044	1558		469.800	701.100
DF	3510	-	R$450,00	1.579.500	-
SP	1009	1122		454.050	504.900
PE	-	270		-	121.500

Fonte: SLTI/MP, 2010.

Na TAB. 1 está evidenciada a quantidade de computadores recondicionados por CRC, na TAB. 2 a quantidade de impressoras e na TAB. 3 a quantidade de *laptops*. Nota-se o CRC PE não teve produção em 2008, pois só foi implantando em 2009, motivo ainda pelo qual a produção sua produção foi baixa em 2009. Em 2009 o CRC do DF apenas distribuiu computadores produzidos em 2008. Não houve recondicionamento, pois o convênio só foi reativado em 31 de dezembro de 2009 (BRASIL, 2011).

TABELA 2
Receita econômica das impressoras em 2008 e 2009 por CRC

CRC	Impressoras recondicionadas 2008	Impressoras recondicionadas 2009	Custo de oportunidade da impressora	Receita Econômica 2 2008 (R$)	Receita Econômica 2 2009 (R$)
MG	39	136		3.900	13.600
RS	207	84		20.700	8.400
DF	223	-	R$100,00	22.300	-
SP	54	234		5.400	23.400
PE	-	17		-	1.700

Fonte: SLTI/MP, 2010.

TABELA 3
Receita econômica dos *notebooks* em 2008 e 2009 por CRC
(valores nos anos em mil)

CRC	Notebooks recondicionados 2008	Notebooks recondicionados 2009	Custo de oportunidade do notebook	Receita Econômica 3 2008 (R$)	Receita Econômica 3 2009 (R$)
MG	6	3		3.240	1.620
RS	20	26		10.800	14.040
DF	0	-	R$540,00	0	-
SP	0	0		0	0
PE	-	0		-	0

Fonte: SLTI/MP, 2010.

Na TAB. 4 está evidenciada a demonstração do resultado econômico por CRC sob o enfoque da Ação 8532. Utilizando-se dos planos de trabalho dos convênios disponíveis no SICONV, foram considerados custos diretos aqueles relacionados com a logística de recebimento e destinação dos computadores, com o recondicionamento propriamente dito e com os cursos ofertados (equivaleriam à mão de obra). As despesas com a manutenção da estrutura física do CRC e com a divulgação do CRC foram consideradas custos indiretos.

TABELA 4
Demonstração do resultado econômico em 2008 e 2009 por CRC (valores em mil)

Período: 1.1.2008 a 31.12.2009	CRC									
	MG		RS		DF		SP		PE	
	2008	2009	2008	2009	2008	2009	2008	2009	2008	2009
1. Receita econômica dos bens produzidos	347	705	501	724	1.602	-	460	528	-	123
2. (-) Custos diretos identificados com a execução da Ação Pública	270	326	286	286	282	-	298	298	-	81
3. Margem Bruta	77	379	215	238	1.320	-	162	230	-	42
4. (-) Custos indiretos identificados com a execução da Ação Pública	0	4	14	14	18	-	2	2	-	20
5. Resultado Econômico Apurado	77	375	201	424	1.302	-	160	228	-	22

Fonte: SLTI/MP, 2010; SICONV, 2011.

Por fim, na TAB. 5 está evidenciada a demonstração do resultado econômico da Ação. A fim de realizar uma análise da qualidade do gasto público, cabe ressaltar que em 2008 foram repassados R$1,169 milhões e em 2009 R$1,031 milhões (BRASIL 2011).

Esse total corresponde ao valor de 2,202 milhões empenhados em 2008 e 2009 no SIGPLAN. Por fim observa-se pela DRE que a Ação 8532 agregou à sociedade R$1.739.188,00 em 2008 e R$1.047.462,00 em 2009.

TABELA 5
Demonstração do resultado econômico da Ação 8532 em 2008 e 2009

Período: 1.1.2008 a 31.12.2009	2008 (R$)	2009 (R$)
1. Receita econômica dos bens produzidos	2.908.990	2.079.660
2. (-) Custos diretos identificados com a execução da Ação Pública	1.135.652	991.113
3. Margem Bruta	1.773.338	1.088.547
4. (-) Custos indiretos identificados com a execução da Ação Pública	34.150	41.085
5. Resultado Econômico Apurado	1.739.188	1.047.462

Fonte: SLTI/MP, 2010; SICONV, 2011.

4.2 Demonstração do resultado social

A partir dos dados colhidos junto à SLTI e considerando o custo de oportunidade determinado no item 3.3.2 foram elaboradas as TAB. 6 e 7. A TAB. 6 utiliza-se da codificação estabelecida no QUADRO 2 e evidencia a receita social dos cursos ofertados.

TABELA 6
Receita social dos cursos ofertados em 2008 e 2009 por CRC
(valores nos anos em mil)

CRC	Quantidade de alunos matriculados por tipo de curso			Custo de oportunidade (R$)	Receita social dos cursos ofertados	
	Tipo	2008	2009		2008 (R$)	2009 (R$)
MG	I	56	148	1.120	62.720	165.760
	II	-	88	700	-	61.600
	III	-	88	490	-	43.120
	IV	-	88	490	-	43.120
	V	-	88	490	-	43.120
	VI	-	3	140	-	420
	VII	-	88	490	-	43.120
	VIII	-	4	280	-	1.120
	IX	-	74	210	-	15.540
	X	-	5	56	-	280
RS	XI	-	5	42	-	210
	XII	-	1	112	-	112
	XIII	-	1	280	-	280
	XIV	-	1	224	-	224
	XV	-	1	280	-	280
	XVI	-	1	280	-	280
	XVII	-	1	280	-	280
	XVIII	-	1	56	-	56
	XIX	-	70	56	-	3.920
	XX	-	2310	4	-	8.085
SP	XXI	-	143	2.800	-	400.400

Fonte: SLTI/MP, 2010.

Não foram obtidos dados sobre os anos de 2008 para os CRC de RS, SP e DF. Quanto ao CRC de PE não foram obtidos dados sobre o ano de 2009.

TABELA 7
Receita social das salas de inclusão atendidas
em 2008 e 2009 por CRC

CRC	Total de salas atendidas 2008	2009	Total de computadores *stand-alone* e *notebooks* distribuídos 2008	2009	Fator do custo de oportunidade do computador logado	Receita social das salas disponíveis 2008 (R$)	2009 (R$)
MG	65	86	359	816		189.552	430.848
RS	42	58	535	719	R$1,00 x 4 horas	282.480	379.632
DF	224	57	3197	803	x 22 dias x 12	1.688.016	423.984
SP	54	70	1193	984	meses÷2	629.904	519.552
PE	-	6	-	60		-	31.680

Fonte: SLTI/MP, 2010.

A TAB. 7 evidencia a receita social das salas de inclusão digital. Ressalta-se que não foram considerados como custos: a energia, o espaço da sala, a conexão com internet e a pessoa responsável pelo local. Os custos existem, porém são em caráter gratuito no enfoque da Ação (entidade concedente) e em caráter oneroso no enfoque da entidade beneficiária (entidade convenente) que se pré-dispôs a receber os computadores.

Por fim, cabe ressaltar que as salas implantadas em 2008 geram receita em 2009 caso os computadores estejam disponíveis. No entanto, considerou-se a vida útil de apenas um ano.

4.3 Demonstração do resultado ambiental

A partir dos dados colhidos junto a SLTI e considerando o custo de oportunidade determinado no item 3.3.3 foram formuladas as TAB. 8 e 9.

TABELA 8
Receita ambiental da economia de água em 2008 e 2009 por CRC

CRC	Computadores e *laptops* Recondicionados 2008	2009	Fator do custo de oportunidade da economia de água	Receita ambiental da economia de água 2008 (R$)	2009 (R$)
MG	754	1532	R$6,60/m^3 x 1,5 m^3	7.465	15.167
RS	1044	1558	R$4,13/m^3 x 1,5 m^3	6.468	9.652
DF	3510	-	R$6,05/m^3 x 1,5 m^3	31.853	-
SP	1009	1122	R$11,06/m^3 x 1,5 m^3	16.739	18.614
PE	-	270	R$9,58/ m^3 x 1,5 m^3	-	3.825

Fonte: SLTI/MP, 2010 e *site* das companhias de abastecimento de água dos estados.

No caso da Companhia de Pernambucana de Saneamento, antes de aplicar a equação foi necessário se atingir um volume de corte de 10m³ que é fixo e corresponde a R$45,20. Assim, já estão ausentes da TAB. 8 sete computadores (7 x 1,5 = 10,5m³) de cada ano dos computadores recondicionados e acrescido o valor de R$45,20 na receita ambiental.

TABELA 9
Receita ambiental referente ao local
de acondicionamento em 2008 e 2009 por CRC

CRC	Computadores recebidos em doação e não possíveis de recondicionamento 2008	2009	Galpão para acondicionar computadores não recondicionados	Receita ambiental da economia do local de acondicionamento 2008 (R$)	2009 (R$)
MG	1726	5047	R$ 10,0/ m² x 300 m² x 12	36.000	36.000
RS	2083	3583	R$ 8,75/ m² x 300 m² x 12	31.500	31.500
DF	1235	-	R$ 7,00/ m² x 300 m² x 12	25.200	-
SP	1623	5421	R$ 10,0/ m² x 300 m² x 12	36.000	36.000
PE	-	651	R$ 6,50/ m² x 300 m² x 12	-	23.400

Fonte: SLTI/MP, 2010 e classificados dos jornais das localidades.

A TAB. 9 na sua parte mais a esquerda mostra a quantidade de computadores recebidos e não recondicionados. Assim essa sucata tecnológica necessita de um espaço, um galpão no caso para acondicioná-la. O valor mais a direita considera apenas o valor do aluguel do galpão cujo custo de oportunidade está evidenciado na parte central.

4.4 Demonstração do resultado sustentável

A partir dos dados evidenciados nos itens 4.1, 4.2 e 4.3 foi formulada a TAB. 10 contendo o resultado sustentável da Ação 8532 em 2008 e 2009.

A TAB. 10 concilia os resultados econômico, social e ambiental da Ação 8532. Pode-se afirmar que cada real investido na Ação, foi agregado para sociedade R$4,09 (4.783.085/1.169.802) reais em 2008 e 3,72 (3.838.642/1.032.198) reais em 2009. À primeira vista o resultado sugere que o Programa Inclusão Digital deveria concentrar esforços e recursos nesta Ação. No entanto, a decisão racional de expandir esta Ação retirando recursos de outras Ações que fazem do Programa dependerá do resultado sustentável das demais Ações que o compõem e respectivos produtos finais, além do que a curva de rendimentos pode sofrer alterações, por conta de peculiaridades do fluxo de insumos.

TABELA 10
Demonstração do resultado sustentável da Ação 8532 em 2008 e 2009

Período: 1.1.2008 a 31.12.2009	2008 (R$)	2009 (R$)
1. Receita Econômica	2.908.990	2.079.660
2. (-)Custos diretos e indiretos	(1.169.802)	(1.032.198)
3. Resultado Econômico Apurado	1.739.188	1.047.462
4. Receita Social (Cursos e Salas)	2.852.672	2.617.023
5. Receita Ambiental (Economia de água e Galpão)	191.225	174.157
6. Resultado Sustentável	4.783.085	3.838.642

Fonte: Elaborado pelo autor com dados da pesquisa.

5 Conclusões

O resultado sustentável se mostrou como um instrumento capaz de evidenciar informações sobre a qualidade do gasto público e reduzir a assimetria de informações inerente ao processo orçamentário. Sua contribuição para pesquisas futuras reside na capacidade de capturar o retorno agregado sustentável para Ações de governo que possuem resultado econômico nulo (transferência de renda direta) ou negativo (renúncia fiscal), mas que são consideradas importantes devido aos benefícios sociais e ambientais vinculados.

Observou-se que o reconhecimento das externalidades sociais e ambientais é factível, e que o grande desafio consiste em achar os custos de oportunidade que permitirão a mensuração e posterior evidenciação do resultado sustentável.

Por fim, não se pretende com o resultado evidenciado neste estudo sugerir a retirada de recursos destinados às áreas de saúde, educação ou infraestrutura, por exemplo, e alocá-los para a inclusão digital. Sugere-se apenas que dentro do Programa Inclusão Digital, se evidencie o resultado sustentável de todas as Ações que o compõem e se identifique aquelas que possuem produtos finais semelhantes. Para aquelas Ações com produtos finais similares e com resultados sustentáveis distintos, deve-se alocar a maior quantidade de recursos para Ação com melhor relação resultado sustentável/valor investido.

Referências

ANDRADE, Luiz F. F.; COSTA, Giovanni P. C. L.; FREIRE, Fátima. S.; MIRANDA, Rodrigo F. A. Logística reversa para diminuição de custos e aumento de Benefícios Sociais: o caso do Ministério do Planejamento, Orçamento e Gestão. In: CONGRESSO BRASILEIRO DE CUSTOS, 17., 2010, Belo Horizonte. Anais... Belo Horizonte, 2010.

BRASIL. Constituição (1988). Constituição da República Federativa do Brasil. *Diário Oficial [da] República Federativa do Brasil*, Poder Legislativo, Brasília, DF, 1988.

BRASIL. Controladoria Geral da União – CGU *Nota Técnica nº 1820* DEPOG/DE/SFC/CGU-PR. 2010.

BRASIL. Decreto-Lei nº 200, de 25 de fevereiro de 1967. Dispõe sobre a organização da Administração Federal, estabelece diretrizes para a Reforma Administrativa e dá outras providências. *Diário Oficial [da] República Federativa do Brasil*, Poder Executivo, Brasília, 1967.

BRASIL. Lei Complementar nº 101, de 4 de maio de 2000. Estabelece normas de finanças públicas voltadas para a responsabilidade na gestão fiscal e dá outras providencias. *Diário Oficial [da] República Federativa do Brasil*, Poder Executivo, Brasília, DF, 2000.

BRASIL. Lei nº 4.320, de 17 de março de 1964. Estatui normas gerais de direito financeiro para elaboração e controle dos orçamentos e balanços da União, dos Estados, dos Municípios e do Distrito Federal. *Diário Oficial [da] República Federativa do Brasil*, Poder Legislativo, Brasília, 1964.

BRASIL. Lei nº 11.653 de 7 de abril de 2008. Dispõe sobre o plano plurianual para o período 2008/2011. *Diário Oficial [da] República Federativa do Brasil*, Poder Executivo, Brasília, DF, 2008.

BRASIL. Lei nº 12.305 de 2 de agosto de 2010. Institui a política nacional de resíduos sólidos; altera a Lei nº 9.605, de 12 de fevereiro de 1998; e dá outras providências. *Diário Oficial [da] República Federativa do Brasil*, Poder Executivo, Brasília, DF, 2010.

BRASIL. Ministério da Fazenda. Secretaria do Tesouro Nacional. *Manual de contabilidade aplicado ao setor público*: parte I. 3. ed. Brasília, 2010.

BRASIL. Ministério da Fazenda. Secretaria do Tesouro Nacional. *Manual de contabilidade aplicado ao setor público*: parte II. 3. ed. Brasília, 2010.

BRASIL. Ministério do Planejamento, Orçamento e Gestão. Secretaria de Orçamento Federal. *Manual técnico de orçamento –MTO*. Versão 2011. Brasília, 2010. 189 p.

BRASIL. Ministério do Planejamento. SIGPLAN – *Sistema de Informações Gerenciais e de Planejamento Plurianual*. Disponível em: <http://www.sigplan.gov.br/v4/appHome/>. Acesso em: 10 jan. 2011.

BRASIL. Ministério do Planejamento. SICONV – *Portal de Convênios*. Disponível em: <https://www.convenios.gov.br/siconv/secure/entrar-login.jsp>. Acesso em 10 jan. 2011.

BRASIL. Portaria nº 665, de 30 de novembro de 2010. Atualiza os Anexos nº 12 (Balanço Orçamentário), nº 13 (Balanço Financeiro), nº 14 (Balanço Patrimonial), nº 15 (Demonstração das Variações Patrimoniais), nº 18 (Demonstração dos Fluxos de Caixa), nº 19 (Demonstração das Mutações no Patrimônio Líquido) e nº 20 (Demonstração do Resultado Econômico) da Lei nº 4.320, de 17 de março de 1964, e dá outras providências. *Diário Oficial [da] República Federativa do Brasil*, Poder Executivo, Brasília, DF, 2010.

BRAZ, J. L. P.; SLOMSKI, V.G.; SLOMSKI, V.; MEGLIORINI, E. Contabilidade ambiental: proposta para a evidenciação do resultado do desempenho social e ambiental de uma autarquia municipal do interior do Estado de São Paulo no ano de 2007. *RAI: Revista de Administração e Inovação*, São Paulo, v. 6, p. 79-93, 2009.

BUCHANAN, J. M.; TULLOCK, G. *The calculus of the consent*. [s. l.]: Michigan University Press, 1965.

CONSELHO FEDERAL DE CONTABILIDADE – CFC. Resolução nº 1.129, de 21 de novembro de 2008. Aprova a NBC T 16.2 – Patrimônio e Sistemas Contábeis. *Diário Oficial [da] República Federativa do Brasil*, Poder Legislativo, Brasília, DF, 2008.

CONSELHO FEDERAL DE CONTABILIDADE – CFC. Resolução nº 1.133, de 21 de novembro de 2008. Aprova a NBC T 16.6 – Demonstrações Contábeis. *Diário Oficial [da] República Federativa do Brasil*, Poder Legislativo, Brasília, DF, 2008.

GIACOMONI, James. *Orçamento público*. 15. ed. São Paulo: Atlas, 2010.

JENSEN, Michael C.; MECKLING, William H. Theory of the firm: managerial behavior, agency costs and ownership structure. *Journal of Financial Economics*, v. 3, n. 4, p. 305-360, 2009.

KUEHR, Ruediger; WILLIAMS, Eric. Computers and the environment: understanding and managing their impacts. Boston: Kluwer Academic Publisher, 2003.

MARTNER, Gonzalo. *Planificación y pressupuesto por programas*. 4. ed. México: Siglo Veintinuno, 1972.

MOTTA, Paulo Roberto. Administração para o desenvolvimento: a disciplina em busca da relevância. *Revista de Administração Pública*, Rio de Janeiro, v. 6, n. 3, p. 39-53 jul./set. 1972.

ROSE-ACKERMAN, Susan. Análise econômica progressista do direito: e o novo direito administrativo. *In*: MATTOS, Paulo (Coord.). *Regulação Econômica e Democracia*, São Paulo: Ed. 34, 2004.

SAMUELSON, Paul A.; NORDHAUS, William D. *Economia*. 17. ed. Mcgraw-hill, 2004.

SILVA, Lino M. *Quem controla o controlador?* e a teoria da agência. 2009. Disponível em: <http://linomartins.wordpress.com/2009/07/07/quem-controla-o-controlador-e-a-teoria-da-agencia/>. Acesso em: 09 jan. 2011.

SILVA, M. F. G. Políticas de governo e planejamento estratégico como problemas da escolha pública – parte II. *RAE- Revista de Administração de Empresas*, São Paulo, v. 36, n. 4, p. 38-50, out./dez. 1996.

SILVA, M. F. G. Constituição, finanças públicas e desempenho econômico. *Relatório de pesquisa, Núcleo de Pesquisas e Publicações da Fundação Getulio Vargas*. Rio de Janeiro: FGV, 1997.

SILVEIRA, Stefano José Caetano da. Externalidades negativas: as abordagens neoclássica e institucionalista. *Revista FAE*, Curitiba, v. 9, n. 2, p. 39-49, jul./dez. 2006.

SLOMSKI, Valmor. *Mensuração do resultado econômico em entidades públicas*: uma proposta. 1996. 82 f. Dissertação (Mestrado em Controladoria e Contabilidade)–FEA/USP, São Paulo, 1996.

SLOMSKI, Valmor; GUILHERME, B. de C.; AMARAL FILHO, A. C. C.; SLOMSKI, Vilma G. A demonstração do resultado econômico e sistemas de custeamento como instrumentos de evidenciação do cumprimento do princípio constitucional da eficiência, produção de governança e *accountability* no setor público: uma aplicação na Procuradoria Geral do Município de São Paulo. *RAP - Revista de Administração Pública*, Rio de Janeiro, v. 44, p. 933-957, 2010.

WILDAVSKY, Aaron. *The new politics of the budgetary process*. Glenview: Scott Foresman, 1988.

Informação bibliográfica deste texto, conforme a NBR 6023:2002 da Associação Brasileira de Normas Técnicas (ABNT):

COSTA, Giovanni Pacelli Carvalho Lustosa da. Resultado sustentável: uma proposta de avaliação da qualidade no setor público. *In*: BRAGA, Marcus Vinicius de Azevedo (Coord.). *Controle interno*: estudos e reflexões. Belo Horizonte: Fórum, 2013. p. 211-234. ISBN 978-85-7700-789-9.

SOBRE OS AUTORES

Carlos Alberto dos Santos Silva
Analista de Finanças e Controle desde 1988. Mestre em Gestão do Conhecimento e da Tecnologia da Informação (2008) pela Universidade Católica de Brasília. Atualmente é Coordenador da área de Previdência na Secretaria Federal de Controle Interno.

Francisco Carlos da Cruz Silva
Analista de Finanças e Controle desde 1998. Mestre em Administração (1999) pela Universidade Federal da Bahia. Atualmente desempenha suas atividades na Controladoria-Geral da União na Bahia, onde atua desde 1998, tendo exercido as funções de Chefe da Regional de 2003 a 2008.

Francisco Eduardo de Holanda Bessa
Analista de Finanças e Controle desde 2005. Mestre em Controladoria (2005) pela Universidade Federal do Ceará. Atualmente desempenha suas atividades no MEC, onde atua como Assessor Especial de Controle Interno.

Giovanni Pacelli Carvalho Lustosa da Costa
Analista de Finanças e Controle desde 2009. Mestre em Ciências Contábeis (2011) pela Universidade de Brasília (UnB). Atualmente desempenha suas atividades na SFC/CGU, onde atua como Coordenador-Geral de Técnicas, Procedimentos e Qualidade. É doutorando em Ciências Contábeis pela UnB.

Leice Maria Garcia
Analista de Finanças e Controle desde 1998. Mestre em Engenharia de Produção (1986) pela Coordenação do Programas de Pós-Graduação em Engenharia da Universidade Federal do Rio de Janeiro (COPPE/UFRJ). Doutora em Administração (2011) pelo Centro de Pós-Graduação e Pesquisa em Administração da Faculdade de Ciências Econômicas da Universidade Federal de Minas Gerais (CEPEAD/FACE/UFMG). Atualmente desempenha suas atividades no Ministério de Desenvolvimento Social e Combate à Fome, onde exerce o cargo de Assessora Especial de Controle Interno.

Lorena Pinho Morbach Paredes
Analista de Finanças e Controle desde 2005. Mestre em Ciências Contábeis (2008) pelo Programa Multi-Institucional e Inter-Regional de Pós-Graduação em Ciências Contábeis da Universidade de Brasília, da Universidade Federal

da Paraíba e da Universidade Federal do Rio Grande do Norte. Atualmente desempenha suas atividades na Controladoria Regional da União no Estado do Pará.

Marcus Vinicius de Azevedo Braga
Analista de Finanças e Controle desde 2008. Mestre em Educação (2011) pela Universidade de Brasília. Atualmente desempenha suas atividades no Gabinete da Secretaria Federal de Controle Interno.

Rodrigo Fontenelle de Araújo Miranda
Analista de Finanças e Controle desde 2009. Mestre em Contabilidade (2011) pela Universidade de Brasília (UnB). Atualmente desempenha suas atividades na Diretoria Econômica (DE), onde atua como Coordenador-Geral de Auditoria da Área Fazendária.

Romualdo Anselmo dos Santos
Analista de Finanças e Controle desde 1996. Mestre em Ciência Política (1999) pela Universidade de Brasília. Atualmente desempenha suas atividades na Controladoria Regional da União no Estado da Bahia (CGU/BA), onde atua no Núcleo de Ações de Prevenção (NAP).

Ruitá Leite de Lima Neto
Analista de Finanças e Controle desde 2006. Mestre em Administração Pública (2012) pela Fundação Getulio Vargas. Atualmente desempenha suas atividades na Controladoria Regional da União no Estado de Pernambuco, onde atua na área de auditoria e fiscalização.

Wagner Brignol Menke
Analista de Finanças e Controle desde 2006. Mestre em Desenvolvimento e Políticas Públicas (2009) pela Fiocruz/MS. Atualmente desempenha suas atividades na Coordenação-Geral de Auditoria da Área de Saúde da Secretaria Federal de Controle Interno.